U0069091

解碼

福爾摩沙
FORMOSA

古文明

續認台灣古今真相

埔農

序

　　台灣（Paccan）本是世上充滿靈性智慧的樂土，自從四百多年前Paccan人善心收留闖過所謂的「黑水溝」僥倖存活而誤入Paccan的惡質唐山人逃犯後，歷經荷蘭人異質氣和鄭成功集團邪氣的入侵，再被漢人滿官的強迫漢化。過程中所有Paccan文明被摧毀，文化又幾乎被消滅殆盡。當時是有少數台灣（Paccan）人受漢化影響，沾染其惡習，甚至學著為求聞達而認盜作祖，偽裝假漢人（日本據台時，這些人僅有數百人），以致Paccan的靈性智慧飄蕩，但仍散佈在鄉野。真正悲慘的是，72年來，台灣（Paccan）人又再被蔣幫中國壓霸集團二次奴化洗腦，眾多台灣聞達人士因被洗腦教化迷惑，陷入「斯德哥爾摩症候群」的心理扭曲，紛紛認盜作祖自以為高級。所謂風行草偃，誤導了多數台灣（Paccan）人，使得一般台灣民眾也受到深化迷惑。多數台灣大眾已缺乏對祖先文明、文化以及史實的認識，以致產生所謂華人式虛妄心理的精神扭曲。埔農依蒐集到的證據資料，盡量在《台灣受虐症候群的煉製》、《台灣受虐症候群的延燒》、《失落的智慧樂土》、《原台灣人身份認知辨悟》、《台灣人被洗腦後的迷惑與解惑》、《靈性》、《台灣古今真相》中詳述台灣古今的事實真相，並努力回答讀者

的疑問。《台灣古今眞相》出版後，有一些熱情讀者繼續提
出心中尚存的疑惑，埔農再一一仔細舉證說明。埔農這才發
現，仍有再補充證據，進一步加以說明的必要。於是整理出
《解碼福爾摩沙古文明：續認台灣古今眞相》，懇請前衛出
版社林社長出版。

　　埔農列舉這麼多的史實證據，是因爲凡是人就應該明白
自己的史實；更因爲台灣人必須從中國壓霸集團的洗腦教化
中清醒，脫離被奴化的心理扭曲，才能恢復一個正常人應有
的心靈精神。

　　埔農自幼即非爭強好勝之人，本來也無意強調「台灣是
人類文明的發源地、台灣人是最早的文明人類」；埔農要證
明的是：台灣人（Paccanians）祖先早具靈性智慧，醞釀出
領先世界的人性文明和文化，雖不必、也不可自負（台灣人
自古傳播文明、移居世界各地時，原就本著謙恭、平等、互
助的善良精神），但身爲台灣人應該要有自尊和自信。在各
種台灣（Paccan）史實證據都已攤開20年的今天，台灣聞達
人士何苦僞裝成假漢人、假華人？僞裝成假漢人、假華人自
以爲高級更是可笑！

　　埔農非常歡迎並感謝仍存有疑問的讀者提問、質疑或反
駁。因爲只有如此，埔農才可以瞭解讀者之所以還不能完全
解開迷惑的問題在那裡，也才知道要從何處再加強舉證說
明，以便更有效地讓大家完全明白台灣的史實眞相、徹底清
楚台灣人原有的文明智慧。

　　爲了表示對朋友提出疑問的尊重，來函及留言或斥責，都是盡量原文照登。埔農於臉書上答覆時，由於是一時的舉例說明，有些舉證說明未臻詳盡，埔農在本書中盡量重新整理，再加以充分補足。

　　爲表示負責，任何讀者若能舉出實證，證明本書內容，有那一項埔農的說明中，所舉出之證據是錯誤的，或書中有那一部分是僞造的，敬請向前衛出版社提出，筆者保證奉上書款的百倍金額答謝，並在前衛出版社網站道歉。

目次

Contents

※本頁地圖轉引自維基百科

第一章
續認台灣獻給世界的禮物
（引用Jared M. Diamond的評語）

第一節　Loug-a（紙桑）、燒風球（熱氣球）、甘藷、水牛
　　　　和稻米

　　朋友許先生問：「你在《台灣古今真相》提到台灣paper mulberry時，為何要用北京話寫是構樹？為什麼不使用台灣話寫為鹿仔樹？我就看過外國學者的文章說『paper mulberry在台灣稱lu-a-shu』。在台灣，至少應該依英文paper mulberry直譯為『紙桑』。」

　　埔農回答：

　　謝謝許先生提釋，也向所有台灣人道歉。埔農當初寫台灣paper mulberry為構樹，是因為現時台灣學者比較知道「構樹」這名稱。

　　至於「鹿仔樹」這三個字，是眾多原台灣（Paccan）事件被早期唐山滿官及台灣假漢人誤傳的情形之一，埔農不願再以訛傳訛，所以拒絕使用。

　　事實上，paper mulberry原台灣語（Paccanian）是稱loug-a，因為loug-a語音近似福佬話鹿仔，強制漢化後就被寫

爲「鹿仔樹」。現今台灣聞達人士不察，說什麼「loug-a的樹葉是用作養鹿的飼料，或鹿喜歡吃，所以在台灣叫作「鹿仔樹」，甚至用北京話發音，所以外國學者才會有「paper mulberry在台灣稱lu-a-shu」這種不三不四的說法。其實，鹿的主食是吃草，同時喜歡吃各種樹木的嫩葉。台灣鹿當然也吃loug-a的樹葉，但許多台灣動物都會吃loug-a的樹葉，就連人在野外，有時也會煮loug-a的嫩葉來充飢。

太平洋的南島語國Samoa（薩摩亞，住民是較晚期移民的原台灣人），現在仍然稱paper mulberry是loug-a，又寫爲lau'a。另外，台灣中部的Pazeh（巴宰）地區稱loug-a爲tarupun，則是由Tapa（把loug-a樹皮碾薄製成的簡易樹皮布或衣服）的倒裝稱呼而來，意思是「用來製作Tapa的樹」。

事實上，西方國家對紙張的稱呼也來自台灣語（Paccanian）pepa語音的轉變。遠古時候台灣人稱由loug-a樹皮製成的紙張爲pepa，西方國家稱呼紙爲paper；papel；papier；carta；kertas（印尼、馬來西亞），都是由台灣語（Paccanian）的語音pepa轉變而來。loug-a屬桑科植物，這也是西方人會稱loug-a爲paper mulberry（紙桑樹）的原由。薩摩亞是稱loug-a（紙桑樹）爲lau'a，但當地也有人以倒裝形式稱fasi pepa；夏威夷則是稱ka pepa pepa，意思都是「用來製作紙張的（樹）」。

稱loug-a爲構樹是埔農的重大失誤（過錯），是應該先使用「紙桑（paper mulberry）」一詞，再說明台灣語

（Paccanian）是稱loug-a，並非鹿仔樹。埔農自責，現在就靜坐思過。

先前質疑「使用熱氣球搬運和堆砌巨石以建築金字塔及其他遠古遺蹟」的鄭先生來質問：「你說我以前沒見過原台灣的木炭爐，我就想看看台灣木炭爐有何高明之處，你拿得出來嗎？」

埔農回答：

台灣木炭爐並非驚奇的發明，只是細心地在底部進氣口加上可滑動開閉的閥門。下面就是一張台灣木炭爐的照片。

鄭先生又說：「好吧！但是，我還是想看看古時候台灣人到底如何把木炭爐裝在熱氣球上使用！」

埔農回答：

　　埔農先前已說明過，整體「燒風球」（熱氣球）縫製好
後，內層會再塗抹構樹汁液及煙灰成薄膜，不但不透氣又有
防火作用。木炭爐上裝有如煙囪作用的燒　（熱）氣導管，
迸出的小火星，在離開導管前應該都已熄滅。即使有小火星
意外觸及有塗抹loug-a（紙桑）汁液（樹脂）及煙灰薄膜的
loug-a（紙桑）樹皮布，並不會引發火災，比現代熱氣球安
全。而且，木炭爐的燒（熱）氣導管伸入「燒風球」（熱氣
球）內，燃燒木炭的效率不比液化瓦斯差，還省去了鋼瓶的
重量。埔農就畫一幅示意圖給大家看。

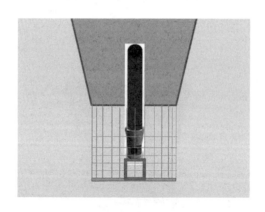

　　劉教授留言：「你何不真的做一個來試驗，會真有
意義。」

　　埔農說：
若是僅原台灣木炭爐及燒（熱）氣導管，朋友紹春兄

說，楊梅山區還找得到人來製作，經費、人力、時間等都應該所需不多。但若是要包括整體「燒風球」（熱氣球），則需收集大量loug-a（紙桑；paper mulberry）樹皮。台灣loug-a（紙桑）是還有很多，但分散在各處丘陵地，需要人力去商量購買和收集，還要有足夠的空間及原台灣碾甘蔗用的石滾輪與石盤底座，再要找原台灣製繩機，所需人力、時間和金錢可能非常龐大。原台灣碾甘蔗用的石滾輪和石盤底座，由於是堅固石材，耐久不壞，埔農家鄉還看得到（擁有者不肯割愛，是可借用），但台灣製繩機是木造品，已難見到。所以，現在除非有心人能群策群力，否則難以完成。

劉教授留言：「我認為有科學和歷史的重要意義。應該評估可執行性。」

埔農說：

若眾多有心人肯通力付出，絕對可行。因為弟健康不佳，積蓄已花在離世前安享餘生所做的安排，無法獨力負擔。若劉教授興趣高，弟想到一個可省錢又容易的辦法，就是，loug-a（紙桑）樹皮布和樹皮繩可直接到Micronesia（密克羅尼西亞）購買。弟知道Micronesian（原台灣人，千年前移居過去）為了保存原文化並推展觀光旅遊，還有在製作loug-a樹皮布和樹皮繩。如此做的話，花費應該不會超過30萬。

　　有劉先生問：「你在《台灣古今真相》書中說『不
論歐、亞、非、美各洲或太平洋諸島都有loug-a（紙
桑）樹林，尤其是出現巨石建築的地區』，能不能說得
更精確一點？」

　　埔農說：
　　下圖是地球植物分佈學者所繪製的loug-a（紙桑）樹林
分佈圖。其中的大小實心圓形或橢圓形記號，是代表loug-a
（紙桑）樹林生長地區；矩形註明和箭頭所指，是存在巨石
建築的地區以及出現年代，由埔農加註說明。

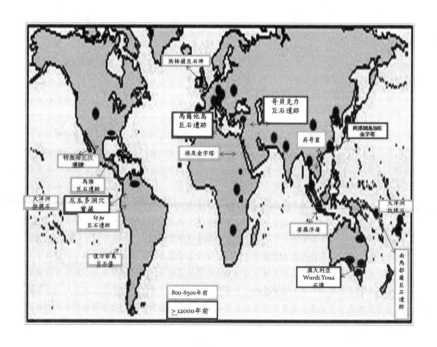

　　令埔農不解的是，原繪製者竟然不知馬爾他島和澳洲（Australia）也有許多loug-a（紙桑）樹林。澳洲的東北部及南部都有大片loug-a（紙桑）樹林，馬爾他島和澳洲的loug-a（紙桑）樹林標誌是埔農加註上去的。

　　重要的是，墨爾本西南方有一片石陣群，估計已存在1萬1千年以上。其中Wurdi Youang石陣（下圖）由100塊石頭構成了一個心形，最小的石頭直徑20厘米，最大的直徑有一公尺，上面左右兩個端點分別代表夏至與冬至（一年之中白天最長與最短之日，也就是地球自轉軸與地球繞行太陽之平面所形成的兩個最大與最小角度）時太陽落下的位置，與紅色虛線交叉的兩點則指出春分與秋分（白天與夜晚等長之日，也就是地球自轉軸與地球繞行太陽之平面形成90度正直角）時太陽的位置。澳洲原住民很早就知道月蝕和日蝕的內容，也可以計算出月蝕和日蝕的時間點，表示他們已有相當發達的天文知識（這可是西方到16世紀才普遍接受的知識和觀念）。這石陣群原本具有天文學功用，因為歐洲移民文化強勢壓蓋了當地的文化後，岩石陣的天文學功用就被忽略了。

　　天文學家哈馬赫爾博士（Hamacher）經過調查後說：「澳洲原住民曾很瞭解太陽、月亮、行星以及各種星體的運行模式，後來的白人並不瞭解這些。在澳洲原住民自己的教育中，很早就有月球遮住太陽導致日蝕的內容，表示他們自古即有相當發達的天文知識，這可是所謂之西方人到16世紀

才普遍接受的觀念。令人扼腕的是，後來的壓霸殖民者竟將當地文化抹殺，以致被忽略而終至逐漸消失。」

　　而事實上，澳洲原住民早已被證實，全是原台灣（Paccan）人遷移過去的。

　　以下是兩張澳洲石陣群照片：

圖片來源：
http://archaeologynewsnetwork.blogspot.com/2011/10/aboriginal-stonehenge-stargazing-in.html

就因爲台灣聞達人士（尤其文史學者）沉迷於「認盜作祖」的毒癮中，自己輕視自己的史實文明，也忽略對「台灣（Paccan）人之生活原與台灣生態密切結合」的認識，使得世界上多數做植被調查的學者不察，才沒能瞭解台灣是loug-a（紙桑）的原生地；不知道世界各地的loug-a（紙桑）都是來自原台灣（Paccan）人遷移過去時種植的。更因不知道loug-a（紙桑）的深度功用，現今的考古學者和科學家，才會對遠古時候的巨石文明是如何搬運、堆砌這些巨石，一直存在著迷惑。

朋友曾先生說：「去年我讀過一篇台灣植物學者鍾國芳副教授所帶領研究團隊的論文，他們已發現南太平洋構樹（loug-a；紙桑）都是原台灣人移植過去的。」

埔農說：

台灣植物學者去年是發現了南太平洋諸島之單雌性loug-a（紙桑）都有和台灣loug-a（紙桑）完全相同的基因（DNA），因而已知道這些紙桑都是原台灣人移植過去的。但他們還是沒有進一步追查，所以沒發覺遠在地中海的馬爾他島（Malta），也有一大片雄性的台灣原生種loug-a（紙桑）樹林；更不知道全世界的loug-a（紙桑）樹林都是原台灣（Paccan）人刻意移植過去的，也沒有看出「出現巨石建築遺址的地區都有原台灣（Paccan）人過去種植的loug-a

（紙桑）樹林」。

曾先生問：「你的舉證說明是讓我豁然開朗。但我奇怪的是，原台灣（Paccan）人向外遷移或傳播文明時，為什麼都攜帶loug-a（紙桑）幼苗？攜帶loug-a（紙桑）種子不是比較方便嗎？而且一次可以攜帶很多種子，也不會有在異地常見單性loug-a（紙桑）樹林的情形發生。」

埔農說：

原由有二：

1. 在原台灣（Paccan），loug-a（紙桑）雖然是多用途植物，但loug-a（紙桑）繁殖力強，生長快速，野生loug-a（紙桑）用之不竭，原台灣人不必特別栽培，也沒有人會特意去收集loug-a（紙桑）的種子。

2. 若是攜帶loug-a（紙桑）種子到外地播種，很可能因異地水土不很適合，使得種子發芽之初，幼根生長不良而不易存活。若是攜帶loug-a（紙桑）幼苗移植，因為根和枝葉都已茁壯，還帶有原培養土，則很容易存活。

所以，台灣（Paccan）人向外遷移或傳播文明時，都是攜帶農作物種子，在loug-a（紙桑）方面，卻是攜帶幼苗去移植。

　　有陳先生說：「我小時候住在臺北縣平溪鄉，就常聽老一輩的長者說：『平溪放天燈是自古為了懷念先人燒風球的施工智慧流傳下來的定期紀念活動。』後來臺北縣政府卻在縣誌裡偽造：『早期先民開墾需要勞力，農業社會中重男輕女的觀念根深蒂固，所以男丁是勞力與生產力的代名詞。昔日娶媳婦就是為了添丁來增加勞力，所以都會在廟宇中祈福放天燈，並在天燈上寫上早生貴子、五穀豐收之類的祈福吉祥語。慢慢延續下來就變成地方上在元宵節時的小活動。古早農業社會最基本的需求就是求溫飽，添油、添飯、添水、添丁常掛口上，天燈是因語音與添丁相似，又有天頂的燈之意；就這樣沿用下來。』認盜作祖的假漢人、假華人台灣聞達文史學者，則另外以『中國式的謊言妄語』說：『平溪天燈又稱孔明燈，傳說最初是諸葛亮因軍事所需而發明，也有傳聞是因其造型如諸葛亮的帽子而得名。平溪天燈由來，是早期入山開墾的漢人，為逃避平埔族入村屠殺，而躲藏到安全地方，待危險已過則通報平安的一種工具。』看看這些胡言亂語！台灣現在還到處充斥這些虛妄的中國式胡說八道，難怪不少台灣人無法真正的清醒，真是可惡！」

　　埔農說：

　　這種「利用『燒風球』（熱氣球）吊接拱橋骨架或是搬

運其他超重物」的技術，原理簡單易懂，未受過所謂現代教育的台灣（Paccan）古代工程人員都能熟練操作。後來是因為遭受壓霸入侵者將原台灣（Paccan）文明、文化抹殺，原台灣（Paccan）文明和文化就僅存在於那私下代代相傳的記憶中。後又由於台灣聞達人士（尤其文史學者）沉迷於「假漢人、假華人」的毒癮，輕視自己的祖先，甚至對祖先的文明和文化嗤之以鼻，連累多數台灣人誤陷所謂華人的虛妄迷思，導致這些僅存的原台灣（Paccan）歷史記憶也逐漸被忽略，而終至幾近滅失。平溪放天燈被中國壓霸集團和台灣假漢人、假華人聞達人士胡說八道，只是數不清的偽造文書之一。也所以，現在世界上的科學家和考古學者才會一直想不通「古人是如何搬運這些巨石」。

講到多用途loug-a（紙桑）本是大自然特別賜予台灣人的珍貴禮物，埔農不由得想到台灣水牛、甘藷和稻米，原生品種都是在台灣，同樣是大自然特別賜予台灣人的珍貴禮物。

台灣水牛台灣語（Paccanian）稱Ruwan，力大、耐勞、個性溫和又水陸皆能適應，是台灣人的得力助手和伙伴。台灣人用來協助做粗重工作，包括運輸、犁田、整平、撥瀊、運轉榨甘蔗的巨大石輪，還幫忙拖救擱淺的大船，厥功甚偉。台灣人視水牛為家人，甚至是恩人，愛護有加。當時台灣人更全不吃牛肉（不忍心）。荷蘭人入侵台灣，為生產蔗

糖外銷，半騙半脅迫地弄走了幾隻台灣水牛。台灣人發現荷蘭人和其唐山走狗，竟然殘酷地鞭打這些台灣水牛以加速生產，幾乎因而不惜要和荷蘭人開戰。荷蘭人這才發覺，台灣人視水牛命勝過人命，只好自外地引進黃牛取代。

　　隨著工業化的進展，講求迅速和效率，台灣水牛不再被珍惜或重視，在台灣已近乎消失。台灣水牛只有在與那國島還受到保護，再過幾年，很可能連與那國島的台灣水牛也即將消失，實在可惜。

　　台灣是甘藷（sweet potato）的原產地，不少台灣聞達學者因漢化過深，羨慕中國式虛妄的壓霸思維，都故意忽略自己的台灣，不知或甚至於不承認台灣是甘藷的原產地，還胡說八道什麼「15世紀末、16世紀初由葡萄牙人與西班牙人將甘藷帶到印尼、安南、菲律賓一帶，16世紀末再進入廣東和福建，隨後在17世紀由荷蘭人統治台灣時帶入，或由福建移民帶至台灣栽種」。這也導致國際學者至今仍誤以為甘藷的原生地是美洲中部，說台灣聞達學者可悲，卻更是可惡！

　　事實上，甘藷台灣語（Paccanian）自遠古即稱為tamami，有很多原生品種。所謂的中國是其明朝末年才由南洋引進甘藷，但沒有台灣語稱為tamami batatas這種品種的甘藷。清國據台，第一任臺灣知府蔣毓英到任的1684年所編之《臺灣府志》即記載有3種甘藷。其中這種tamami batatas巨大甘藷的品種，清國唐山人滿官因未曾見過，就稱是番薯。

　　Tamami（甘藷）於數千年前隨台灣人（Paccanians）向世界各地傳播文明或移居時移植各地，各地方時間久了語音產生轉變，tamami菲律賓現在發音作ipomoi，把tamami batatas這一品種發音作ipomoea batatas；tamami現在馬來語稱manis；印度稱bamlai；非洲稱bmatata；中美洲稱kamote；紐西蘭（Maori）稱kūmara，都可看出由台灣語（Paccanian）Tamami、batatas轉變而來的脈絡。至於西班牙人稱tamami（sweet potato；甘藷）為camote，是從1492年哥倫布登陸美洲起，西班牙開始殖民統治中美洲，西班牙人學自當地原住民由tamami轉變而來的語音kamate。近代葡萄牙人稱tamami（sweet potato；甘藷）為batata-doce，則是葡萄牙航海家麥哲倫在1521年帶隊入侵菲律賓後，學自菲律賓住民所稱的ipomoea batatas品種。另由於西班牙殖民統治菲律賓長達300多年（1565年至1898年），不少菲律賓人跟著學習西班牙語，所以現在也有菲律賓人稱tamami（sweet potato；甘藷）為camote或寫作kamote。

　　Tamami（sweet potato；甘藷）富含各種人體須要的營養素，是上等的健康食品。適合乾旱氣候，即使在貧瘠土地也能快速生長。台灣人種植甘藷多是在秋天輪作。

　　100公克甘藷中含水分69.5公克、蛋白質1.8公克、脂肪0.9公克、碳水化合物29.5公克、熱量113卡、維他命A 7100IU、維他命B_1 0.08毫克、維他命B_2 0.05毫克、維他命C 29毫克、胡蘿蔔素3100IU、少量維他命E；稀有元素硒21毫

克、錳62毫克、鈷62毫克、鉀503毫克，還有氧化攜、葉綠素、酚、菲酊酸，以及鈣、磷、鐵、鎂等人體需要物質。甘藷鹼度為6-10偏鹼性，有胃酸過多者，可中和部分胃酸。100公克甘藷含有高纖2.2公克，能吸收腸內水分，使大便體積膨脹而增加便意，並促進腸壁蠕動，可順利排出體外，能預防便秘和腸道的各種病變。

　　甘藷葉更是很好的抗氧化蔬菜，也富含纖維素、胡蘿蔔素、維生素A、維生素C、菸鹼酸、鉀、鈣、鎂等營養成分。能改善皮膚對環境的適應力，並保護黏膜組織避免受到感染。另外富含鎂和鈣，鎂可以促進鈣的吸收和代謝，防止鈣沉澱在組織與血管內，藉以保護心臟和血管不受傷害，促進循環系統的健康。

　　埔農年幼時，由於蔣幫中國壓霸集團喜歡吃香噴噴的精碾白米飯，也和蔗糖一樣，為了中飽私囊，農村收割的稻米都要上繳所謂的中央，所以埔農雖生長於農家，但12歲以前，一年有8個月都只能吃庫存的甘藷籤，配著甘藷葉煮的菜果腹；冬季因有新鮮甘藷收成，另有4個月得以吃到香甜的新鮮甘藷籤或甘藷塊。12歲以後，家母才有能力在庫存的甘藷籤上灑一些糙米。由於遭受蔣幫中國壓霸集團的殘酷剝削，農村民生困苦，當時台灣農家種植的甘藷主要是tamami batatas這生長快速、塊根肥大累累、高產量的品種以充饑。然而，由於甘藷富含各種人體須要的營養素，埔農家鄉窮困家庭的子女，仍然長得高大健康。其實，稻米之營養素主要

是存在米粒的外皮和胚芽，所以台灣人自古只吃含有外皮和胚芽的所謂糙米，不吃雖然比較香甜的精碾白米。

　　川兄說：「憶當年，1950代家母捨不得買甘藷粉，新鮮甘藷簽都要先泡水搓甘藷粉再煮成甘藷飯！」

　　埔農說：
　　聽了川兄之言，埔農感到很親切。另外，家母若覺得子女很乖，就炸甘藷球給大家吃，真的很香甜，埔農現在想起來，還會流口水！

　　山兄說：「如此，兩位吃的甘藷簽，都沒發霉？對否？」

　　埔農說：
　　埔農小時候，每年有半年吃的是發霉的甘藷簽。因為早期蔣幫壓霸集團把大部分他們吃剩的稻米拿去外銷，就收購甘藷簽存放農會倉庫當戰備存糧。放久了會發霉，所以每年都定期更換新甘藷簽存庫。發霉的舊甘藷簽就便宜賣回給農民，家境較好的農家用作養豬飼料，家境較差的農家是用來做飯吃。拿新甘藷簽換回舊甘藷簽有錢賺，可貼補家用。埔農幼年家貧，所以每年有半年吃的都是發霉的甘藷簽，味道實在難吃，為了填飽肚子，還是得嚥下去。埔農自己更是多

次在飯碗裡看到家母不小心沒撿乾淨的老鼠屎，把老鼠屎撥掉還是繼續吃。

　　山兄說：「苦啊！我聽說二戰時馬來亞的「唐人」，吃發霉的甘藷簽，以致內臟壞掉。」

　埔農說：
　吃發霉的甘藷簽以至內臟壞掉？可能是沒煮熟。埔農自己好像沒事。

　　山兄說：「我想台灣以及馬來亞兩地人民，吃甘藷簽，也吃樹薯簽，後者可能更不利健康」

　埔農說：
　新鮮甘藷本來就可以生吃，但一般都是煮熟來吃，因為煮熟後甜又香，尤其是烤甘藷。舊甘藷簽只要沒發霉，即使生吃也不會有大問題，較難下嚥就是了，也不好消化。
　樹薯就不一樣了，生樹薯中含有亞麻苦苷（linamarin）及亞麻苦苷酶（linamarase），水解後會析出游離的氫氰酸（hydrocyanic acid）毒素。樹薯塊根未煮熟就拿來食用，內含的氫氰酸毒素會轉化為氰化氫（hydrogen cyanide）而引起中毒。腐敗的樹薯更含大量的氫氰酸，樹薯簽若沒煮熟是有毒，發霉的樹薯簽沒煮熟更毒！

　　近年來由於世界人口爆增，就有世界聞達學者提議選取高產量的優良馬鈴薯（potato）品種以挽救可預見的饑荒。事實上，即使最優良的馬鈴薯品種，其產量和營養成分都不及tamami batatas這甘藷品種的十分之一。而且，馬鈴薯不能自然儲存，一發芽即變質而產生劇毒；tamami batatas這甘藷品種卻可以存放4個月不壞，即使發芽也品質不變。Tamami batatas本是大自然特別借台灣人之手賜予人類免於饑荒災難的珍貴禮物，可惜歷經所謂進步和富有的虛榮陷阱，現在埔農家附近的鄉鎮，已看不到有人種植tamami batatas這看起來樸素的優良甘藷品種。若tamami batatas這品種真的從地球上消失，將是人類的一大損失。

　　Soo兄問：「請教先生，那麼市面上的甘藷是哪些品種，tamami batatas哪裡找呢？」

　　埔農回答：
　　台灣市面上的甘藷品種不少，埔農大部分已忘了名稱，需問種植的農友才知道。tamami batatas這甘藷品種，是因為在埔農的鄉里以前家家戶戶都有種植，且埔農從小吃到大，所以才能清楚記得。近幾年埔農沒見過附近的鄉鎮有人種植tamami batatas這看起來樸素的優良甘藷品種，要找已很困難，有的話可能還存在偏遠丘陵地。如果tamami batatas這優良的甘藷品種已在台灣消失，可能要到復活節島

（Rapa Nui）去看了！復活節島（Rapa Nui）還有原台灣人（Paccanians）移居時帶過去的tamami batatas這甘藷品種。中美洲以及南洋和其他南太平洋諸島也可能還有，但埔農不清楚。

稻米（rice）的台灣語（Paccanian）是biras[bɪ'rɑs]，台灣也是稻米的原產地。台灣（Paccan）原本就至少有13種不同的水、旱品種。

稻米在菲律賓稱bugas或bigas；在中國稱bi；馬來語稱beras；索馬利稱bariis；薩摩亞（南太平洋）稱araisa；印尼稱nasi；紐西蘭（Maori）稱raihi；西班牙語稱arroz；馬爾他稱ross；意大利稱riso；英語稱rice，都可看出由台灣語（Paccanian）biras[bɪ'rɑs]轉變而來的脈絡。甘藷和稻米都是台灣獻給世界的禮物，世界各地對甘藷和稻米的稱呼都還保留真正或部分台灣語（Paccanian）的語音。今日的台灣，卻只剩少數居住山地的耆老還記得甘藷和稻米的台灣語（Paccanian）名稱，99.99%的台灣人甚至連一點印象都沒有了！實在諷刺，更是悲哀。

各國考古學者、語言學者、體質人類學學者，由於證實了東亞與太平洋島群文明是由台灣向外傳播出去，早有了稻米可能也是由台灣傳播出去的猜測。自從台灣自己的考古團隊在墾丁發現放在陶瓷罐內的4,000年前稻穀，後來又在開發台南科學園區時，挖掘出兩種不同品種的稻穀，且由國際

考古學者證實是5,000年之前留下來的，他們就更加確定了。隨後有所謂的中國學者說，他們在中國發現更早（說是6000年前留下）的遠古稻穀，誇稱中國才是稻米的原產地。但以所謂中國的慣於大言不慚而自吹自擂，其真實性實在令人懷疑。但即使稻米真的存在所謂之中國有6,000年以上，這也不足為奇。因為台灣人早於13,000年前即開始向世界各地傳播文明，何時會於現在的所謂中國留下稻米種子都說不定。最主要的是，世界各地的稻米名稱都源自台灣語（Paccanian）biras[bɪ'rɑs]；清廷據台的第一任知府蔣毓英在『台灣府志』裡記述，他們剛到台灣就已統計出13種大小、形狀、顏色和性質都不同的各種水、旱稻米，這還沒包括山地住民所種植的各種小米。不論現今或古代，世界上並無其他任何地方有如此繁多的不同品種稻米。這些都是無可否認的事實。

其實，穀粒要保存數千年並不容易，必須裝罐並經適度火烤至極為乾燥，再經緊密掩埋而封存，才得以長久保存。所以，考古發覺的遠古穀粒都是意外中的意外，即是，數千年被意外保存下來，在現代又意外被發現。所以，若沒有其他佐證，再早的考古發現都不能說是最早的原產地。

事實上，所謂之中國對稻米的稱呼也是源自台灣語（Paccanian）的biras[bɪ'rɑs]。古時候所謂中國之稻米種植是由南方向北擴展出去的，他們將台灣語biras唸成bila['bɪlɑ]，而la是所謂南方中國人的習慣性尾音，所以就寫為米（所謂中國的南方口音是bi）。不過，以所謂的中國人之習於「厚

黑學」看來，現在的中國人是絕對不會承認這事實的。

　　勒兄留言：「我覺得隨之起舞誰最早，根本是無謂之爭。而你目前所謂台灣早期文明的證物，幾乎都是有某種製作或技術上的雷同，我認爲人種自身的機能發展就有可能會產生，就像全世界叫爸爸媽媽幾乎都同音，這怎麼可能一定是互相影響而來。這很可能就是人類都可能會有的本能而已。」

　　埔農回答：

　　全世界叫爸爸（Papa；Bpabpa）媽媽（Mama）幾乎都同音，是因爲Papa（Bpabpa）和Mama是新生兒最輕易可發出的聲音。其他語詞，在不同的沒關連語言，就很難聽到有同音或類似的語音出現。

　　至於早期台灣文明傳播的證據，埔農舉證的不是一兩種，而是幾十種，甚至超過百種，而且除了台灣，其他世界各地並無類似情形。另外，埔農自幼即非爭強好勝之人，本來也無意強調「台灣是人類文明的發源地、台灣人是最早的文明人類」，埔農要證明的是：台灣人（Paccanians）祖先早具靈性智慧，雖不必、也不可自負，但身爲台灣人應該要有自尊和自信。在各種台灣（Paccan）史實證據都已攤開20年的今天，台灣聞達人士何苦僞裝假漢人、假華人？僞裝成假漢人、假華人自以爲高級更是可笑！

第二節 雙船體Bangka遠洋環球航行的智慧

　　陳先生再問：「你是舉出不少台灣（Paccan）早有
世界最先進的造船技術和遠洋航行智慧、製造雙船體大
型Bangka航行世界各地、傳播文化與文明的證據；2003
年美國麻省理工學院的Douglas L. T. Rohde教授又以現
在世上人類基因做研究，利用電腦計算，分析人類基因
關連性，得出『台灣人是現今生活在地球上之人類的共
同祖先』之結論，我完全相信這些事實。我奇怪的是，
600年之前台灣人還在太平洋遨遊，製造雙船體大型
Bangka和遠洋航行的知識，為什麼才過了600年就消失
得無影無蹤呢？」

　　埔農回答：

　　其實「台灣人製造雙船體大型Bangka和遠洋航行的智
慧」，就如姜林獅先生所教導的台灣文明和文化真相，原
本還有代代相傳的。是歷經鄭、清和蔣幫中國壓霸集團300
年的被摧毀，台灣人被強迫洗腦改造，「製造雙船體大型
Bangka的技術和遠洋航行的知識」才在台灣蕩然無存，反而
是被散居太平洋諸島的台灣人保存了下來。

　　埔農20多年來，持續試圖向台灣文史學者展示歷史證
據，證明原台灣（Paccan）早有世界最先進的文明，並於6
千年前，甚至1萬多年以前，即有很先進的造船技術和環球

遠洋航行知識,製造雙船體大型Bangka航行世界各地,傳播文化與文明。但都被沉迷於假漢人、假華人毒癮中的台灣文史學者以不屑的態度嗤之以鼻。不少人甚至罵說:「埔農算什麼東西!」

外國歷史學者和考古學家心態客觀,也具科學精神,但因為蒐集的證據不足,也只是承認太平洋諸島群(包括澳洲和紐西蘭)的原住民全來自台灣,且歐、美、亞、非各洲的現代人也都是台灣人(Paccanians)的混血後裔。然而,對於「6千年前,甚至1萬多年以前,台灣(Paccan)即有很先進的造船技術和遠洋航行知識」也一直存著懷疑態度。

現在,已有原台灣人身體力行,挖掘並學習祖先的傳統遠洋航行知識和技能達40年,終於向世人展示實證,證明「祖先於6千年前,甚至1萬多年以前,即有先進的文明、文化和智慧,並能自由航行於世界各地」。

這是一群由未遭受中國壓霸集團霸凌和汙染之台灣人(Paccanians)子孫(移居去夏威夷的原台灣人),向世人展示祖先靈性智慧的精神和智能。世界各國的媒體都有刊登,台灣也有簡略報導。埔農想到,多數朋友可能如看外國的瑣事新聞一般,眼前一晃就過去了,所以埔農就在此完整敘述這段「足以令人深思之靈性智慧和精神」的復甦與重現。

Nainoa Thompson是夏威夷原住民,從小就聽長輩說,祖先自古即有遨遊大洋的智能。祖先是於2000年前,群體主

動由西方遙遠的島國，出來尋找另一片能夠繼續安居的原始樂土，遂航行千浬來夏威夷移居，而且強調早於15,000年前祖先就自由航行世界各地。但是，現代歷史學者和考古學家，由於缺乏對台灣（Paccan）之原本文化和文明的認識，卻都堅持說夏威夷人的祖先是遇暴風漂流而僥倖登陸夏威夷群島。

Nainoa Thompson 20歲時，由於知道100多年前外來殖民者以強勢文化壓迫，造成族人的原本文化式微，夏威夷住民已失落製造傳統大型遠洋船艦的技術和遠洋航行的知識，但也深信先人代代相傳的教導絕對是史實，於是Nainoa Thompson和幾位朋友決定查個究竟。1975年，他們遵循古法製造了一艘只有62英呎長、20英呎寬的小型雙船體Bangka，命名為「Hōkūle'a」（Pleasing Star，賞心之星）號。Hōkūle'a號太小，沒有船艙，雙船體甲板僅55英呎長、14英呎寬，就誓言要重現祖先是航海智能民族的史實。但是，他們還是欠缺已失落的祖先遠洋航行知識。

以下照片是Hōkūle'a號小型Bangka

　　下面這張照片是Hōkūle'a號小型Bangka和百年前還見到
的中小型Bangka作比較，左邊是百年前中小型Bangka。

友人鄭先生說：「Bangka應該是獨木舟加上左右兩舷均裝設有橫木，橫木是用以避免翻覆的平衡桿（舷外浮木）。」

埔農回答：

鄭兄的這種認知應該是來自現今之菲律賓景況。原台灣裝設一邊舷外支架的獨木舟小船是Avang。台灣人和Bangka傳到菲律賓後，他們在當地沒必要也造不出雙船體大船，製作的中小型船隻，左右兩邊都加裝舷外支架，也統稱Marn-Gka或Ban-gka、Banca。現代台灣假漢人、假華人身陷所謂中國人虛妄的壓霸迷思，竟然也能奸狡地把Ban-gka（艋舺）說成是獨木舟小船。所謂的漢語原本無「艋舺」這詞彙，當初唐山人是見識到這種台灣特殊的雙船體大船，深感驚奇，才會依原台灣語音（Paccanian）Ban-gka，創造「艋舺」這兩個字出來。若Ban-gka真是一般小船，以當時唐山人的妒恨情結，怎麼可能會這麼費心，特別創造「艋舺」二字來稱呼？可想而知。何況唐山滿官就稱「艋舺」是樓艦呢！清國侵台，唐山滿官見識到Avang和Bangka這兩種台灣特有的船隻，還曾留下記述。噶瑪蘭廳志，卷八，蘭陽雜詠八首，沕鼻（入蘭洋略）寫到：「鰲島斜拖象鼻長，天公設險界重洋，噓帆兼候風南北，鉤舵時防石顯藏。木船按邊行當穩，單船浮海勢難狂。梭巡樓艦終須愼，艋舺營師水一方。」

　　這「木船按邊」就是指Avang獨木舟小船，有一邊裝置舷外的浮木支架。「行當穩，單船浮海勢難狂」是描述Avang小船本體雖是獨木舟，但裝置特殊的舷外支架，在海上風浪中，仍可平穩地安全航行。

　　這「樓艦」「艋舺」就是指雙船體大船Ban-gka。唐山人滿官怎麼會把獨木舟說是樓艦呢？又怎麼會說「艋舺」可裝載整營的水師隊伍呢？

　　鄭先生說的「Bangka應該是獨木舟加上左右兩舷均裝置舷外的浮木支架」，是對菲律賓現有也所謂Bangka的中、小型船隻之描述，並非真正的Bangka原樣。

　　自從1550年以後，葡萄牙、西班牙、荷蘭等國陸續成立遠洋船隊，以強勢武力建立海外殖民地，拓展不平等貿易。當他們的勢力進入東南亞，台灣族人不願與之衝突，就已中止了南太平洋島群的傳播文明之旅。此後滯留中、南太平洋島群的台灣族人後裔，僅能憑著傳承的記憶，製造出中小型Ban-gka。他們將支撐雙船體的支架，裝置於兩艘分別已建好的單船之上。由於只靠兩單船的上緣固定，並不牢靠，兩側船體不能分得太開，這種做法無法使用在製造真正的Bangka大型船艦。因為真正堅固又平穩的雙船體Ban-gka大船，其支撐雙船體支架是經特殊設計的立體結構，除了橫軸，還有對角斜樑。兩側船體內舷之間有兩個單船體寬度的距離。在造船過程中，支架即裝置於兩側船體。支撐雙船體的是立體支架，立體支架底面是在水面與上甲板的中間位

置，支架頂層則延伸成兩側船體的上甲板，立體支架上另建有橋樓。立體支架以下的兩側船體底部是用作儲藏室，人員的住宿和活動，主要是在立體支架位置的兩側船艙和支架上的橋樓。整體Ban-gka是同時建造的，Ban-gka大船本來就是一體。爲了要能安全地承受側面和斜向的巨大風浪所造成的扭力，支撐雙船體的支架另有複雜的設計。支撐雙船體的結構若沒有經過正確的精算和設計，遇到強烈風浪時，承受巨大的重力和扭力，不是支撐結構斷開，就是左右船體被支撐結構扯裂而破碎。

　　台灣人中止了太平洋島群的傳播文明之旅後，菲律賓居民在當地沒必要也造不出雙船體大船，製作的中小型船隻，左右兩邊都加裝舷外支架，也稱Marn-Gka或Ban-gka、Banca，這是他們都源自台灣的另一明證。

　　鄭先生又說：「按您的推論，八里凱達格蘭文物館必定保有艋舺正確的設計和尺寸才對。然而不知該館的作法？」

　　埔農回答：
　　這不是埔農的推論，也不是僅有姜林獅先生那代代相傳的敘述，埔農所舉都是事實俱在的史實證據。由於台灣文史資料歷經三百多年的被摧毀、捨棄，僅剩點滴文獻可尋出脈絡，凱達格蘭文物館應該也沒有艋舺的正確記載。這只是眾

多台灣的悲哀之一。請鄭兄耐心繼續看埔農的介紹。

　　夏威夷近代史和台灣類似，長期遭受外來入侵者以武力
爲手段的強勢文化壓迫，自有文化和文明已幾近消失。自
1924年起，外來入侵者就完全禁止夏威夷族人從事夏威夷語
文、文化、家譜和族系的教育，多數夏威夷原住民已忘了自
己的原本樣貌。但不同的是，原夏威夷人並未被洗腦成認盜
作祖，他們都還知道自己是原住民，夏威夷原本是他們祖先
的自選家園。Nainoa Thompson從小由長輩口中得知，祖先
自遠古即是有靈性智慧的高度文明，瞭解人類想要有實在幸
福的快樂生活，必須慎戒自大和貪婪，並要杜絕汙染、尊重
環境、與大自然永續共存。20歲時他就懂得必須追尋祖先的
眞相，要復興祖先的智慧文化，並將身體力行來證明。反觀
台灣聞達人士（尤其文史學者），由於遭受中國壓霸集團的
洗腦蹂躪過深，沉迷於假漢人、假華人的毒癮中，即使諸多
原台灣（Paccan）史實證據已攤開的今天，仍然沉迷於假漢
人、假華人的虛妄高級中，鄙視台灣自己的原有文明和文
化，使得原台灣（Paccan）的史實隱晦。也因而，使得早期
的國際歷史學者和考古學家，因爲得知原夏威夷住民是來自
西方遙遠的島國，就直接臆測夏威夷原住民的祖先應該是純
粹來自密克羅尼西亞（Micronesia）。雖然國際上的歷史學
者、考古學者、語言人類學家、體質人類學家甚至人類遺傳
基因（DNA）學者，現今都已證實太平洋諸群島的島民全

來自原台灣（Paccan），但由於原台灣（Paccan）的史實持續隱晦，Nainoa Thompson也就一直誤以爲所謂「位於西方遙遠之海上島國是夏威夷人的原鄉」，指的是密克羅尼西亞（Micronesia）。

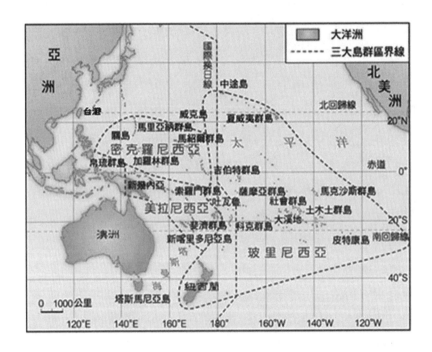

Nainoa Thompson和友人遂前往南太平洋島嶼訪查。得知當今密克羅尼西亞（Micronesia）還有不少人有製造雙船體Bangka的知識，也還有6位長輩熟悉祖先的傳統遠洋航海智能。Nainoa Thompson邀請到其中一位名爲Mau Piailug的賢者，前來夏威夷指導祖先的遠洋航海知識。

　　這實在很諷刺！因為，如果Nainoa Thompson明白史實真相，就會決定到台灣查訪而不是前往南太平洋群島，那他必定失望而回（因為歷經三百多年中國壓霸集團的蹂躪，現今台灣檯面上的資料已完全捨棄原台灣（Paccan）史實，台灣也已沒有人懂得製造傳統雙船體Bangka的知識和祖先遠洋航行的智慧），那也就沒有這次讓史實證據重見天日的機會了。

　　1976年，Nainoa Thompson和他的幾位朋友在Mau Piailug的指導下，學習用祖先的智慧，駕駛Hōkūle'a號，歷經31天，航行2400英里，由夏威夷抵達大溪地。

　　再經過4年的練習，Nainoa Thompson已經能夠在完全靠自己的情形下，自由航行於整個太平洋。1980年，26歲的Nainoa Thompson完成了全部以祖先傳統遠洋航海的方法，由夏威夷航行到大溪地（Tahiti；原稱Otaheite），再回到夏威夷。這讓所有歷史學者和考古學家啞口無言，Nainoa Thompson以行動證明其族人的歷史記載是正確的，現代歷史學者和考古學家的認知全錯了。

　　Nainoa Thompson並不就此滿足。他心想，既然西方之所謂現代文明者，輕視太平洋島民的靈性智慧，不相信島民祖先原有的高度文明和文化，他再下定決心，要身體力行，以證明太平洋島民的祖先，「15,000年前就自由航行世界各地」並非虛構或幻想。更要宣揚祖先的靈性智慧，也希望對

「保護環境，維護地球的永續生存條件」做出貢獻。

　　但是，祖先環繞地球自由航行的智能，於遭受外來入侵者以武力為手段的強勢文化長期壓迫下，隨著自有文化和文明的失落，在夏威夷已幾近消失。而老師Mau Piailug的經驗也僅及於整個太平洋，Nainoa Thompson想要追尋祖先的相同腳步環繞地球，必須進一步瞭解太平洋以外地區的詳細情況，也需要更多有毅力之熟練船員的幫助。於是，隨後的30年間，在密克羅尼西亞（Micronesia）航海俱樂部的協助下，Nainoa Thompson訓練不少夏威夷人，教他們一起學習使用祖先的智慧，駕駛仿古造型的極小型Bangka（Hōkūleʻa號），在太平洋四處做訓練航行，並一起研究世界地理與氣象，以及瞭解各地的季節性風暴和洋流。

　　Nainoa Thompson和他的團隊，另有祖先所沒有的難題要克服。祖先環繞地球航行，駕駛的是可搭載500人以上的雙船體Bangka大型遠洋船艦，立體支架的上面另建有橋樓。立體支架以下的兩側船體底部是用作儲藏室，人員的住宿和活動，主要是在立體支架位置的兩側船艙和立體支架上的橋樓。整體Ban-gka是同時建造的，Ban-gka大船本來就是一體，能安全地承受側面和斜向的巨大風浪所造成重力和扭力之交互拉扯。1808年，英國商人William Lockerby在斐濟（Fiji）還曾見到Ban-gka這種雙船體大型船艦，單在甲板上他就目睹有200人在上面（《The JOURNAL of WILLIAM LOCKERBY SANDALWOOD TRADER in THE

FIJIAN ISLANDS DURING the YEARS 1808-1809 Edited by SIR EVER ARD IMTHURN, K.C.M.G., K.B.E., C.B., and LEONARD C. WHARTON LONDON PRINTED FOR THE HAKLUYT SOCIETY MCMXXV》。）哈佛大學及夏威夷大學考古人類學教授Douglas L. Oliver指出，這種雙船體大型遠洋船艦，最大的搭載有500至600人（《Native Cultures of the Pacific Islands, by Douglas L. Oliver》。）而Nainoa Thompson他們所用的「Hōkūle'a」（Pleasing Star）號只有62英呎長、20英呎寬。他們是學會了如何在太平洋躲避颱風，但要面對陌生的大西洋颶風就非常困難且危險了。而且Hōkūle'a號的雙船體甲板僅55英呎長、14英呎寬，12個人在上面活動非常擁擠。又沒有船艙，船板上每人分配到的睡覺空間只有6X3英呎，睡眠品質必定不良，也缺乏空間儲存足夠的備用食物和淡水。這些都是Nainoa Thompson和他的團隊必須面臨的額外挑戰。

更艱難的是，Nainoa Thompson和他的團隊無法使用已失傳的「滴水計時器」（詳見《失落的智慧樂土》p.126-128），又為了表示絕不沾上所謂的現代文明，連手錶或其他計時器都沒帶，這更增加要判斷Hōkūle'a號所在位置經緯度的困難度。

2013年初，Nainoa Thompson和密克羅尼西亞（Micronesia）航海俱樂部的精練成員，從350位不同背景的自願者中，經過嚴謹的體能與心理測試，挑選出有能力全天

候輪值，並在狹窄空間內可以長時間和同事合作的12人成為Hōkūle'a 號的船員團隊，並刻意接納女性加入。

　　所有的學者和所謂航海專家，甚至一些密克羅尼西亞航海俱樂部的會員，都不相信僅憑Hōkūle'a號這艘簡易型的雙船體小船和12名雜牌船員，在沒有任何所謂現代科技的協助下，可以完成環繞地球航行的艱難旅程。在各方都不看好的情況下，Nainoa Thompson和他的團隊並不氣餒或畏縮，他們信仰祖先的智慧，挺住各界冷言冷語的看衰和譏笑，決心展現太平洋島民祖先的智能以讓外界信服，要改寫西方觀點的歷史敘述，也期待讓太平洋島民文化的復甦散發火花。他們本著前所未有的勇氣和信心，蓄勢待發，決心實踐這一趟不被各方看好之環繞地球的艱辛旅程。他們捨棄所有的現代科技文明，連手錶也不帶，完全僅靠祖先的傳統航海智慧，藉由看天象、觀察星座位置、海流、風向、海鳥以及氣味等自然跡象，來為航行定向和導航。還要靠感覺到海浪湧動的微妙變化，來辨認已接近但還看不到其他跡象的海島或陸地。

　　2014年5月18日，Nainoa Thompson和他的團隊12人，將Hōkūle'a號駛離夏威夷歐胡島，先繞行西南太平洋、紐西蘭、澳大利亞，途經印度洋，繞過南非好望角，橫渡南大西洋，沿美洲東岸北上紐約，並造訪加拿大的東南海岸，再往南返航，穿過巴拿馬運河，繞行東南太平洋，終於在2017年

6月17日結束3年的環球航行之旅，回到夏威夷的歐胡島。Hōkūle'a號一路航行了7萬4000公里，拜訪過19個國家。

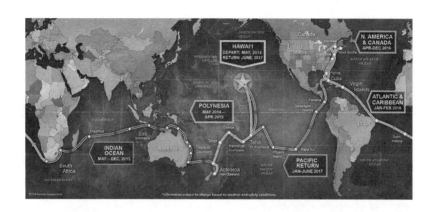

1980年，Nainoa Thompson讓所有歷史學者和考古學家啞口無言；2017年，Nainoa Thompson則是使得所有歷史學者和考古學家目瞪口呆。最特別的是，Hōkūle'a號並不是真正的遠洋用傳統雙船體Bangka大船，雖然也是雙船體結構，但僅是簡易型的小船，其原本設計並不是可以用來克服大風大浪的。這次環球航行，沒有使用到任何所謂的現代文明工具，完全是靠船員重新學習來的古早祖先智慧，完成環繞地球航行，創下近代史的首例，敲醒了所謂的現代歷史學者和考古學家。

Hōkūle'a號這趟為期三年的實踐祖先環球航海智能，除了證明祖先的智慧文明和文化，更宣揚守護地球、保育海洋，並散佈復興太平洋諸群島島民「謙恭自持、杜絕汙染、

尊重環境、與大自然永續共存」之傳統靈性智慧和文化的種子，呼籲慎戒現代人類的自大、貪婪與妄為。

　　這顛覆現行歷史學和考古學認知的事件，引起世界各國媒體的注目，並大加詳細報導。在南島語族發源地的台灣，媒體卻如附帶報導外國的瑣事新聞一般，簡略一晃就過去了，使得多數台灣人沒有機會深思並進一步瞭解自己祖先的真實智慧。尤其台灣歷史學者和考古學家，他們明知太平洋諸群島的原住民（包括夏威夷）都完全是原台灣人（Paccanians）的子孫，卻能視若無睹，實在難以想像他們是何種心態、是何居心。看來是沉迷於假漢人、假華人的毒癮中，不能或不願自拔了。

　　看了真正的原台灣（Paccan）族人Nainoa Thompson守護祖先尊嚴之精神和堅持之毅力與勇氣，再想想他原祖國的今日台灣（Paccan），多數台灣聞達人士仍堅持偽裝成假漢人、假華人，認盜作祖而自以為高級，鄙視原台灣文化，唾棄原台灣文明，連累眾多台灣人（Paccanians）忘了自己是誰，陷台灣人於今日的羞辱和危殆，台灣聞達人士真能不覺得羞愧與汗顏？尤其台灣的聞達文史學者，已成為今日多數台灣人無法覺醒的罪魁禍首！

　　尤有甚者，1975年底有美國漁人鮑斯・邁斯特蔡爾，在洛杉磯海域的海底發現30個人工製成的圓盤狀或圓柱狀穿洞石塊（石錨），有的幾乎重達半噸，1976年1月14日美國合眾國際社（United Press International）詳加報導。因為這

些石錨表面積存有2.5至3毫米的黑色錳，而錳附著海底物件的速率是每1千年至多1毫米，所以考古學者鑑定應是3000年以上的沉船所有，或者是錨繩斷裂所留下，而且應該是屬於古時候來自東亞海上探險者船隻所用的石錨。後來經過仔細分析這些石錨的成份，發現和台灣的石灰岩完全相同。竟有所謂的中國學者發表高論，說「這足以證明所謂的中國人於3000年前自山東經台灣轉往美洲」。真是可笑，不要說3000年前，即使2000年前，所謂的中國有何遠洋航海能力？何況所謂的中國人是在400年前才由西班牙和葡萄牙人口中得知福建東方有一島國名為Paccan，現在竟然有臉說出「所謂的中國人於3000年前自山東經台灣轉往美洲」這樣的厚顏妄語，不愧是「厚黑學」之國。其實，真正讓埔農心痛的是，台灣沒有任何一位聞達學者出來加以反駁，使得不少國際學者就信以為真，在一些論文上也引用這種欺世盜名的謊言。

　　朋友邱先生問：「你在《失落的智慧樂土》舉出的證據，日本人佐倉孫三在其1913年出版的《臺風雜記》中記載：「臺人所用船體，大者如我千石船，形似大魚，軸為頭、艣（轤）為尾，巨口大眼，其狀甚奇。帆大抵用簾席，截風濤，注來滄溟，如走坦途。」完全是雙船體台灣Ban-gka的寫照。但我不解的是，既然19世紀末或20世紀初還可以見到雙船體台灣Ban-gka的大

船，為什麼以後就再也沒有人見到過這種台灣船了？」

埔農說：

日本1895年從清國手中取得台灣，所有滿清官兵以及1874年渡台禁令廢止後進入台灣的唐山商人返回清國。唐山人撤離時，開走了當時在台灣的全部可用船艦，台灣漁民沒有了能離岸捕魚的中型船隻可用。少數台灣人還保有一些那私下代代相傳的造船記憶，就僅憑已不完整的記憶，製造出中型的雙船體Ban-gka。然而，這種支撐成雙船體的結構，是需要把重力和扭力的相互作用做精確計算，依力學原理經過特殊的設計，才能有穩定且堅固的支架和船體以抵抗強風巨浪。歷經荷蘭人的肆虐和鄭、清的蹂躪，台灣人已有270年沒有製造雙船體Ban-gka的機會，經過鄭、清的摧毀台灣文明，即使如姜林獅先生那得以偷偷私藏的台灣工程學文書，也必定殘缺不全。所以，1895至1900年間台灣人所製造的中型雙船體Ban-gka已缺乏精密的計算，支撐雙船體的結構也沒有經過正確的設計，遇到強烈風浪時，承受巨大的重力和扭力，不是支撐結構斷開，就是左右船體被支撐結構扯裂而破碎。因而，1900年後的台灣人，只好放棄重建雙船體Ban-gka的夢想。

台灣現今科技重新進步，但願多數台灣人能及時清醒，希望有心的台灣船體結構工程專家，可以至少建造一艘完整的復古雙船體大型遠洋船艦Ban-gka（艋舺），以展示原台

灣（Paccan）的智慧文明，並教育後代子孫。

第三節　1萬3千年前從台灣散播出去的巨石文明

　　朋友何先生問：「你在《台灣古今真相》列舉了『原Paccan東部大片陸地於12,967年前因彗星撞擊地球引起大規模火山爆發和地震而沉入海底』，還有『台灣和與那國島之間的金字塔建築和石像』、『美國麻省理工學院（Massachusetts Institute of Technology）Douglas L. T. Rohde的研究證實原台灣人是現今生活在地球各地現代人之共同祖先』、『台灣是loug-a（紙桑；paper mulberry）的原生地』、『台灣傳統工程師利用loug-a（紙桑）樹皮製作燒風球吊運拱橋骨架和巨石並安置』、『出現巨石建築的附近都有loug-a（紙桑）樹林』、『Nainoa Thompson和他的團隊完全以祖先的智能駕駛小型Ban-gka環繞地球一圈』等確實證據，似乎暗指世界遠古文明都是來自原台灣的Paccan。但若沒有找出相關實物的證據讓我看，我還是很難相信。而且，你在《台灣古今真相》說『波納佩島（Ponape；Pohnpei）住民自古即堅稱，這些石塊是法師用奇術從採石場飛過來的，這符合台灣（Paccan）人利用燒風球（熱氣球）搬運、堆砌大型重物和巨石的工法』，我對

這『法師』、『奇術』、『飛過來』的說法難以接受，
因為這在幻想的神話小說裡很常見。」

　　埔農說：
　　埔農並非暗指，是明白指出，也不只是推論。
　　首先，埔農對「法師用奇術從探石場把巨石塊飛過來」
這過於簡化又似神話小說的用語感到抱歉，也謝謝何先生的
提醒。
　　埔農並未親自前往波納佩島（Ponape；Pohnpei）查訪，
這句話是引用一位非在現場的考古學者之說詞。後來埔農再
詳查當年在南馬都爾（Nan Madol）、波納佩島實地執行考
古任務之學者的記錄，才發現這句話並沒有正確表達出當地
住民的認知。這些現場親身經歷之學者的原始記載都是「波
納佩島（Ponape；Pohnpei）住民自古即堅稱『這些石塊是
祖先在非常龐大的飛天巨龍幫助下吊運過來的』」，原文是
「Pohnpei was the midway island for obtaining massive stones
to construct Nan Madol. Pohnpeians have always been insisting
since Nan Madol was under construction that their ancestors
levitated and moved the huge stones with the aid of giant flying
dragons.」。而當地住民使用「非常龐大的飛天巨龍」來形
容祖先所使用的巨大燒風球（熱氣球）是非常合理的。
　　至於何先生想看台灣（Paccan）還可以見到之與世界遠古
巨石文明建築相同的實證，埔農就找幾張實地照片請大家看。

　　與那國島（Yonaguni）是宜蘭東部外海一大片土地於12,967年前因彗星撞擊地球引起大規模火山爆發和地震而沉入海底後所留下來的一小部分，居民完全是台灣人（Paccanians），還說著原台灣語（Paccanian）。復活節島（Rapa Nui）住民則已被證實完全是台灣人（Paccanians）移居過去的。現在就以宜蘭外海海底的所謂與那國島巨石金字塔，來和埃及最早的佐瑟王金字塔、印尼峇里島的金字塔以及印尼婆羅浮屠對照比較；另以復活節島的巨石建築石牆和中美洲遠古巨石建築石牆對照比較；再以台東白守蓮遺址、花蓮豐濱鄉新社出土的石棺來和埃及遠古最早石棺對照比較，即可看出都是相同的造型和結構。

　　下面這兩張是埃及最早的佐瑟王金字塔和宜蘭外海1萬3千年以前的海底巨石金字塔之照片，看看是不是造型相同。

左：埃及最早的佐瑟王金字塔、右：宜蘭外海和與那國島間，在陸地大崩塌而沉入海底後，除了頂層已腐蝕崩塌，其餘仍大致保持比較完整的巨石金字塔

　　請看下面這兩張照片，左邊是印尼峇里島的小型金字塔，右邊是宜蘭外海1萬3千年以前的海底巨石金字塔。兩相比較，造型是不是很相似！

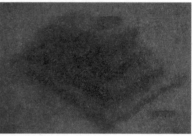

左：印尼峇里島的金字塔、右：宜蘭外海海底金字塔

　　再請看下面這兩張照片，左邊是印尼婆羅浮屠，右邊是宜蘭外海1萬3千年以前的海底巨石金字塔。兩相比較，看看基本造型是不是也很相似。

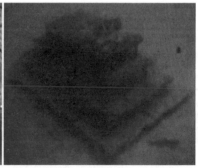

左：印尼婆羅浮屠金字塔、右：宜蘭外海海底巨石金塔頂層已腐蝕崩塌

　　再請看下面這兩張復活節島和中南美洲遠古巨石建築石牆的照片，巨石的裁切和堆砌工法是不是如出一轍。這些巨石塊裁切精準，緊密接合，不使用任何黏著劑，卻能在幾次8級以上大地震中屹立不損，有其建築物理學的特殊智慧。

左：復活節島巨石建築石牆、右：中南美洲遠古巨石建築石牆

　　還有，請看下面這兩張埃及遠古石棺和台東白守蓮遺址石棺的照片。雖然白守蓮遺址的石棺因年代久遠，且遭海水、氣候的侵蝕而斑剝，但頭頸部相同位置同樣特別雕飾與裝設的痕跡還在。

左：埃及遠古石棺、右：台東白守蓮遺址石棺

　　再請看下面這3張照片，左邊是花蓮豐濱鄉新社出土的石棺，右邊2張是埃及遠古石棺，是不是一模一樣！

左：花蓮豐濱鄉新社出土的石棺、右二圖：埃及遠古石棺

　　其實，由整塊巨石雕鑿成的遠古石棺，在世界各地都有零星出土，土耳其也有一些，但主要還是在台灣和埃及被發現。埃及石棺則因為後來他們興起永生幻想的關係，就加上華麗的雕飾以及彩繪。

　　同樣是遠古石棺，而且台灣出土的石棺比埃及的遠古石棺年代更是久遠。埃及遠古石棺受到世界各國考古學界的重視，並被妥善保護。在台灣，這些遠古石棺卻遭任意放置戶外，全世界的考古學者無人知曉。不少其他遠古石棺和各式各樣的台灣遠古文物，更是被隨便棄置，甚至遭到毀壞。於蔣幫壓霸集團暴行肆虐的年代，埔農無話可說。但現在台灣號稱（至少表面上）民主化已20年，而且民進黨又已二次執

政，卻還如此糟蹋台灣的遠古文物，也沒有任何台灣聞達人士瞭解到「這些台灣遠古石棺和埃及遠古石棺一模一樣」的意義和重要性。

在1996年以前，是可以用「受到『中國壓霸集團為洗腦台灣人而僞造、編纂的所謂歷史教科書』以及『早期少數因漢化深而轉性貪婪，寧願認盜作祖的所謂台灣士紳虛構之小說』所影響」來替這些台灣聞達人士（尤其文史學者）緩頰。但是，各種史實文件開放到今天至少已20年，埔農多次禮貌的請求台灣聞達人士及台灣歷史學者，懇請看一看埔農所蒐集有關台灣歷史真相的文獻證據、聽一聽埔農的說明，沒有人願意聽、沒有人願意看。即使說「他們漢化過深，自以為高級，不屑理會小民」，幾年前埔農還曾拜託幾位不會鄙視鄉野凡夫的知名前輩代為轉達，後來這些台灣聞達人士（尤其文史學者）還是照樣「我行我素」，繼續認盜作祖，更是鄙視台灣自己的原有文明和文化。這也使得原台灣（Paccan）的史實文明和文化持續隱晦，導致國際歷史學者和考古學家無人明白「台灣（Paccan）文明與世界文明的關連性」。埔農在多次苦勸無效後，說他們因身陷「斯德哥爾摩症候群」的心理扭曲，台灣聞達人士（尤其文史學者）竟暴跳如雷，還罵埔農說「你算什麼東西」。台灣聞達人士怎麼會呆奴化到如此地步呢！

何先生說：「以上花蓮豐濱鄉新社出土的石棺，和

發掘出的兩座埃及遠古石棺似乎是完全相同，但其他巨
石建築的造型和結構只是很近似，並非完全相同，尤其
是所謂的金字塔建築。」

埔農回答：

唉！其實在相同時期要看到完全相同的建築物都是
不太可能了，何況這些是相隔數千年的遠古建築。台灣
（Paccan）的金字塔建築，於 12,967年前就已沉入海底，埃
及最早的佐瑟王金字塔、印尼的婆羅浮屠和峇里島金字塔，
興建時代都和台灣（Paccan）海底巨石金字塔相距至少有6
千年以上，還能保有如此近似的造型已是很不容易。而復活
節島和中南美洲的遠古石牆，巨石故意切角以利穩固榫合的
工法完全相同，可見台灣（Paccan）遠古巨石文明在世界各
地的影響是多麼深遠。

當然，若單就以上的說明而言，是只能算是推論，還
不能做為事實的認定。但是，經近幾年的科學研究，包括
美國麻省理工學院（ Massachusetts Institute of Technology）
的 Douglas L. T. Rohde教授，以全世界的人類DNA做分析研
究，證實台灣人是現今所有生活在地球各地之現代人的共
同祖先。加上發現「1萬2千年前的土耳其東部哥貝克力巨
石陣（Göbekli Tepe），其石柱上代表星座和彗星之天文符
號的雕刻，是描述彗星撞擊地球開啟新仙女木期（Younger
Dryas）的公元前10,950年（即12,967年前），也正符合台

灣和與那國島之間的一大片陸地，因大規模火山爆發和地
震而沉入海底的年代」；「世界各地出現遠古巨石文明建
築的附近都有從台灣移植過去之loug-a（紙桑）樹林」、
「台灣（Paccan）人利用燒風球（熱氣球）搬運、堆砌大
型重物和巨石的方法，說明了世界各地遠古巨石文明的建
築工法」；「世界各地之遠古語言對船的稱呼都源自台灣
語（Paccanian）bangka」、「世界上多數國家對紙張的稱
呼，都是來自台灣語（Paccanian）pepa語音的轉變」、「世
界各地之語言對甘藷的稱呼都源自台灣語（Paccanian）的
tamami與 batatas」、「世界各地之語言對稻米的稱呼都源
自台灣語（Paccanian）biras[bɪ'rɑs]」。再有夏威夷原台灣
人（Paccanian）Nainoa Thompson和他的團隊，於2014至
2017年間，不依賴任何所謂的現代或近代文明，完全以遠古
（2千年前至1萬3千年前）祖先的智能，僅駕駛克難的小型
雙船體Ban-gka，身體力行環繞地球一圈，以上事實都是不
容置疑的證據。所以，「世界遠古巨石文明都是來自台灣
（Paccan）的對外傳播」已是沒有可再令人質疑的餘地了。

　　Daigu Sigua說：「請問古台灣有無切割石頭的記
載？」

　　埔農回答：
台灣的所有文書記載已被中國壓霸集團摧毀。不過，台

東白守蓮和花蓮豐濱鄉新社遺址的遠古石棺，以及台灣東方海底，在龜山島和與那國島之間，12,967年前發生陸沉之前的巨石建築和金字塔，這些所用的都是裁切整齊的大石塊。所以，「遠古台灣人即有切割石頭的技術和能力」是無可置疑的。

事實上，台灣（Paccan）自遠古即能製造細齒刃鋼刀片，1628年令荷蘭人讚嘆的細齒刃略彎小刀（後來被稱爲草-Gke-Ah或割-刀-Ah）（《*The Formosan Encounter*》Vol.I, p.93），今日還在使用呢！

另外，埔農自己猜想，既然Paccan早已有很進步的精煉鋼鐵和鑄模技術，若以銜接的抗高壓鋼管延伸100公尺以上的垂直高度，即可製造出強力水刀，要切割巨石就更輕而易舉。當然，這只是埔農個人的想法，目前並沒有任何證據。

何先生繼續說：「我瞭解了，但爲什麼只能見到這幾樣巨石建築還能證明是Paccan（台灣）的遠古文明呢！」

埔農說：

原台灣（Paccan）東部的一大片土地（現在的台灣和與那國島之間），於12,967年前因彗星撞擊地球引起大規模火山爆發和地震而沉入海底，主要的遠古建築都已毀壞。現在的台灣島是因爲菲律賓板塊在底下撐住才得以留存。眼前所

發覺的是只有龜山島和與那國島（Yonaguni）之間海底的台
灣遠古建築，尚未被發覺的不知還有多少呢！而現存台灣島
的平原又不多，而且當時的台灣住民早已瞭解到，要追求眞
正永續幸福的人性生活，人必須和諧分享、維護生態平衡、
重人倫、敬天地；懂得摒棄非必要之物質和榮耀的欲望；更
要保護自然環境，以自然環境的不被破壞、不被污染爲優
先；高度的科技開發，不僅誘發人類永無止境的貪婪、衍生
更多的物資需求，對於眞正人性生活的境界並無助益，只是
製造更多精神壓力，還帶來難以挽救的環境破壞和污染，也
剝奪了後代子孫的生活條件；貪婪由虛榮、慾望和相互比較
所誘發，是人類罪惡的根源。所以，台灣住民雖然仍持續智
慧的發展和教育，但輕視功利文明，當然不再築設宏大的建
物。再加上壓霸成性的所謂漢人、華人、中國人因自卑產生
妒恨心理，見了別人的文物就要破壞、摧毀，經過350年前
至120年前以及72年來的肆虐，一些留在台灣的遠古遺產，
早已被粉碎殆盡，現在還可以看到這幾樣，能夠證明世界各
地之遠古文明巨型建築是Paccan（台灣）人在當地設計和建
造的，已是很不容易。

　　所謂的漢人、華人、中國人，由於自卑產生嫉妒性的心
理反彈，加上壓霸成性，見了別人的文物就要破壞、摧毀。
請看看350年前那麼堅固的熱蘭遮城（鄭成功海盜集團帶有
火砲的4萬大軍都奈何不了，只能圍城），現在還見得到多
少痕跡呢？

　　所謂漢人、華人、中國人的虛妄思維和壓霸行爲，近72年來在台灣更是變本加厲，肆虐、橫行無止。72年前蔣幫中國壓霸集團剛入侵台灣時，腳步還沒站穩，就大肆毀壞並改造各種日本據台時期留下的石碑和台灣古蹟。

　　下面這兩張照片顯示蔣幫中國壓霸集團將日本人登陸台灣的紀念碑（澳底鹽寮）破壞後，再改造成所謂的抗日紀念碑：

　　左邊是原日本人登陸台灣的紀念碑；右邊是蔣幫中國壓霸集團改造成的所謂抗日紀念碑。

　　感謝智仁兄提供了很多當時被蔣幫中國壓霸集團毀壞或改造的其他實證照片，以下是潘智仁先生提供的照片中的8張。

彰化二水安德宮廟門口石獅底下之底座原為日本年刻字,卻被國民黨
被迫挖空重刻,塗改為「民國二十六年歲次」

研究台灣歷史

重點在古資料
是否被國民黨竄改

是原文或是解釋文 導讀等...

特別注意古文被植入(漢人 閩南人 客家人)一詞

國民黨在台灣連石頭都可以竄改
台灣種族不改成中國人 那才奇怪!

昭和12年
被國民黨
改民國25年

為什麼台灣人看不到日本時代留下來的墓碑
因為國民黨利用推廣風水論 讓自己掏錢換掉了

清除臺灣日據時代表現日本帝國主義
優越感之殖民統治紀念遺跡要點　　國民黨公文

這是破壞不完全的墓碑
也有可能是分兩次破壞

被強刻民國年號

六・日據時代遺留之寺廟捐題石碑或
區額以及日據時代營葬之墳墓碑刻等，
單純使用日本年號者暫准維持現況
請注意第6條 (暫准)
暫准維持現況 (暫時而已)
最後還是把它破壞了

研究台灣史要像偵探

尤其是有關於國家 種族 族群
有沒有在威權時代被竄改

當時日本時代墓碑當然刻日本年號

國民黨在台灣去日本化
利用（風水論）改運說
讓台灣人自己掏錢
由業者把祖先墳墓改成
有中國堂號的新墳

竄改痕跡
大正

國民黨的黨性

日本時代 花蓮神社 銅馬

原有標誌被國民黨挖掉後補上黨徽

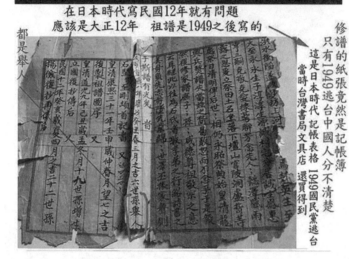

1987解嚴 當時台灣人流行去中國尋根
中國人用當地腔回答說：
《你們台灣祖譜都是一個樣. 假的.假的》

在日本時代寫民國12年就有問題
應該是大正12年　祖譜是1949之後寫的

都是舉人

修譜的紙張竟然是記帳簿
只有1949逃台中國人分不清楚
這是日本時代 記帳表格
當時台灣書局文具店
1949國民黨逃台
選買得到

蔣家逃台為何要扭曲台灣種族史
中華民國根本沒有台灣

當初政治操弄的罵番的對象並非單指高砂族
罵番的對象就是 熟番和生番
為什麼要罵番 這才是我們要了解的重點

認盜作祖的所謂士紳之台灣假漢人、假華人，後來竟然有樣學樣，連日據時期的祖先墓碑也重新鑿刻成所謂的「民國幾年」。

等蔣幫中國壓霸集團在台灣站穩了腳步，不再只是破壞和偽裝，更費盡心思消除台灣文物，並將台灣殘餘的遺物徹底改造成所謂的漢人、華人或是中國人文物。例如1896年在台北圓山出土的世界最大砥石（用來將刀具磨利、將物件表面磨成光滑的推磨石），當時日本人視為珍寶，還特地建築了堅固、莊嚴的保護廳維護。蔣幫中國壓霸集團入侵台灣還沒幾年，這台灣大砥石就消失無蹤，而且該堅固的保護廳建築也被搗碎。後來這台灣大砥石竟然在圓山西側的臨濟寺被發現，但已遭蔣幫中國壓霸集團裁切並加以改造，用做為該寺廟石碑，所謂的白聖法師寫了「無住生心」雕刻上去，不但抹去了大砥石的台灣遺跡，還改造成所謂漢人、華人的文物。

左：台灣原有大砥石、右：日本人為保護台灣大砥石建築的保護廳

台灣砥石被中國壓霸集團裁切成華人式石碑放在臨濟寺。

第四節　台灣是人類文字的起源

　　楊先生問：「在《台灣古今真相》你是舉出了日月潭石板文、台灣東北角草嶺古道所謂的虎字碑兩旁石版文、龜山島和與那國島間的海底石刻文以及復活節島文等原台灣（Paccan）文字的證據，加上被收藏於日本京都帝室博物館的Tuman島（現在所謂的和平島）古文石碑，證明原台灣（Paccan）於1萬3千年以前即已有很進步的文字。但既然原台灣（Paccan）有立文字石碑的習俗，而石碑經久不易蝕壞，現在台灣為什麼幾乎都看不到了，鄭、清的摧毀真的能那麼澈底嗎？」

　　埔農回答：
　　所謂的華人、中國人，因自卑產生嫉妒性的心理反彈，

加上壓霸成性，見了別人的文物就要破壞、摧毀。72年前蔣
幫壓霸集團入侵台灣時，就大肆毀壞、改造各種日據時期留
下的石碑、墓碑（潘智仁先生的臉書放有很多實證照片）。
再看看350年前那麼堅固的熱蘭遮城（鄭成功集團有火砲加
上4萬大軍，都攻打不下來，只能圍城），現在還見得到多
少痕跡呢？

　　在台壓霸中國人的肆虐台灣既有文物，在台中國人和台
灣假中國人、假華人，卻不要臉的拿這種壓霸行徑和台灣人
士潑漆或推倒蔣介石銅像相提並論。蔣介石殘暴如希特勒，
卻更陰狠、狡猾，這種惡魔在文明社會裡，理應早已被清除
乾淨，於台灣國內，卻因為假漢人、假華人聞達人士配合中
國人和假中國人的繼續操縱，還得以到處嬈俳（裝神氣），
真是罪大惡極，更讓台灣人蒙羞。

　　即使到了台灣至少已表面民主化近30年的今天，在台灣
假漢人、假華人的縱容下，中國壓霸集團還是只要見到任何
與所謂的中國無關之台灣文物，還是明目張膽的持續加以破
壞、毀滅，或扭曲再加偽造，並公然自鳴得意。例如：在台
中國人李承龍和邱晉芛於2017年4月15日到台南破壞台灣人
為紀念八田與一建設烏山頭水庫和嘉南大圳所立的銅像；再
於2017年5月28日率眾至台北市北投區逸仙國小校門口，砸
毀校門前的石雕像，並且散佈行兇過程的錄影炫耀。事實
上，該狀似日本狛犬的石雕，是蔣幫中國壓霸集團早年在台
灣摧毀與中國無關文物後的廢棄物，已深埋地下近60年。

2007年小學進行校園新建工程時，才意外被挖掘出來，校方發現是不可多得的地方藝術品，就在校門口設立基座，把這石雕像擺放在校門口展示。在台中國人現在看到了，認為可能是日據時期留下來的物件，與所謂的中國一點關係也沒有，於是也非要再消滅不可。

　　大家看看所謂漢人、華人或中國人壓霸的蠻橫惡行，到現在都還這麼囂張，更何況是120年前至350年前之間這段王權壓霸長達230年的時代。「台灣的Paccan古文石碑被鄭、清摧毀得這麼徹底」也就是必然的結果了！沒什麼好驚訝的。所以，現在還可以看到這幾樣殘餘的台灣古文石碑，已是非常不容易了！

　　鄭成功據台時期的釋華佑台灣遊記就記述：「蓋親見云，諸山名勝，皆科斗（蝌蚪）碑文，莫可辨識。惟里劉山有唐碑，上書『開元』二字。」三百多年前台灣「諸山名勝，皆科斗（蝌蚪）碑文」，再對照「日月潭石板文、台灣東北角草嶺古道虎字碑兩側的石版文、龜山島和與那國島間海底的石刻文以及復活節島文」，無可置疑的。而且，當時釋華佑在全台灣，僅看到一個寫有「開元」兩字的漢字石碑！

　　有李先生反駁說：「不少文史學者說，釋華佑遊記可能是連橫偽造的。」

埔農回答：

一些「比較」清明的台灣文史學者會說「釋華佑遊記可能是連橫僞造的」，除了或許仍是以假漢人、假華人的虛妄心態不肯承認原台灣文明和文化外，主要是因爲連橫這個人「爲認盜作祖強造史」，他的台灣通史謬誤百出，65%是僞造的；33%是錯誤的（連很多所謂的中國人都不得不出來指出其誆言滿篇），自然就連想到「釋華佑遊記」也可能是連橫僞造的。

但是，連橫是「假漢人、假華人士紳認盜作祖之不要臉」的極致，鄙視自己祖先無所不用其極，他會寫出「台灣諸山名勝，皆科斗（蝌蚪）碑文」這樣的事嗎？因爲這是事實，所以，連橫依假漢人、假華人的虛妄心態，才會在臺灣遊記書後寫下「科斗（蝌蚪）爲大篆以前之書，豈三代之時華人已至臺」的妄語，意欲否認，企圖掩飾釋華佑在台灣所眼見的實情，藉以繼續僞裝其假漢人、假華人的假高級。所以，釋華佑遊記中的「台灣諸山名勝，皆科斗（蝌蚪）碑文」，其眞實性不應該受到懷疑。

李先生繼續反駁說：「好吧，那你在《台灣古今眞相》又說，Paccan（原台灣）早年普遍使用的紙張由紙桑（loug-a）樹皮製成，不易破裂，沾水不爛、不糊，照理講應該很容易留存，怎麼可能到現在一紙原台灣（Paccan）文書都看不到？」

埔農回答：

山地族群是爲了遠離荷、鄭、清等的野蠻行徑而各自避入山區，本就分散又山川險阻，再遭清國封山令圍困，就像被困在孤島的各個小型監獄，無法與其他地方交流維持文明所需的物質和原料，文明遂停滯，更繼而消退。文書教育的傳承，需要有一定數量人口中的責任教師，而且在簡單的生活方式和狹小的生活圈，文書逐漸顯得不是那麼必要，也就不被那麼重視，加上loug-a（紙桑）在台灣僅生長於平地和丘陵地，因而隨時間過去就斷層了。再因爲生活條件差，族群小又無法與外界通婚而基因逐漸純化。所以，山地部落文書的失落是必然的結果。連語言也因族群縮小，加上超過350年的實質隔離，各部落語音的差異也越來越大。

至於留在平地的Paccan（原台灣）居民，在清國強制漢化的執行下，非官方核定的文書、紙張必須送到特定的字紙爐燒毀。否則，若被發現必遭橫禍，loug-a（紙桑）樹皮製造的原台灣（Paccan）文書、字紙也就蕩然無存了。姜林獅先生私藏的原台灣（Paccan）工程學書籍，也都已使用漢字書寫，僅剩書中的圖解內留有Paccan（原台灣）文字和數字。埔農年幼時的家鄉長輩，雖然沒有受過文書教育，還一直保持「只要看見有非官方核定的文書或散落的字紙，就必須立即送到特定字紙爐焚毀」之不自主習慣呢！

李先生抗議說：「特定的燒字紙爐？那是惜字亭、

敬字亭，古人認為文字是崇高又神聖的，寫在紙上的文字，不能隨意褻瀆。即使是廢字紙，也必須誠心敬意地燒掉。這是古代文人雅士「敬惜字紙」理念的體現，你胡說八道什麼！」

埔農回答：

唉！燒毀文書會是「敬惜字紙」的理念？

所謂的漢人、華人，虛偽、厚顏成習，所謂中國的聞達人士，真是能屈能伸，屈時可認賊作父，伸時則將賊父編纂為兄弟以遮羞。昔日的「蒙」、「滿」侵略者，可改稱「元」、「清」，硬擠進其歷史族譜，真是一部道地的中國厚黑學。所以，明明是懼怕「文字獄」而設焚字爐，卻美化為自欺欺人的惜字塔、惜字樓、文風塔、敬聖亭、聖跡塔、惜字亭、敬字亭。若說真是敬重文書，應該會字字珍惜，張張留存供奉，那有讓它灰飛煙滅之理！

埔農小時候是見過字紙爐上刻有「惜字亭」或「敬字亭」的字樣，但長輩都指稱是「字紙爐」，埔農從沒聽說過是什麼「惜字」或「敬字」的。

為了懼怕因文字不小心暴露而招來意外的糾紛或橫禍，所謂惜字塔始建於所謂中國的宋、元，但以清國時期最多，因為清國文字獄最吹毛求疵，也是最殘酷、最令人心驚膽跳。

在清據時期的台灣，所謂惜字亭、敬字亭密度之高，超

乎想像，連其國內都望塵莫及。這是清國據台政策的壓霸產物，後來卻在民間積非成習。李先生是文史學者，漢化過深，自然陷入了所謂中國聞達人士的虛妄迷思。

其實，像「號稱惜字亭、敬字亭」這種為遮羞恥而大言不慚的事件，在所謂中國的近代史更是屢見不鮮，不勝枚舉。埔農就舉幾個大家應該都耳熟能詳的例子：

1945年以前，所謂中國的聞達人士為了爭霸奪利，各方自立門戶相互廝殺，引日軍割據，卻說成是對日抗戰。

1945年是美軍擊敗日本，卻說是對日抗戰勝利。

他們明知台灣人是不同民族，自古與所謂的中國無涉，為了侵略台灣、順利榨取台灣資源，硬說是光復台灣。

蔣介石被撤職查辦，卻說是下野。

蔣介石走投無路逃亡到台灣，自己先承認中華民國已滅亡，後卻又自稱是中華民國總統復職。

蔣幫中國壓霸集團為了能順利奴使台灣、蹂躪台灣，自稱高級中國人，卻以奸滑「虎姑婆」的詐術，再對台灣人笑稱是同胞。

到如今，因民主化的時勢所趨，所謂高級（？）中國人在台灣不再有往日橫行無阻的稱心如意，基於對台灣妒恨的心理，卻能對昨日不共戴天的仇敵改稱「共軍、國軍都是中國軍」。

最睜眼說瞎話的是，現今中國進行的是「最嗜血權貴橫行之掠奪式『資本主義』」，卻能自稱是「有中國特色的

『社會主義』」，眞是中國厚黑學的極致。

　　這就是「臉皮厚如城牆、心黑如木炭」的中國厚黑學，就如老鼠永遠不可能不鑽地、不打洞一樣。

　　還有，就在幾天前（2017年8月18日），一名隨壓霸中國人父母在台灣養尊處優的呂軍億，只因民主化的時勢所趨，在台灣不再有往日橫行無阻的如意，加上見不得台灣人當總統，就從所謂之軍史館偷了一把所謂在南京之役殺害107位中國人的日本98式軍刀，殺進總統府。其實，這把日本98式軍刀是1945年中國收繳日軍武器時，由當時中國國民黨黨軍第16軍中將副軍長魏炳文納爲己有收藏，爲了炫耀，就偷刻「南京の役殺一〇七人」這幾個字上去（刻字的地方卻與日本刀的刻文方向顛倒，而且日本人不說「殺」，只會寫「斬」，「殺」是所謂中國人的慣用語），僞稱是日本軍官向井敏明少尉在南京之役用以斬殺中國人、以屠殺人數最多而勝出野田毅少尉之倍受矚目軍刀。魏家自知這是假貨，魏炳文去世後，1987年由其弟魏炳超、其子魏亮一起送給設在台北的中國國民黨黨軍軍史館，所謂的軍史館就順手將這「中國人的習慣性齷齪」加以展示。

　　事實上，這把日本98式軍刀是因爲完好如新，才被魏炳文中意而私藏，一把刀怎麼可能斬殺100多人還完好如新沒有損傷？根據1937年12月13日《東京日日新聞》報導，「兩個少尉拿著刀刃殘缺不全的日本刀見面了」。另外，98式軍

刀是在昭和十三年（1938）才在日本開始製造，因爲該年是日本的「皇紀2598年」，故稱「九八式軍刀」，而南京之役發生在1937年12月，參與南京之役的軍官如何能擁有這1938年才在日本開始製造的軍刀？這種僞造和誑語，就如「號稱惜字亭、敬字亭」一個樣，實在粗劣。

南京の役，殺107人

　　以上在在說明了所謂中國人的厚黑習性（台灣假中國人則是認盜作祖，也沾染了厚黑學惡習），人只要是厚黑成性，就沒有什麼壓霸惡行做不出來了，也沒有什麼令人傻眼的誑語講不出口了！旁人若沒睜大眼睛仔細看清楚，必然會被耍得團團轉。

　　惜字亭？敬字亭？這是所謂中國人習慣性虛妄遮羞的誑語。在所謂的中國，惜字亭、敬字亭其實是懼怕可能因文字不小心暴露而招來意外橫禍的焚字爐，是爲了毀屍滅跡用的；在清據早期的台灣，其實是爲了澈底清除Paccan（原台

灣）文字痕跡而設的字紙爐，這才是事實的真相！「現在一紙原台灣（Paccan）文書都看不到」是Paccan（原台灣）文化和文明遭受壓霸、妒恨、無恥之所謂中國人唐山滿官蹂躪後的悲劇，台灣人請不要再自我閹割。

有關原台灣（Paccan）的先進文字，埔農之前已舉證甚多，任何有不同意見的人士，可來對質，事實越辨（辯）越明。

　　張先生說：「哈！所謂漢人、華人、中國人和假華人的所謂『惜字亭』、『敬字亭』，如今還是在到處丟人現眼哩！」

　　陳先生說：「那有啊？『惜字亭』、『敬字亭』不是都差不多被拆光了嗎？」

　　張先生說：「是轉換另一種形式來表現罷了，大家看看『說是代表台灣參加世界性運動會』的那面不倫不類之所謂『會旗』。世界各國參加奧林匹克運動會以及各種世界性運動賽事，明明都是使用各國的國旗，在台的壓霸中國人和台灣假漢人、假華人、假中國人卻宣稱各國都是使用『會旗』而不是『國旗』，這根本就是把『清除文字痕跡』的『燒字紙爐』說成是『惜字亭』、『敬字亭』之翻版，不是如出一轍嗎？都同樣是壓霸、妒恨、無恥之所謂中國厚黑學才有的產物！」

埔農說：
張兄的心靈和觀見真是清明又一絲不苟！

有曾先生留言：「有中國人說『是因為痛恨日本人，才非要消滅日本據台時期留下的有關建造物不可』；台灣假中國人也如是說。」

埔農回答：
所謂的中國人會是因為痛恨日本人才要消滅與日本有關的建造物？這根本就是和「把『清除文字痕跡』的『燒字紙爐』說成是『惜字亭』、『敬字亭』來遮掩其在所謂中國之『聞風喪膽』，以及在台消滅台灣文書的『無恥壓霸』」如出一轍，是所謂漢人、華人或中國人自卑又妒恨養成的惡習，也是虛張自大聲勢的一貫伎倆。

所謂的中國人實際上愛日本物件愛得要命哩！大家何不回頭看看這批中國惡棍在台灣如何愉快地享受日本人留在台灣的各種建設，愉快又舒暢地享用日本人留下的雅築廳舍、使用日本修築的鐵路、利用日本建構的糖廠賺取外匯中飽私囊，實在不勝枚舉。再看現在的所謂中國人，那前往日本搶購日本商品的瘋狂行為，直讓人目瞪口呆。所謂的中國人會痛恨日本人？會不要與日本有關的東西？只有鬼和白癡才會相信！

所謂的中國人會因為痛恨日本人而不要見到日本人的物

件？厚黑學在所謂的中國盛行已幾千年，他們見了別人的好東西，只要喜歡或用得到，偷、拐、搶、騙無所不用其極；若是他們用不到或嫉妒，就要砸毀。現在更變本加厲，看看那所謂的中國如何對付維吾爾（所謂中國的所謂西域、新疆）、圖博（所謂中國的所謂西藏）、南海以及台灣，他們臉皮厚如城牆、心黑尤勝木炭，大家還不明白嗎？

所謂的中國人會是因為曾遭日本侵略才痛恨日本？所謂的漢人、華人虛偽、厚顏成習，所謂中國的聞達人士能屈能伸，屈時可認賊作父，伸時則將賊父編纂為兄弟以遮羞。昔日的「蒙」、「滿」侵略者，可改稱「元」、「清」，硬擠進其歷史族譜，臉皮真是厚勝城牆。近代日本對所謂中國的侵犯，相較之下，根本不算什麼。

日本是侵襲過所謂的中國，若論欺壓所謂近代中國的時間，西方國家欺壓中國至少百年，是日本入侵中國時間的兩倍；若論燒殺擄掠，1900年八國聯軍的襲擊，情況尤其慘烈，有亞於日本入侵的所作所為嗎？上海西方國家所謂租界的公園門口，甚至立有「華人與狗不得入內」的侮辱告示牌，所謂的中國人不是都忍氣吞聲嗎？所謂的中國人會因為曾遭日本侵略而痛恨日本，才想要消滅日本據台時期留下的有關痕跡？真的有人相信這種鬼話嗎？

所以，事實是，所謂的中國人其實是為了徹底呆奴化台灣人，只要見到任何東西與所謂的中國無關，或可能無關，而中國壓霸集團又用不著，就非要砸爛及清除不可。

　　談到「所謂的漢人、華人、中國人，因自卑產生嫉妒性的心理反彈，加上壓霸成性，見了別人的文物就要破壞、摧毀，甚至徹底改造成所謂的華人、中國人文物」，埔農不由得想到台灣的所謂虎字碑：

東北角草嶺古道旁的台灣碑文石板及虎字刻劃。

台灣的碑文石板和虎字刻劃放大。

　　由於有「世界最大的台灣砥石被中國壓霸集團裁切，再做成華人式石碑」的「破壞加改造」例子，令埔農想到，這所謂的虎字碑，必定是1867年（清國同治六年）鎮台總兵劉明燈路過該地時，見了刻滿台灣文字的石碑，為了毀壞台灣文物，就開始破壞。破壞到一半時突然心血來潮，發想意指「吃定台灣」（所謂漢人、華人的一向認知是虎會吃人），也是存心要改造成所謂的漢式物件所為的惡行。因為，這台灣文字碑上的虎字刻劃，一看即知是加深破壞後在再鑿刻上去的，而且這「虎字」兩側邊緣還留下「之前任意鑿毀」的痕跡！

　　有人說「這些也許是當時故意刻上去的甲骨文」，但劉明燈下令鑿刻時，甲骨文尚未被考古發覺，所謂的中國人只是拿來當作藥材，此種說法實在荒謬。請大家回想一下釋華佑台灣遊記所敘述的「蓋親見云，諸山名勝，皆科斗（蝌蚪）碑文」，這原始石碑上的文字當然是台灣文，怎麼可能是所謂的甲骨文。事實上，這件事說來真是諷刺，若是沒有劉明燈破壞台灣文石碑時妄想到「吃定台灣」的念頭，在這台灣文字碑上刻了個草書虎字，以所謂漢人、華人或中國人的妒恨與壓霸成性，這台灣文石碑是不可能僥倖留存至今的！

　　另有人說「也許這些字跡可能是後來才有人胡亂刻上去的」，但是，請仔細看看，這虎字兩旁的古文雕刻，其實是經過仔細雕琢，絕不是隨便刻劃上去的。再想想，大家可曾見過所謂漢人、華人或中國人在鑿平的石板面上做了小部分精緻鑿刻後，卻留下周邊不整齊鑿痕以及大面積平滑表面的情況？這

絕不是浮華的所謂漢人、華人或中國人會做的事。所謂的漢人、華人或中國人為顯赫威勢而立碑，必定裁切整齊，華麗雕刻。何況這台灣文石碑位處偏遠高山，劉明燈真要立碑，必定是令人在山下裁切、雕刻完成後再抬上山，不可能大費工夫抬了一塊巨大原石上山再雕鑿。另外，請看當時有人為巴結劉明燈複製了一些這同治六年（1867年）的所謂虎字石碑，就都是所謂漢人、華人、中國人石碑的固定形態。

　　更何況，有那一個清國地方官那麼大膽，敢放任民眾在鎮台總兵的石碑上隨意塗鴉刻劃，而且放任近30年沒有清除、沒有修復？真是胡言亂語！所以，就是因為當時劉明燈僅命令在這台灣的文字石碑上加深鑿刻個草書虎字和行書落款，在劉明燈沒有進一步指示的情形下，沒人敢動所遺留的大片台灣文字。爾後，地方官員為巴結劉明燈而再複製的同治六年（1867年）虎字石碑，就只有當初劉明燈指示的原型了。

時人為巴結劉明燈複製的虎字碑。

再說，劉明燈於隔年（1868年）9月行經淡蘭古道時，在坪林鄉石曹村石牌仔與宜蘭縣交界處，就立了一座「眞正的劉明燈虎字碑」，這才是所謂漢人、華人、中國人立碑的固定形態。此坪林鄉石曹村之「眞正的劉明燈虎字碑」於1960年代被當時的警備總部遷移至台北市愛國西路博愛營區，後來這「眞正劉明燈所立的虎字碑」經過台北縣政府社會局、文化局和坪林鄉長的交涉，於2005年11月20日由所謂的國防部歸還，保存在坪林茶業博物館展示。還另外複製二座，一座放回台北市愛國西路的博愛營區，一座置回坪林石曹原址，並立牌解說，全都是所謂漢人、華人、中國人石碑的固定形態。

真正劉明燈所立的「虎字碑」原件現在保存於坪林茶業博物館就是所謂漢人、華人立碑的型態。

左：劉明燈所立虎字碑，以複製品置回坪林石嘈原址，並立碑解說、
右：另一座複製品放在台北市愛國西路的博愛區

　　有何先生反駁說：「你說『所謂漢人、華人、中國
人不會在鑿平的石板面上做了小部分精緻鑿刻後，卻留
下大面積的不整齊原石』，但是，下面這張照片就是
『在鑿平的石板面上做了小部分精緻鑿刻後留下大面積
的不整齊原石』。」

埔農回答：

拜託，請看清楚、想清楚，這是宜蘭縣頭城鎮石城里大里遊客中心，最近才依「被劉明燈刻劃上『虎』字後的『台灣文石碑』」所製作的仿造品。浮華的所謂漢人、華人、中國人爲顯示威名，絕不會這樣立碑。近年來台灣人被洗腦成假漢人、假華人、甚至假中國人，一心一意羨慕中國式的壓霸與虛妄思維，變得喜歡仿造所謂華人的威嚇標籤，更同時把台灣記憶拋之腦後，這是今日「台灣人的悲哀」之源頭！

許先生又問：「即使原台灣（Paccan）東部的一大片土地已沉入海底，台灣留存的石碑文物又已被所謂的中國壓霸集團粉碎殆盡，文字文書也全被焚燒滅跡，但既然1萬3千年前就有台灣人（Paccanians）移居世界各地、傳播文明，那世界各地總會留有下一些台灣（Paccan）文字的痕跡可尋吧！」

埔農回答：

是的，世界各地的遠古文字都有台灣（Paccan）文字的演變脈絡在。

埔農就先找出現代通用數字是源自台灣（Paccan）的證據給大家看。因爲台灣（Paccan）數字1萬多年來從未改變，而數字只有10個，又流通率高、流通範圍較廣，7千年來世界各地都會留有記錄，所以很容易比對出由台灣

（Paccan）數字演變到今天的軌跡。

　　而描述用的文字和語言就不一樣了。文字和語言所使用字體與發音數量龐大，複雜性高，遠古時候交通不發達，也就地域性強，容易形成不同地區的獨特變化。所以，當文字和語言隨地區與時間的變遷而演變時，若有中間國度衰敗或滅亡，不易留存完整資料，在文字考古就常會出現斷層，同一文字隨時間演變的連接痕跡也就會比較模糊。然而，只要仔細觀察世界各地出土的遠古文字，仍可見到台灣（Paccan）文字在世界各地的演變脈絡，比較費心就是了。

　　下面這張對照圖表，顯示由台灣（Paccan）算盤、數字，經婆羅米數字、印度數字、阿拉伯數字、中世紀數字，演變到現代數字的過程。大家可以輕鬆比對，相信能一目瞭然。

由台灣(Paccan)算盤、數字，經婆羅米（印度最古老的文字）數字、印度(Indo-Iranian)數字、阿拉伯數字、中世紀數字，到現代數字的演變過程。

台灣(Paccan)算盤											
台灣(Paccan)數字		○	一	二	三	Ｘ	ᔐ	⊥	≐	≛	夊
婆羅米數字	Brahmi		—	=	≡	+	ᘉ	℮	ʔ	ৎ	ʔ
印度數字	Hindu	o	۶	۲	۳	۷	५	६	७	८	९
阿拉伯數字	Arabic	·	١	٢	٣	٤	٥	٦	٧	٨	٩
中世紀數字	Medieval	o	I	2	3	᠘	५	6	٨	8	9
現代數字	Modern	0	1	2	3	4	5	6	7	8	9

　　台灣是世界文明的發源地，台灣人自1萬3千年以前即開始向外傳播文明，並在世界各地留下子孫，非台灣人混血子孫的各地原始人，都已因為智能上的缺陷而從地球上消失。（《Modelling the recent common ancestry of all living humans》by Douglas L. T. Rohde，MIT）

　　台灣（Paccan）族人在亞、歐、非地區傳播文明時，由於這些地區缺乏記述習慣或其記述文化無法適應新知識的學習，重新教導台灣（Paccan）語文有造成當地人被歧視之虞（台灣人的精神一向是謙虛助人、互相敬重），也太費時費力，所以就從台灣（Paccan）文字中的簡易筆劃截取出來創造拼音字母，使用在地的語言指導當地人讀、寫新進的文明，這是最和善的作為，也是指導當地人學習讀與寫最簡便、最快速的途徑。而由於當時世界各地人類的生活原始，並未見過中、大型船隻，當然沒有中、大型船隻的語言稱呼，台灣人介紹自己使用的bangka時，自然在世界各地留下船隻是bangka的這稱呼。bangka這名稱在各地歷經1萬多年的演變，仍深深留下台灣語（Paccanian）的印記，變化不大。拉丁語（Lingua Latīna）、羅馬尼亞語（Românian，東歐）、義大利語（Italian）都稱船是barca；西班牙語（Spanish）、葡萄牙語（Portuguese）、加利西亞語（Galician，西班牙西北部）都稱barco；古埃及語（Egyptian）稱barque；希臘語（Greek）稱varka；阿爾巴尼亞語（Albanian歐洲巴爾幹半島西南部）稱varke。這些不同

語言對船的稱呼，都留下有台灣Bangka很明顯的印記在。

　　菲律賓因靠近台灣，bangka語音未變。太平洋一帶諸島則因聚居人口少，資源不足，只能以簡化方式造船，有些地方就自創另外的稱呼，加上隨時間和地區的變異，純粹是台灣人（Paccanians）移居的所謂南島語族群，對船隻的稱呼反而出現各種較大的差異。

　　至於如何從世界各地的遠古文字裡看出台灣（Paccan）文字演變的脈絡，請容埔農詳細舉證說明：

　　台灣文寫法有兩種，一種是藝術化的大寫，用於慶典和碑牌，使用纖毛竹筆書寫；另一種是小寫，用於一般記述和說明，使用硬筆尖竹筆書寫（詳見《失落的智慧樂土》，p.135-137）。事實上，世界各地的遠古文字都是由台灣（Paccan）文字演變而來。

　　由於Yonaguni（與那國島）住民本來就是台灣（Paccan）人，Rapa Nui （復活節島）住民也已被證實完全是台灣人（Paccanians）移居過去的，所以「現今台灣殘存的碑文、所謂的與那國島 （Yonaguni）文，以及復活節島（Rapa Nui）殘存的木刻文字」都可稱為台灣（Paccan）文。但要說真正世界最早的台灣（Paccan）文明文字，實際上是已發現的龜山島和與那國島（Yonaguni）之間海底巨石建築石牆上所遺留之1萬3千年前文字。

　　而文字和語言所使用字體與發音的數量龐大，複雜性高，地域性也強，所以在交通不發達的遠古時代，很容易形

成不同地區的獨特變化。尤其1萬3千年前，台灣（Paccan）人大量移居世界各地時是遭遇天災地變引發的陸沉，都是分批以小部分緊急撤離，難以攜帶文書，在移居地又首要落地生根，百事待舉，無暇顧及文書教育的傳承，越過兩代，文書大部分斷層，就只能使用簡單筆劃的常用文字記述日常生活的需要。這情況，有點類似被分散實質隔離達350年的台灣山地人口。所以，世界各地的原始文字，都和350年來台灣山地人口殘留的簡單象形文字有著極為相似的筆劃和結構。差別的是，台灣山地人口雖然僅被分區實質隔離350年，但維繫文明生活的資源斷絕，以致文明快速失落；移居世界各地的台灣人（Paccanians）落地生根之後，維繫文明生活的資源充沛（當地原住人口並不懂得使用），行有餘力，還能教導當地原住人口文明化的生活，是世界各地遠古文明的起源。

有鄭先生反駁說：「大多數的台灣文史學者或教授的論文和教科書，都說台灣住民沒有文字，最重要證據是『新港文書』，若台灣住民有文字，清國據台時的契約文書就可使用台灣文字來與漢文對照了，何必使用羅馬字母拼音來書寫台灣住民的語言？所以我還是相信台灣文史學者和教授的結論。」

埔農回答：

　　唉！拿「使用羅馬字母拼音的台灣語言與漢文對照之契約文書」做為台灣沒有文字的證據，是「倒果為因」的說法。

　　荷蘭人入侵台灣當然是貪圖謀利，也有試圖傳教和將台灣人同化的作為，但荷蘭人還不算太壓霸，荷蘭人沒有消滅台灣語言的意圖，荷蘭人是學習台灣語。學習外國語言之讀與寫最簡易又快速的方法，便是使用在地語言的字母拼音法，所以荷蘭人在台灣勤學台灣語言，製作羅馬字母拼音的台灣語文書和台灣人溝通，台灣人自然也輕易就學會了這種羅馬字母拼音的台灣語文。

　　清國據台，嚴厲執行漢化政策，執意徹底消滅台灣文物，所有台灣文書被燒毀。清國據台期間的契約文書當然只能用「羅馬字母拼音的台灣語言與漢文對照」才可以被清國官府接受，也才得以留存下來。怎麼可以因為發現了「羅馬字母拼音的台灣語言與漢文對照」的所謂「新港文書」，就認定台灣從來沒有文字！

　　事實上，日本雖然垂涎台灣的地位和富庶，自清國取得台灣這清國贓物，但仍相當尊重台灣的文史，並仔細研究台灣文史。「南島語系源自台灣」的研究結論，日本人就曾做了不少貢獻。1928年，屬於台灣大學前身的台北帝國大學在台北正式成立，特別設立「語言學研究室」，就是屬於該研究室的日本學者小川尚義，前往台灣古文化匯集地的台南一帶執行考古研究，讓他發覺出了一批清據時期台灣古文書。

其中不少是「羅馬字母拼音的台灣語言與漢文對照」之契約
文書，由於是在原所謂新港社一帶首先發現，才稱之爲「新
港文書」。後來日本學者再到台灣各地挖掘、採集，找出更
多的台灣古文件，由村上直次郎在1931年將這些古文書編註
出版，書名就叫做《新港文書（Sinkan Manuscripts）》。該
書收錄了109件的台灣古文書，其中有87件來自新港社（新
港文書），裡面有21件是羅馬字母拼音台灣語言與漢文對照
的契約文書。收錄的其他台灣古文書還有卓猴社3件（卓猴
文書）、麻豆社16件（麻豆文書）、大武壠社1件（大武壠
文書）、下淡水社1件（下淡水文書）、茄藤社1件（茄藤文
書）。這些契約文書的確實年份，最早的是1683年，屬於麻
豆文書；年代最晚的是1813年之第21號新港文書。

　　請大家看看，荷蘭人於1662年離開台灣，台灣人歷經
超過150年的鄭、清蹂躪和強制漢化，直到1813年還有不少
台灣人寧願堅持使用150年以前學過的羅馬字母拼音台灣語
（Paccanian），拒絕信任所謂的漢文書。而蔣幫壓霸集團蹂
躪台灣也不過72年，現在多數台灣人就已大都使用北京話，
甚至於誤認自己是所謂的華人。可見蔣幫中國壓霸集團是多
麼的陰狠，連毒辣不手軟的鄭、清都要自嘆不如。

　　以下是荷蘭人使用羅馬字母拼音台灣語（Paccanian）發
佈公告通知的文件：

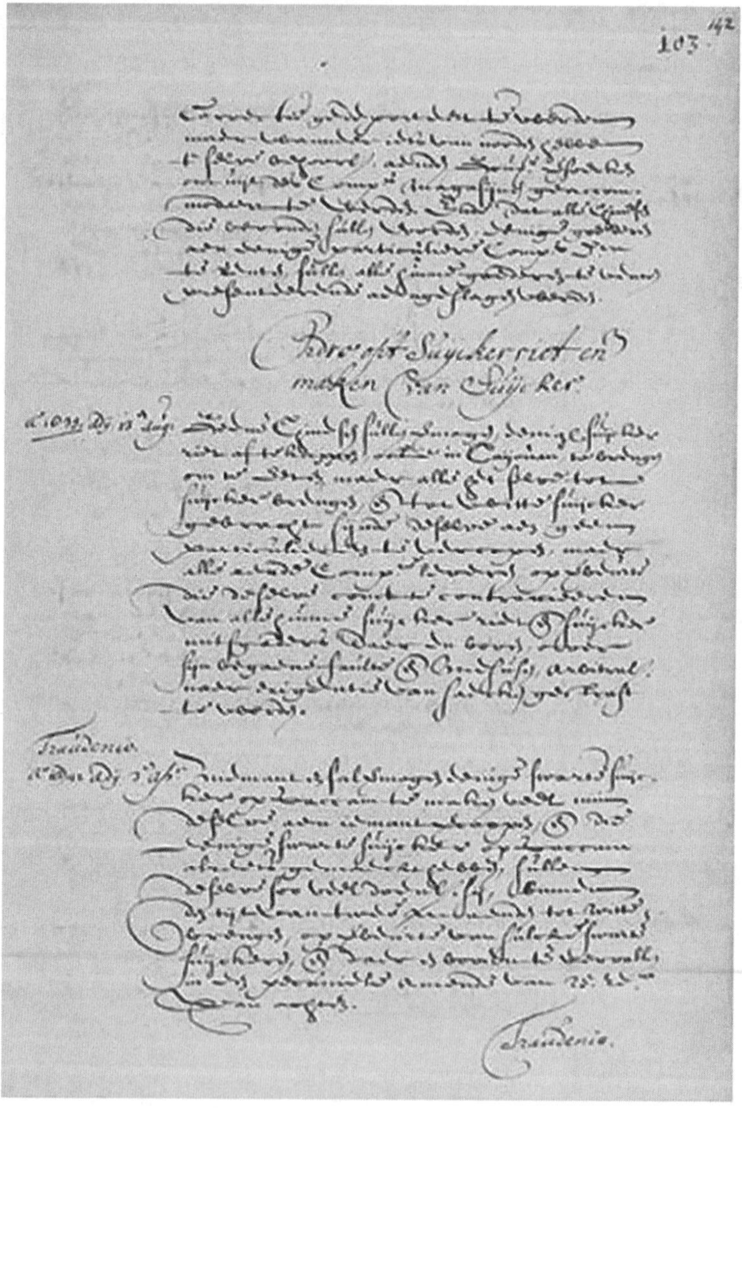
103. 142
Ordre op 't Suijckerriet en maken van Suijcker.
Traudenius
Traudenius.

　　以下這兩張是使用「羅馬字母拼音的台灣語言與漢文對照」的契約文件：

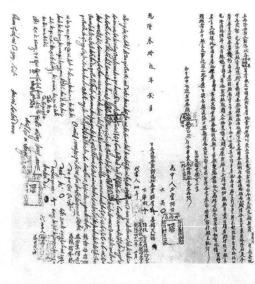

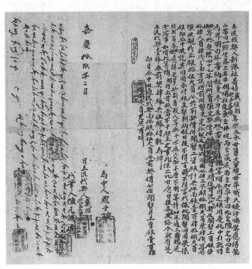

　　台灣文寫法有兩種，一種是藝術化的大寫，用於慶典和碑牌，使用纖毛竹筆書寫；另一種是小寫，用於一般記述和說明，使用硬筆尖竹筆書寫。現在要舉證台灣（Paccan）文字是眞正世界上最早的文明文字，世界文明的啟蒙是來自台灣，埔農就用台灣（Paccan）文字的這兩種寫法，把世界各地的遠古文字分別比對給大家看。首先，請看台灣（Paccan）殘存的各種遠古文字：

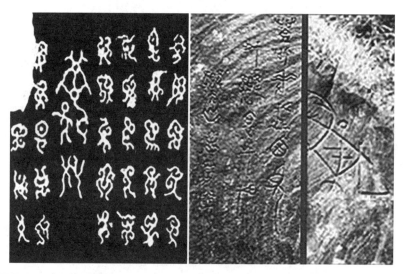

左：台灣日月潭石板文、右：東北角草嶺古道虎字碑旁的石板文

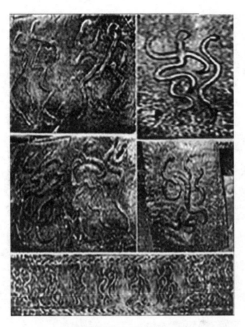

排灣族保存的虫形文字

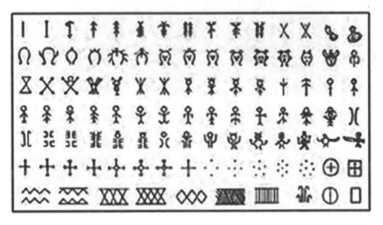

排灣族殘留的文字與紋飾

宜蘭和與那國島海底巨石建築上的「文字」

上：復活節島刻在木板上的文字、下：拓文

復活節島橫式書寫的木刻版文字

復活節島文字

再請看世界各地的各種遠古文字：

墨西哥碑板文

厄瓜多黃金洞內黃金書文字

厄瓜多黃金洞內石刻文字

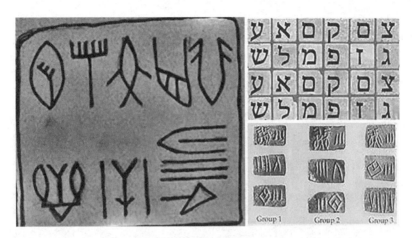

古印度河谷的印章文字

印度婆羅米文字

澳洲石壁文字

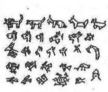

伊朗埃蘭象形文字

伊朗西部吉羅夫特古城遺址石碑文字

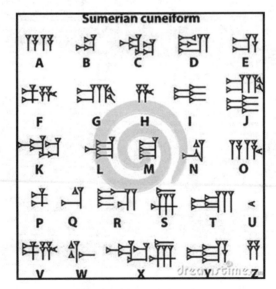

古蘇美爾文字，來自多瑙河古文明的許多泥板，又被稱為溫查（Vinca）

蘇美爾人的楔形文字

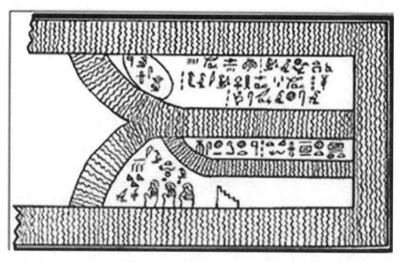

埃及死亡之書

法老石碑文字

古埃及羅塞塔石碑文

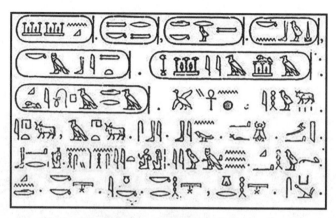

埃及象形文字，公元前3100年

馬雅古城石壁上的象形文字

左：雙墩遺跡文字、右：禹王碑拓文

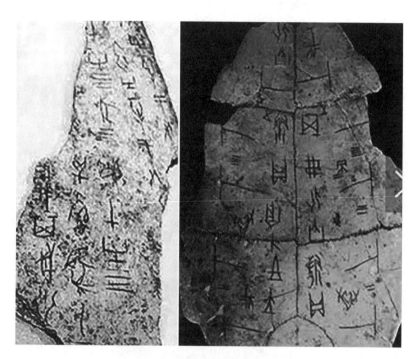

中國甲骨文

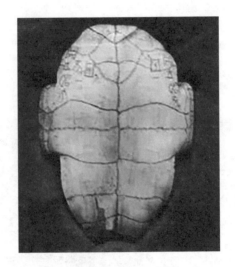

中國甲骨文

以下是「文字隨時間和地區轉移會有的演變脈絡」之範
例

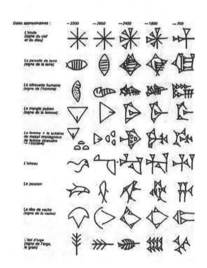

蘇美爾象形文字至楔形文字的演變

蘇美爾人楔形文字的演變

再請看每兩種遠古文字的比對

左：日月潭碑文、右：禹王碑文

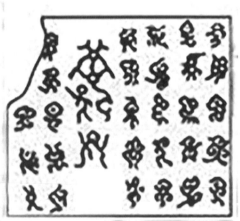

左：墨西哥碑板文、右：台灣日月潭石板文

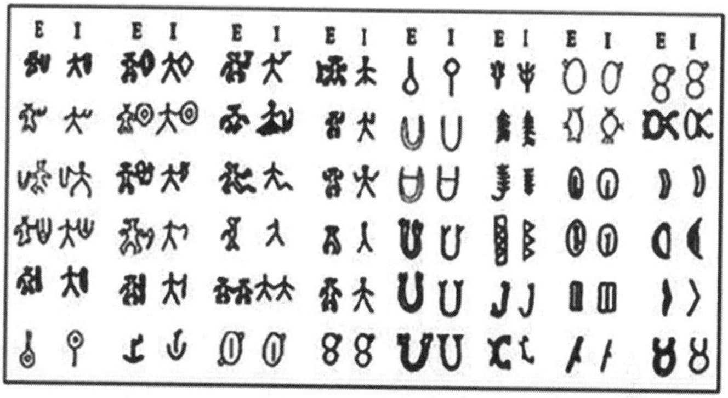

復活節島（E）和印度古文（I）比對

上：印度婆羅米文字、下：復活節島文字

左上：古蘇美爾文字，來自多瑙河古文明的許多泥板，又被稱為溫查
（Vinca）、左下：東北角草嶺古道的石板文、右：雙墩遺跡文字

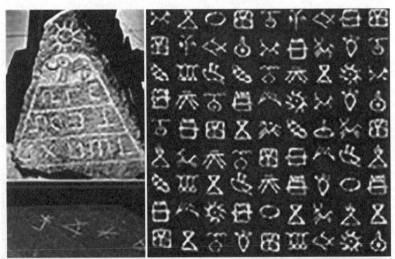

左上：厄瓜多黃金洞文字、右上：與那國島海底石刻文字、左下：
古蘇美爾文字，來自多瑙河古文明的許多泥板，又被稱為溫查
（Vinca）、右下：伊朗西部吉羅夫特古城遺址石碑文字

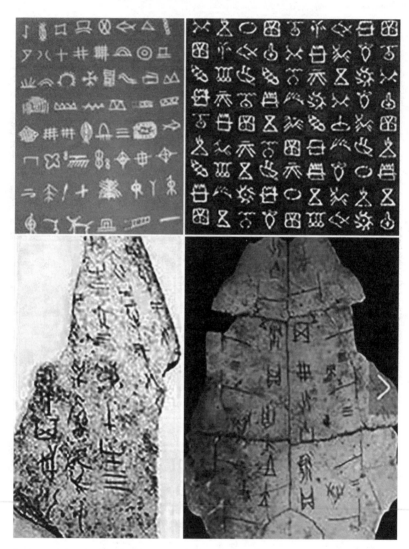

左上：伊朗遠古埃蘭象形文字、右上：與那國島海底石刻文字、下：
中國甲骨文

婆羅米系（始於印度一帶）拼音字母的演變

腓尼基文 （Phoenician）	婆羅米文 （Brahmi）	婆羅米文的自我演變（Evolution of Brahmi）				天城文／梵文 （Modern Devanagari）
						(a)
						(ka)
						(ṣa)
						(ta)
						(tha)

腓尼基文 （Phoenician）	婆羅米文 （Brahmi）	婆羅米文的自我演變（Evolution of Brahmi）				天城文／梵文 （Modern Devanagari）
△	D	D	く	ζ	ζ	ड (dā)
┐	し	し	ひ	ひ	ひ	प (pā)
╕	ロ	ロ	ㅌ	ㅌ	ㅌ	ब (pha)
₹	ㅗ	ㅗ	ㄸ	ㄸ	ㄸ	य (ya)
Υ	ᖨ	ᖨ	ᖨ	ᖨ	ᖨ	व (va)

　　亞、歐之拼音字母事實上都有和腓尼基字母相關連的演變痕跡，而腓尼基字母正完全是由台灣（Paccan）文字中的簡易筆劃截取而來。

Modern Latin	A	B	C	D	E	F	Z	H	I	K	L	M	N	O	P	Q	R	S	T
Early Latin	A	B	<	D	E	F	Z	H	⊰	K	L	M	N	O	⌐	Q	P	ϟ	T
Early Greek	A	D	Δ	⅂	Δ	Ǝ	⅄	Z	B	⅄	⊢	Κ	⅂	⋀	⋀	O	Π	Φ	P	Σ	T
Phoenician	𐤀	𐤁	𐤂	𐤃	𐤄	𐤅	𐤆	𐤇	𐤈	𐤉	𐤊	𐤋	𐤌	𐤍	𐤎	𐤏	𐤐	𐤑	𐤒	𐤓	𐤔	𐤕
Early Aramaic																			
Nabataean																			
Early Arabic																			

何先生說：「你以上所列舉的世界各地原始文字，是有些和台灣（Paccan）文字完全相同，但更多的只是近似而已。原始文字本來就都是由簡單的筆劃構成，世界各地的原始文字會有一些相同和多數的近似，本來就是可能自然發生巧合的，無法依此證明一定都是源自於台灣（Paccan）文字。」

埔農回答：

是的，何先生所言沒錯，原創的原始文字因爲必是簡單的筆劃，所以都會有一些相同或近似的字體。但是，請仔細看世界各地的遠古文字，不僅字體和台灣（Paccan）的文字相同或近似，其筆劃的勾勒也相同，而且都有使用Paccan（台灣）文的兩種寫法。況且，這原始文字的比對並不是台灣向全世界傳播文明之單一事證，之前已舉證說明過：「台灣人（Paccanians）是現代人類的共同祖先」、「世界各地的Loug-a（紙桑；paper mulberry；構樹）是台灣（Paccan）人過去移植的」、「世界上多數國家對紙張的稱呼，都是來自台灣語（Paccanian）pepa語音的轉變」。「原台灣人（Paccanians）Nainoa Thompson身體力行，證明祖先早於數千年前，甚至1萬5千年以前就已自由航行世界各地」、「世界各地的遠古巨石文明建築是使用台灣人（Paccanian）工法建造的」、「現代通用數字是源自台灣（Paccan）數字」、「世界各地之遠古語言對船的稱呼都源自台灣語

（Paccanian）Bangka」、「世界各地之語言對甘藷的稱呼都源自台灣語（Paccanian）的 tamami 與 batatas」、「Taro（食用作物芋；芋頭）原本就是台灣語（Paccanian），世界其他各地之語言對Taro（食用作物芋；芋頭）的稱呼也都是源自台灣語（Paccanian）Taro」、「世界各地之語言對稻米的稱呼都源自台灣語（Paccanian）biras[bɪ'rɑs]」。以上事實都已有無可置疑的證據，這台灣（Paccan）文字和世界各地遠古文字的比對，只是在諸多「台灣向全世界傳播文明」的證據出來之後的延伸追究而已。

更何況，台灣島上的文書已被鄭、清消滅殆盡；Yonaguni（與那國島）和龜山島之間海底巨石建築石牆上所遺留之1萬3千年前的石刻文字，現今所發覺出來的僅是極小的一部分（僅30多個字）。移居到Rapa Nui（復活節島）的台灣人原本是帶有非常多Paccanian（台灣文）的木刻板，本來還一直使用Paccanian（台灣語文），可惜又因遭到西方族群的壓霸侵略，多數已被焚毀。所以，在這麼少的台灣（Paccan）殘留文字裡，也只能做這樣的比對了。

Paccan（台灣）人移居到Rapa Nui（復活節島）前，Paccan人已航行世界各地有1萬多年之久，熟悉整個地球，2千多年前抵達這小島時，船隻受風浪打擊而破損，該地沒有資源藉以修復，只得留居。由於Paccan（台灣）人知道這小島約略是由Paccan（台灣）前往世界各地來回的中心點，

又四周開闊，就以意思是「地球的肚臍」的Paccanian（台灣語）Rapa Nui稱這小島，島上的主要農作物是甘薯，為居民的主要糧食；唯一家禽是雞；主要樹林是loug-a（Paper mulberry；紙桑；構樹）林。這甘薯、雞、loug-a都是從Paccan（台灣）帶去的品種，稻穀和甘薯、雞、loug-a都是Paccan（台灣）人遠洋航行時必定攜帶的物種，不知是稻穀因船隻破損而浸泡海水，無法種植，還是因攜帶的是水稻品種，Rapa Nui島因缺乏足夠淡水種水稻，Rapa Nui島上未見稻田。1722年以前的航海家都知道這小島稱為Rapa Nui，是1722年基督教復活節當天，荷蘭西印度公司的探險家雅可布・洛加文（Jacob Roggeveen）率領的一支艦隊抵達這個位於南太平洋東邊，離智利海岸有3,700公里的小島，因為他們是首次抵達這裡，洛加文就在航海圖上用墨筆記下此島的位置，並在旁邊記下「復活節島」。後來英語在世界交通上盛行，就一直以Easter Island稱Rapa Nui這小島。從1686年英國航海家愛德華・戴維斯首次登上Rapa Nui至1770年遠征隊再次進入該島，島上居民一直維持3,000人左右。1805年起，西方殖民者開始到島上抓Rapa Nui人到南美洲當奴隸，而且西方殖民者也把天花傳染病帶到Rapa Nui島上。到1862年，島上居民就僅剩下數百人了。

1864年，法國傳教士耶烏勞德（Eugene Eyraud）率領一批人登上Rapa Nui，輕而易舉地就把Rapa Nui人都改造成了基督徒，同時也徹底地消滅了島上的文化。耶烏勞德說

「Rapa Nui語文（Paccanian）是異端邪說」，必須消滅，下令燒毀所有刻有台灣語文（Paccanian）的木刻板。僅剩25塊台灣語文（Paccanian）木刻板，是由較精明且膽大心細的Rapa Nui人偷偷藏起來沒被傳教士發現（這批人和清國之唐山滿官的壓霸如出一轍，但還是沒如清國唐山滿官般的陰狠，所以能有25塊台灣語文（Paccanian）木刻板逃過被摧毀的惡運）。其中24塊被分散由私人以及世界各地的博物館收藏，埔農個人想要探究，根本力不從心。所以，在這麼少的台灣（Paccan）殘留文字裡，今天能做這樣的比對，已是非常的不容易。

而且，經過由台灣（Paccan）算盤轉記的台灣（Paccan）數字與歷經婆羅米數字、印度數字、阿拉伯數字、中世紀數字演變到現代數字之過程的比對，數字是由台灣（Paccan）發明並傳播的事實已不容否認，既然數字是由台灣（Paccan）發明並傳播，那文字的發明與傳播也是源自台灣（Paccan）就不言而喻了。

台灣（Paccan）族人在亞、歐、非地區傳播文明時，由於這些地區缺乏記述習慣或其記述文化無法適應新知識的學習，重新教導台灣（Paccan）語文有造成當地人被歧視之虞（台灣人的精神一向是謙虛助人、互相敬重），也太費時費力，所以就從台灣（Paccan）文字中的簡易筆劃截取出來創造拼音字母，使用在地的語言指導當地人讀、寫新進的文明，這是最和善的作為，也是指導當地人學習讀與寫最簡

便、最快速的途徑。所以亞、歐地區的拼音字母都有類似的源頭（希臘先哲柏拉圖的記述裡已說明了這文明傳播的情況），也符合台灣（Paccan）族人早在1萬3千年以前即已發展出由左向右橫式書寫文書的寫法。

　　1萬3千年前，台灣人（Paccanians）大量移居世界各地時是遭逢天災地變引發陸沉，都是分批以小部分緊急撤離，難以攜帶足夠的文書，在移居地又首要落地生根，百事待舉，無暇顧及文書教育的傳承，越過兩代，文書傳承必失落大半，以後就只能使用簡單筆劃的文字記述日常生活的需要。所以，世界各地所出土的原始文字，應是台灣人（Paccanians）留下的殘餘文字，在歷經數千年之演變後的遺跡。

　　另因為台灣人（Paccanians）既已融入當地社會，在亞、歐的拼音字母語文普遍化之後，當地的台灣人（Paccanians）再也沒必要繼續使用自己的語文。而且，台灣人（Paccanians）這先進文明指導者，因啟發自覺，瞭解科技的開發，不僅誘發人類永無止境的貪婪，更帶來難以挽救的環境破壞和污染；環境的破壞和污染則剝奪了後代子孫的生活條件；而科技的過度發展，會衍生更多的物資需求，對於真正人性生活的境界並無助益，只是製造更多競爭的精神壓力；而且貪婪由虛榮、慾望和相互比較所誘發，是人類罪惡的根源。因而，散居世界各地的台灣人（Paccanians）

自我限制所謂科技文明的繼續指導與開發。約1萬年之後，所謂的現代歐洲文明，才重新以另一種姿態於地球上崛起。所以，台灣人（Paccanians）於數千年前至1萬3千年前這段時間，在世界各地留下的原本文明遺跡，後來就被埋進廢墟之中了。

　　有馮先生問：「既然Paccan（台灣）早有loug-a（紙桑；構樹）樹皮做的優質紙張可用來書寫，為什麼台灣人（Paccanians）遠洋航行時，還會攜帶那麼多木刻板文（原有近300個）到那小小的Rapa Nui（復活節島）？我覺得這有點說不通。」

　　埔農回答：

　　這些台灣人（Paccanians）遠洋航行時攜帶的台灣語文（Paccanian）木刻板，依其大小和形態，一看即知，就如電腦power point投影未普及前所用的掛圖，是方便教學用的教具，不然也不會一次就攜帶了近300個同類型的台灣語文（Paccanian）木刻板。至於寫在由loug-a（紙桑；構樹）樹皮製造之紙張的文書，在耶烏勞德下令燒毀所有刻有台灣語文（Paccanian）的木刻板時，當然更容易被焚燒殆盡了。

　　其實，這種類似掛圖的木刻板教具，保留較多原台灣文化的山地居民，近代還有在製作。請看以下2張實物照片，看看是不是和Rapa Nui（復活節島）的Paccan（台灣）文的

木刻板都有相同的模樣。

第二章
誠實、尊嚴 ── 破除漢族迷思

第一節　再釐清台灣人身分真相

　　蘇先生說：「17，18世紀，中國福建，廣東人口移民台灣，融入當時的台灣文化，並非台灣是中國的一部分，台灣原本就有原住民與主體歷史文化。」

　　埔農說：

　　1683年以後，並沒有所謂的中國福建、廣東人口移民台灣，這些錯誤認知全是來自「中國壓霸集團為洗腦台灣人而偽造、編纂的所謂標準歷史教科書」以及「早期因漢化深而轉性貪婪，寧願認盜作祖的少數所謂台灣士紳虛構之小說」。請看《原台灣人身份認知辨悟》、《台灣人被洗腦後的迷惑與解惑》所列舉的證據，以及日本接收的清國據台人口戶籍資料。

　　17世紀移居台灣的唐山人已全部被清國趕回所謂的中國。至於18、19世紀，那裡有福建、廣東單身漢或非單身的人口移民台灣？若有「蔣幫中國壓霸集團偽造的所謂標準歷史教科書」和「所謂台灣士紳虛構的小說」以外之證據，敬請指明，埔農等著跪謝拜讀。埔農懇請所有台灣人不要再繼

續接受中國壓霸集團的洗腦，趕快清醒過來！

　　1683年，清廷消滅據台的鄭成功東寧王國後，將全部在台唐山人，包括少數和唐山人有任何親近關係的台灣族人，全數趕出台灣，一個不留。此後下了嚴刑峻罰的「渡台禁令」，禁止唐山人再移居台灣。派來的治台官吏（多是降清的原明朝官員），最長任職三年即遣回中國；不能帶眷上任；不准在台灣娶妻。駐台有陸、海軍萬餘人，也是最長每三年調換新部隊來駐守，亦不重複派任。為從台灣挖掘資源以及為取得特定農產品供應中國而特許入台的契作人員（賝商），最多僅能停留數月，須押送收成回唐山。再有必要來台灣，須重新申請短期赴台的所謂「照身票」。請問，那來的「17，18世紀，中國福建，廣東人口移民台灣」？

　　　謝先生在台灣控說：「台灣的中國祖譜，是滿清為了滿化台灣人而造假的。」

　　埔農回答：

　　台灣的所謂連上中國祖譜，僅12.7%是在清國據台時期，由因漢化深而轉性貪婪，寧願認盜作祖的所謂台灣士紳偽造出來的，不是滿清為了滿化台灣人而造假。有高達70%的所謂連上中國祖譜，則全部是後來受到蔣幫中國壓霸集團洗腦、誘導才偽造的。根據「台灣公私收藏族譜目錄」，依撰寫族譜時間來分，清國時期乾隆23年以前有22件；乾隆

23年以後有124件；日據時期有206件；蔣幫壓霸集團據台的1951年後則有791件。埔農曾檢視無數的「所謂連上唐山的台灣祖譜」，都已被證明，沒有一份不是虛構的認盜作祖，其中以1951年後才僞造的所謂祖譜最爲誇張。

談到「所謂台灣士紳的僞造族譜」以及「依被強制冠上的姓氏認盜作祖」，埔農不由得想到早期所謂台灣士紳重新「認冠姓爲祖」的可笑事件。

台灣人被迫冠上所謂的漢姓之後，清國時期的146件僞造族譜裡面，那些騰達的所謂台灣士紳爲了「自以爲『更高級』的虛榮」，很多人還申請改姓，「重認新祖」哩！例如《重修臺灣府志》卷之十二：

舉人篇記載：

康熙五十三年甲午〈林延選榜〉陳飛（臺灣附生。本姓張）；雍正元年癸卯〈廖學信榜〉王世臣（府學附生。本姓陳）。

鄉貢篇記載：

雍正元年謝飛鵬（府學附。拔。本姓陳）、林中萊（諸羅。本姓馬）；雍正二年薛烈（府學。本姓王）；雍正五年洪亦纓（臺灣。本姓李）、洪績（諸羅。本姓陳）；吳滋燦（府學。本姓陳）；乾隆二年黃之猷（府學。本姓袁）。

例貢篇記載：

王麟（本姓黃）；陳附柏（本姓林）。

武舉篇記載：

康熙五十年辛卯余立贊（諸羅。本姓蔡）；康熙五十六年丁酉王楨鎬（解元。本姓李）。

請大家看看，當時的無恥士紳，「改姓重新認祖、重複偽造祖譜」是如此的不覺可恥，更是蔚為風潮的奇觀。再看看現在的臺灣文史學者認盜作祖，也是蔚為風潮的奇觀，是被「蔣幫中國壓霸集團帶來專門偽造歷史、洗腦台灣人的黃典權等人」蒙蔽所造成的無知？還是一如早期所謂臺灣士紳的這麼「不覺可恥」？

所謂的「台灣士紳」，在獲取一點功名之後，以漢化民的身份自以為高級了，即紛紛認盜作祖，偽造所謂家譜、族譜。不少這些所謂「台灣士紳」，為了偽造更漂亮、更顯赫的所謂家譜、族譜，甚至在獲取進一步功名之後，立即更改所謂的「賜姓」。不論是改姓前或改姓後，那些虛構的所謂家譜、族譜，都看似有模有樣。起初埔農還有點困惑，等看了所謂華人自己的招認，《華夏姓氏之謎》第138頁寫到：「明清時期，江湖上專有一類為人偽造世系、家譜的「譜匠」，彼輩預製一套可通用之道具，多託始於南宋，如名人序跋、遠祖遺像、朱子題字。不論張姓李姓，但將名姓一改即覺天衣無縫……在『譜匠』之手，既可作張家之遠祖，亦可作李姓之兒孫。」埔農這才恍然大悟。

其實，直到今天，在所謂的中國還是存在「譜匠」這種行業，專門在替浮誇、裝面子成性的所謂華人偽造所謂的

「世系」、「家譜」。請看下面這張現在的實地照片：

張兄問：「老師您說黃典權篡改台灣歷史，不知道有什麼直接證據？因為我跟朋友說，他們大都不相信。（我想台灣學者可能也是這樣吧？）」

埔農：

蔣幫中國壓霸集團惡意曲解台灣各版府志和各地縣志、誘導偽造族譜、偽造台灣歷史，都是在黃典權主導下進行

的，訴說不完。現在就舉一則眾歷史學者皆知，卻無人願意挺身道破之黃典權篡改台灣歷史的證據：黃典權故意誤指鹿耳門在台南市安南區內，以阻撓台灣人追查歷史實情的依據，現在卻已變成是所有歷史學者的共識。以下事實資料，只要不被黃典權牽著鼻子走，都很容易查得到。

一：鹿耳門原是海峽水道，非沙洲或小島。

二：1623年以前的台灣海灣〈The Bay of Tayouan，倒風內海，原稱鹿耳海〉還是優良的深水海灣，後因地震與颱風由上游連年沖來大量泥沙，台灣海灣、鹿耳門水道快速淤積，通航險象漸生。另也為了擴展貿易，荷蘭人於1624年8月26日，就已開始計劃將主力遷往後來被鄭成功改名為所謂安平的大員島（初名台灣島）（《*The Formosan Encounter*》Vol.I，第一章）。

三：1661年鄭成功海盜集團入侵台灣時，已經須等大漲潮才得以在何斌的領航下，冒險小心通過鹿耳門水道，抵達禾寮港。

四：1683年，鄭克塽降清，清廷施琅赴台受降。施琅率軍原準備要循舊路線到禾寮港，闖進已淤淺的鹿耳門（施琅軍隊不知鹿耳門及以東的倒風內海已淤塞，船艦不能航行），「船艦衝擊，毀十餘艘」，還須等鄭克塽派左武衛何佑去解救再導引，始得以在承天府（赤崁，台南府城）的附近登岸紮營。而現今被黃典權故意亂指的所謂鹿耳門附近以東至洲仔尾海岸15里內，1823年（清道光3年）以前都還是

「瀰漫浩瀚之區，軍工廠中戰艦輕易出入」。是1823年的曾文溪大改道，衝破蘇厝甲，注入安平（大員）以北的海灣，才沖積成現在的安南區。陸浮的範圍北從七股，南至台南城小北門，東從洲仔尾，西至今日的土城，也才有現今被誤指的所謂鹿耳門溪出現。

　　五：道光4年（1824年）3月，臺灣總兵觀喜等奏議云：「鹿耳門一口，百餘年來號稱天險者，蓋外洋至此，波濤浩瀚，不見口門，水底沙線橫亙，舟行一經擱淺，立時破碎。（以上是抄自清廷據台初期所錄實情）……（以下是描述1824年所見）今則海道變遷，鹿耳門（清國派台的官員，任期短的不足一年，最長不過三年，不延任、不複派，到任者都對台灣完全陌生，因而跟著江日昇的虛構小說《台灣外記》而以為）內形勢大異。上年7月風雨，海沙驟長，當時但覺軍工廠一帶沙淤，廠中戰艦不能出入。乃10月以後，北向嘉義之曾文（當時曾文由嘉義縣〈早期稱諸羅縣〉管轄），南至郡城之小北門外40餘里，東自洲仔尾海岸，西至鹿耳門（引用虛構的小說《台灣外記》）內15.6里，瀰漫浩瀚之區，忽已水涸沙高，變為陸浦，漸有民人搭蓋草寮，居然魚市，自埔上西望鹿耳門，不過咫尺。」此奏文就已可見前後矛盾，先是說「鹿耳門一百多年早就不見口門」，隨後卻說「到1823年7月軍工廠中戰艦才不能出入」？事實上，鹿耳門原是鹿耳海（荷蘭人稱台灣內海（Bay of Tayouan），唐山人就學其語音說成倒風內海）稱為南、北

門的兩出海口之南門，因北門（現在成爲台南市的北門區）
早淤塞，大船無法出入，僅有南門可順利通行，就開始稱南
門爲鹿耳門。由於官方說法和事實不符，又沒人敢糾正，
1824年以後就再也沒有人提起鹿耳門這地方了。直到黃典權
由蔣幫中國壓霸集團帶來台灣計劃洗腦台灣人，爲了阻撓台
灣人可能因鹿耳門重新被提起而追查出歷史實情，於是黃典
權就到1823年曾文溪大改道才沖出的所謂鹿耳門溪旁，隨便
指稱鹿耳門所在地。隨後，台灣聞達人士就跟著黃典權敲
鑼打鼓，於1960年，將1918年才在該1823年陸浮地建成的
「保安宮」（主祀五府千歲的唐山廟）改名爲「鹿耳門聖
母廟」；再於1984年4月，又將1947年才該地興建的「天后
宮」改稱「鹿耳門天后宮」，並開始大張旗鼓僞造此地是鹿
耳門的各種謊言。有大膽的聞達台灣文史學者，竟然質問埔
農說：「鹿耳門聖母廟、鹿耳門天后宮都位於黃典權所指稱
的台南市安南區土城，該地怎麼不是鹿耳門呢？」這種倒果
爲因的虛妄，眞是可悲，也是可憐，有時又覺得實在可惡！

以上五點，相信諸位台灣歷史學者都比鄉野埔農更熟
悉、更清楚，怎麼不想想爲何會有這「沖積、陸浮」之時間
相差140年以上，又名稱與功能新舊不符的矛盾？

埔農的以上舉證，若有歷史學者能舉證指出何處錯誤，
或那一項是埔農僞造的，埔農保證跪地謝罪，並從此閉嘴。

康先生問：「近來看了您與潘智仁先生的連續po

文，加上觀察周遭友人，深深覺得台灣人長時間被國民
黨洗腦，誤以為祖先來自中國與深陷斯德哥爾摩症侯群
相當嚴重，所以想請教老師，是否有記載關於台灣族人
被強迫漢化的抵抗事件之史料？有無這方面的書籍？」

　　埔農回答：

　　清國侵台強制執行漢化，台灣人當然抗拒，台灣人局部
的小規模抵抗持續不斷。唐山人滿官其實都很膽小，一直是
蠶食般一步一步進逼，而且在勢力所及的外圍構築「土牛、
土牛溝」（所謂的土牛紅線）防堵。由於台灣人崇尚自然、
和平、分享、互助，本無戰鬥訓練也不製造武器，又面對重
砲、利槍，所以，不屈服則死的死、逃的逃。這些史實唐山
人滿官不可能照實記載，只稱為「番亂」或「番害」，屈服
的台灣人若記述必遭迫害；漢化過深的所謂士紳，則是學會
所謂漢人的厚黑學，認盜作祖、鄙視同胞和祖先，以所謂漢
人的虛妄思維亂寫一通（其中以晚期的連橫最惡質、最不要
臉），所以真正的史料上是看不到的，也無這方面的書籍。
著名的大規模台灣人抗清，是朱一貴，林爽文和戴潮春事
件。但並不是單純的抵抗被強迫漢化，實在是因為唐山人滿
官勾結、縱容假漢人所謂士紳的瘋狂肆虐，台灣人忍無可忍
才群起反抗。但是，台灣人的抗暴卻被認盜作祖的無恥台灣
假漢人寫成是唐山人（所謂的華人）參加天地會、來台灣反
清復明。埔農曾於自由時報登了數日半個版面的巨幅廣告，

言明「任何人若能舉出實證，證明朱一貴，林爽文和戴潮春是唐山人（所謂的華人）參加天地會，以及來台灣反清復明，埔農將頒發新台幣一百萬圓獎金」，但一直都沒有任何文史學者敢吭一聲。

　　埔農清楚的台灣人抵抗被漢化事件是：清國入侵早期，原Tayowan的Dorcko（唐山人與荷蘭人早期稱此地為台灣）本是學術和工藝重鎮，抗拒漢化時，房舍、設備被摧毀，大半人口被殺，部分人逃到現今東山一帶。當時哆廓（Dorcko）一地雖然鄭成功集團設有軍營稱海墘營，但清廷侵台後仍稱哆廓（Dorcko）為「倒咯嘓」。因哆廓（Dorcko）早在1661年就由劉國軒、洪旭等人建有他們供奉武運之神（玄天上帝）的唐山廟，清國就利用這唐山廟直接設置廟學。康熙24年（1685年）11月「廈臺兵備道」巡道「周昌」帶來的福佬語系強制漢化教官，是來自福建泉州府永寧鎮的「下營」，永寧鎮的「下營」本來就是以當地之「玄天上帝廟」為信仰，就製作了一塊「下營北極殿玄天上帝廟」的匾額掛上這哆廓（Dorcko）的唐山廟，做為廟學之用。於是，一併將哆廓（Dorcko）改名為「下營」。

　　後來，清廷勢力再伸入東山執行強制漢化時，則稱逃亡到該地的哆廓（Dorcko）族人為「哆囉嘓」，「倒咯嘓」、「哆囉嘓」都是不同音譯而已。東山一帶的Dorcko族人仍有一部分堅持抗拒漢化，遂被迫再遷往更深山的東原。不過，多數哆廓或哆囉嘓族人已無此記憶。

陳先生說：「我的高祖父是1882年從湖南來到台灣，但我是台灣人，我拒絕當中國人。」

埔農說：

如果您家日據時期戶口註記是「清國人」，或是後來改為「支那人」，則您的認知是有可能沒錯（僅止於有可能而已，因為大部分有「清國人」註記的其實是台灣假漢人）。如果您家日據時期戶口註記是「福」或「廣」，則埔農建議您要仔細再查清楚，很可能是您的家人誤會了。

1874年是有解除渡台禁令，但開放的是通商，商人來來去去，也沒證實過有誰永久居留，而且清國是另以流寓名冊登記來台的工商人口，不在台灣戶籍名冊之內。日本據台，接收滿清官府的戶籍文書，官兵、流寓遣送回清國，極少數申請暫時留台者，和自稱是唐山人後裔者（都是如連橫、連震東父子及黃朝琴等，因漢化深而變性，藉勾結漢人滿官欺壓同胞而得利的所謂士紳、阿舍，自以為是高級人，不願和其他同胞一起被稱為番）註記為「清國人」，總數才幾百人，後來也多數離開台灣去唐山。所以，您家日據時期的戶口註記如果是「清國人」或是後來改為「支那人」，您是有可能真是唐山人後裔（如前所述，僅止於有可能而已）。如果您真是唐山人後裔，埔農很高興您已成為真正的台灣人。您家日據時期的戶口註記如果是「福」或「廣」，那就懇請務必再仔細察查清楚。埔農完全沒有惡意，只是1951年後被

僞造的所謂祖譜或家譜太多了，埔農基於釐清眞相的心裡，
善意提議而已，敬請包涵。

　　陳先生繼續說：「據說我高祖父實爲清代總兵，
　1899在草屯被日軍捕殺，曾祖父續逃入埔里……遂改名
　爲一郎……」

　　埔農說：
　　如果這些記錄屬實，那您應是華人後裔台灣人沒錯。但
如前所說，祖譜或家譜被僞造的太多了，也是都有時間、地
點、事蹟的虛構，埔農基於事事明察秋毫的觀念，還是建議
嘉裕兄去戶政事務所申請日據時期的戶籍資料（現在還查得
到），如果陳先生的高祖父資料屬實，則陳先生的曾祖父戶
籍註記必爲「支那人」（1915年以前記爲「清國人」），因
爲日本據台接收清國官府的戶籍文書，清查台灣平地人口都
是依據清國戶籍名冊比對，不可能因改名就改註記，所以申
請日據時期戶籍資料是萬無一失的求證。
　　另外，陳先生的曾祖父改名爲一郎，一郎是日本名，日
本據台人員都有自己的名冊，若是爲逃避入罪而改名，那取
名爲一郎是最容易被識破的，反而自曝行蹤。而當時所謂熟
番（就是依個人「主要常用語言」做分別而註記爲「福」、
「廣」的台灣平地人口）改用日本名是被允許的，人數也不
少，可是熟番改用日本名是由日本據台人員依熟番名冊改

記，也不可能有漏網之魚。更何況，貴高祖父若是清國總兵，當時雖然已廢除渡台禁令，家屬戶籍還是必列入流寓名冊，不可能在日本據台接收清國官府的台灣戶籍文書之內。因此，以日本查核台灣戶口的嚴密程度，貴曾祖父能於日據時期留在台灣50年而不被遣返唐山，是近乎不可能的。無論如何，去申請日據時期戶籍資料是釐清事實的初步辦法，也是最簡便的方法。當然，驗DNA也可以，但太麻煩且花錢。

　　陳先生說：「我會再查查。我要再請教埔農兄，我
　高祖為何與林文欽（台中一中創辦人，林獻堂的父親）
　談鴉片買賣？因為他們同是劉敖門生……1895陳羅淡安
　平四草湖脫隊──，為了與霧峰林家談鴉片買賣──？
　見於《巡台退思錄》。為此，我曾去電台大歷史系吳密
　察教授，不果。」

　　埔農回答：
　　這是私人記述，台灣歷史學者所有的資料都是蔣幫中國壓霸集團給的和早期之假漢人留下的，又都是以所謂中國式的壓霸和虛妄思維偽造，所以他們應該查不到。埔農也沒有這方面的文獻記錄。不過，以霧峰林家在清據和日據時期都是勾結官方的假漢人「士紳」看來，「去霧峰林家談鴉片買賣」是合理的事。

　　吉兄留言：「下面這張照片是1905年日本據台時期，全部台灣平地人口所使用語言的統計表。這統計表內的所謂熟蕃和生蕃在1905年以前全被稱為生蕃，是隘勇線外的平地非漢化民。日本據台接收清國的台灣戶籍文書，1905年以前都是依著清國的台灣戶籍文書，稱隘勇線內的漢化民為熟蕃；稱隘勇線外的非漢化民為生蕃。1905年，需要言語溝通的執行管理機關（軍、警及地理、民情、人文、風俗等調查系統），開始另依個人「主要常用語言」和「懂第二種語言」做分別的人口統計，才把隘勇線外「略懂客家話或福佬話的所謂平地生蕃社人口」列為「常用語言熟蕃系」；「只能使用其部落語言之所謂平地生蕃社人口」列為「常用語言生蕃系」，以利需要溝通時的辨別。直到1918年，日本據台當局已把所謂山地番社的人口詳細整理出來，才以「生蕃」專稱「山地人口」，所有平地人口則分別註記為「廣」、「福」、「熟」、「生」。這「熟」的註記（略懂客家話或福佬話的所謂平地生蕃社人口），就是後來蔣幫中國壓霸集團和台灣假漢人、假華人聞達人士以及文史學者所謂的平埔族人。令我好奇的是，被漢化的本島人，1905年時竟然有466人的常用語言已經是日本語了，這時日本人才佔領台灣10年而已啊！」

種族及用語			總數	內地語	土語					總數	韓語
					總數	福建語	廣東語	其他漢語	蕃語		
總數			3,035,674	57,626	2,973,017	2,564,920	364,692	160	43,295	5,008	12
內地人			57,331	57,122	208	185	17	……	6	1	
常用語人數 本島人	總數		2,969,211	466	2,968,616	2,560,646	364,572	159	43,289	106	
	漢人	總數	2,886,584	429	2,886,061	2,520,903	363,819	154	1,235	75	……
		福建	2,489,468	390	2,488,988	2,458,301	29,824	111	752	74	
		廣東	396,610	39	396,568	62,212	333,961	1	394		
		其他	506	……	505	390	34	42	89	1	
	熟蕃		46,346	14	46,298	38,092	695		7,511		
	生蕃		36,281	23	36,257	1,651	58	5	34,543		
外國人			9,132	38	4,193	4,089	103			4,802	12

埔農回答：

　　吉兄所言有關「1905年所有平地人口分別註記為『廣』、『福』、『熟』、『生』」一事，其實蔣幫中國壓霸集團原本就非常清楚，因為他們本來就知道「台灣人都是原住民，台灣人和所謂的漢人、華人一點關係也沒有」。所以，蔣幫中國壓霸集團1945年誑言「台灣光復」，入侵台灣後，立即將日本據台時期的台灣人口資料列為機密，只有極少數他們自己人被准許翻閱。並很快下令將日據時期台灣平地人口有「部落群」等註記之「種別」欄塗黑，再將1918年被日本據台當局改列為所謂「高砂族」的山地人口分成所謂的「山地山胞」和「平地山胞」。重新製作戶口名簿，開始利用學校、新聞、廣播和公文書洗腦台灣人，造成多數日本據台時期有「廣」註記之台灣人誤以為自己是所謂的客家

人；多數日本據台時期有「福」註記之台灣人誤以為自己是所謂的福佬人；1905年時有「部落群」註記之「種別」欄則是被塗黑、被「消失」掉了。蔣幫中國壓霸集團於是鼓勵所謂的台灣士紳，在專門來台偽造台灣歷史的黃典權等人之協助下，製作連上中國的所謂祖譜或族譜。這就是現在台灣人被蔣幫中國壓霸集團分化成各個所謂「族群」的原由。

下面是一張由震宇兄提供的照片，是從當時蔣幫中國壓霸集團用自己的報紙做政令宣告之版面拍攝下來的：

至於「日本人才佔領台灣10年而已，竟然就已有466名

被漢化的台灣人，其常用語言已經是日本語了」，那些都是清據時期認盜作祖的所謂台灣士紳，他們都勤學霸權侵略者的語文和生活習慣，搶先勾結霸權侵略者以謀取私利，並自抬身價（自以為），然後藉以無恥地傲視同胞！所以，在日本人才佔領台灣10年的1905年，就已有466名的漢化過深台灣人，其常用語言已經變成是日本語了！

2017年9月2日見到潘智仁先生提供的一份日據時期戶籍資料，上面有同時註記「福廣」，指的是這人同時精通所謂的福佬話和所謂的客家話兩種語言，埔農不禁一陣感嘆。埔農二十多年來，費盡心力向台灣聞達人士及文史學者舉證，說明日據時期戶籍被註記為「福」、「廣」的台灣平地人口，全部都是以其熟悉語言作分別的所謂平埔熟番，這些台灣聞達人士及文史學者全對埔農嗤之以鼻，仍然堅持偽裝是假漢人、假華人，繼續幫助中國壓霸集團奴化台灣人，埔農氣急攻心，曾幾乎吐血。這是因為，72年前除了少數受漢化影響，沾染其惡習，學著為求聞達而認盜作祖，偽裝是假漢人、假華人（如連震東、連戰父子以及黃朝琴等人；120年前則有丘逢甲、林維源、連橫等人），台灣普羅大眾對於「台灣人絕非所謂唐山人、漢人或華人後裔，台灣人和所謂的中國一點關係也沒有」原本都非常清楚，證據在民間到處都有。是因為一些台灣聞達人士為了追求名利，偽裝成假漢人、假華人自以為高級，為虎作倀，幫助蔣幫中國壓霸

集團洗腦台灣人，他們掌控了學校教育以及社會教化的所有
資源，後來才會有眾多的台灣人逐漸誤以為自己是所謂唐山
人、漢人或華人的後裔，誤以為自己和所謂的中國人有任何
血緣關係。現在看了智仁兄展示的資料，想到這些台灣聞達
人士，尤其文史學者，自己傾慕中國式的壓霸和虛妄思維，
自以為高級，卻把全體台灣人推向那所所謂「華人」、「中
國人」的火坑，「這些台灣聞達歷史學者真是罪該萬死」的
意念突然湧上心頭（對不起，筆出惡言，真是罪過）。

　　以下是智仁兄提供的日據時期戶籍資料：

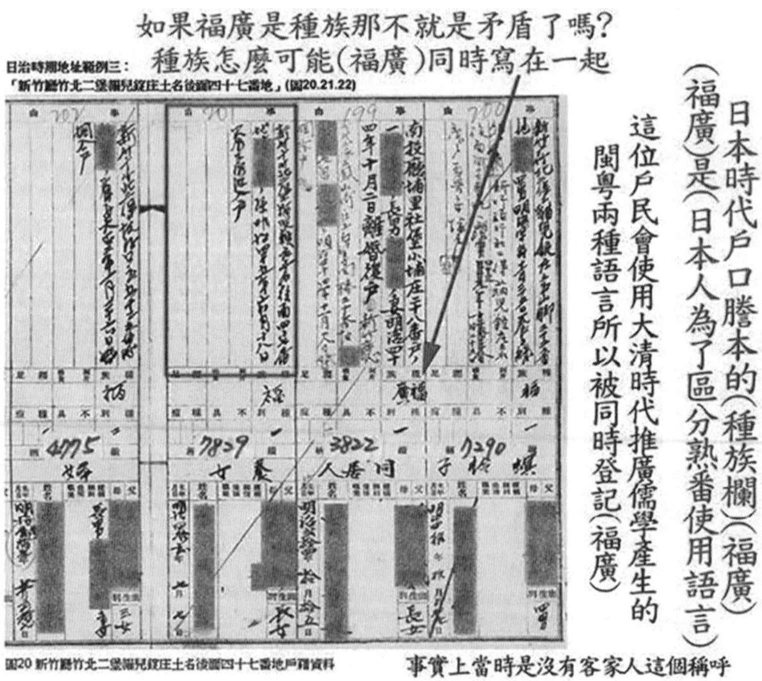

圖20 新竹廳竹北二堡貓兒錠庄土名後壟四十七番地戶籍資料

修兄留訊息：「請問，我知道日本時代戶籍謄本的種族欄寫福廣熟生，都是台灣原住民，但下一格的『種別』為何戶政單位都一律塗抹全黑？又代表何意義呢？謝謝。」

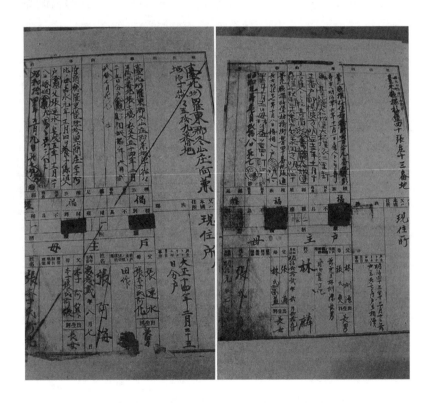

埔農回答：

「廣」、「福」是常用語言別，所以「種別」欄都會加註是「那一部落群」的「熟蕃」。如果日本人無法確定其所

屬「部落群」，則日本據台當局就寫個一、二、三另外加以區分。蔣幫中國壓霸集團侵略台灣，為了奴化台灣人，為了令當時台灣聞達人士的「認盜作祖」向普羅大眾漫延，就將有「部落群」註記的「種別」欄塗黑。今日的台灣聞達人士（尤其文史學者），對埔農懇請從「清國和日本」據台時期之戶籍證據重新正視台灣史實真相的呼喚無動於衷，以「不屑理會」甚至「你算什麼東西」回應埔農的苦勸，實在令人痛心。今日的台灣聞達人士（尤其文史學者），已成為多數台灣人無法覺醒的罪魁禍首！

　　蔡兄留言：「戶政單位對『種別』欄的解釋，跟埔農前輩說的不一樣。戶政單位說：『本欄係列於戶口調查副簿內，由警察人員依戶口實查戶口種別分為三種，第一種每年查一次，第二種每六個月查一次，第三種每月查一次，每種分類如下：

　　第一種為官吏，公吏或有資產常識而行為善良者。

　　第二種為不屬第一種、第三種者。

　　第三種為受禁錮過之受刑人（顯有悔改者除外）需視察人或為其他警察人員特別注意者。』我家長輩日本時代的戶籍謄本，『種別』欄沒被塗黑，就只寫『一』。

　　埔農回答：

這是蔣幫中國壓霸集團的習慣性誑言，若眞是如此，那蔣幫中國壓霸集團把大多數的「種別」欄塗黑又是爲了什麼？更何況，這『種別』欄是列在一般的戶籍名冊內，並非在所謂的「戶口調查副簿」內！

蔡兄：「内政部解釋說：『日治時期戶籍調查簿頁，於昭和8年頒行之有關台灣人之戶籍事項規定，戶口調查資料，成爲台灣人民戶籍法定文件，依昭和10年6月4日府令第32號修正戶口規則附則規定…同時依修正戶口規則施行規程規定，戶口調查簿頁略作修正，並將有關治安需求之種族等6項欄位（含種別欄）廢止（但副簿仍保留）。前述舊式戶口調查簿正簿之種別欄即以塗黑處理，以符合上開規定。』」

埔農回答：

請別再相信蔣幫中國壓霸集團的習慣性誑言，若眞是如此，則爲了什麼要把大多數的「種別」欄塗黑，又留下一些有一、二、三註記的？現在去申請日本時代的戶籍簿影印本，「種別」大部分是被塗黑；有些是寫一、二、三，那現在放在各地戶政所的到底是修正本還是舊本？還是所謂的「副簿」？難道是三種都有，戶政人員是看申請人臉色的差別才印給不同版本？可能嗎？

事實上，昭和10年（1935年）以後出生的台灣人口，其

「種族」欄和「種別」欄是停止使用沒錯，但並沒有把過去的「種別」欄塗黑。這「種別」欄是蔣幫中國壓霸集團塗黑的。請看Jacky Cheng提供之以下3份日本時代昭和10年（1935年）以前的戶籍簿影印本，這些是最近才申請出來的，「種別」欄那裡有被塗黑了？是只有註明「部落群」的「種別」欄才遭到蔣幫中國壓霸集團塗黑！

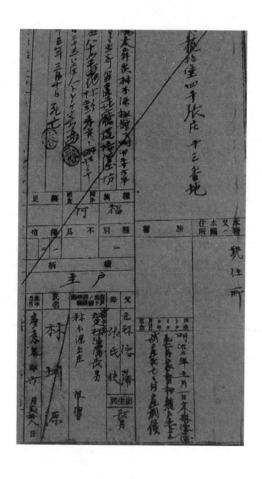

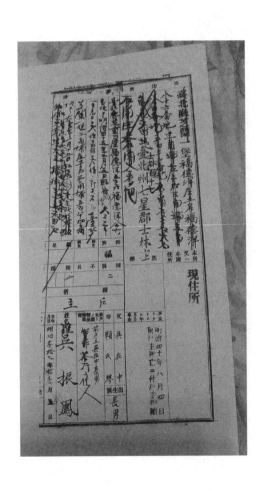

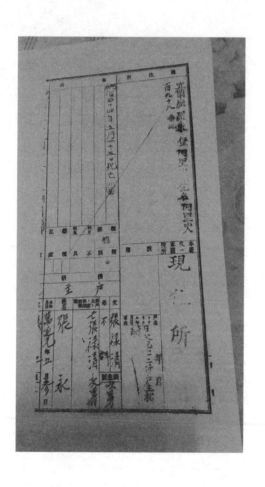

蔡兄：「其實我也覺得奇怪，照中華冥國戶政單位所說，種別『一』為官吏、公吏或有資產常識而行為善良者。我祖輩以上「種別」有被記載為『一』，我不了解，我祖輩以上都是貧農、文盲，如何符合該『一』之標準。」

埔農回答：

蔣幫壓霸集團的胡言亂語多的是，這是所謂中國人的「厚黑學」惡習。事實真相是，種別欄為部落群名稱，如果日本當局不確定其原所屬部落別，就寫一、二、三註記，一是確定為本島人熟蕃，親日可用之良民；二是確定為一般本島人熟蕃；三是清國戶籍註明為熟蕃，但須特別注意其言行，以免有清國人假冒的可能。

陳教授質問：「你說：1683年以後，並沒有所謂中國福建、廣東人口移民台灣，這些錯誤認知全是來自『中國壓霸集團為洗腦台灣人而偽造、編纂的所謂標準歷史教科書』以及『早期因漢化深而轉性貪婪，寧願認盜作祖的所謂台灣士紳虛構之小說』。我有一些朋友都是台灣歷史學教授，他們有提出證據反駁。但他們似乎不願理會你，所以我就將他們提出的反駁證據列出來給你，看你怎麼說！

《諸羅縣誌》記載：『內郡不得志於有司者，群問

渡而東焉。科、歲兩試，此邦人拱手而讓之。』

乾隆二十九年（1764年），御史李宜青《巡視台灣后》奏報：『台灣四縣應試，多福、興、泉、漳四府之人，稍通文墨，不得志本籍，則指同姓在台居住者認為弟姪，公然赴考；教官不及問，廩保互結不暇詳，至竊取一衿，輒褰裳以歸。是按名為台之士，實則台地無其人。』

重修臺灣府志卷十二舉人篇：『黃位恩，府學，拔，原籍閩縣。』

還有不少，這些可都是清國據台的官方呈報記錄，不會有虛構了吧！所以，雖然有嚴刑峻罰的『渡台禁令』，還是有人可以利用關係移民台灣。」

埔農回答：

這些埔農很清楚，他們都是最長三年一任聘用之唐山來台「執行強制漢化的教員」。您的台灣歷史學教授朋友們不願理會埔農？是心虛而不敢出來和埔農對質吧！

清國據台，摧毀原台灣教育制度，執行強制漢化，需要不少基層教員。福建地區一些考不上功名的秀才（有說所謂福佬話的，有說所謂客家話的），就先應聘來台任教職（秀才是「生員」，只是取得儒學的入學資格而已，並不是一個官職，除了再通過考選〈如廩生有少數津貼〉之外，生員並沒有俸祿，若果未能通過鄉試而考取舉人，亦不足以為官。

很多生員在功名上未能更上一層，只能以教書爲生）。清國爲了加速漢化，也想籠絡台灣人心，於1686年（康熙25年）起在台灣開科舉考試，定有臺灣保障名額。早期台灣人的靈魂精神都還在，大都不願參加。所以康熙年間的《諸羅縣誌》記載「此邦視學之途爲迂而無用」；台廈道的高拱乾奏報「台灣讀書之子，特設台額，獲登賢書，較內地之人多額少者，其難易不同。然而……卒業於學者，十不得一焉」。因此，應考者多數是應聘來台的唐山教員，錄取者也多數是唐山教員。由於清國逐年擴大強制漢化的區域，保障名額也逐年增加，很容易錄取。消息傳回唐山，吸引更多的唐山學子來台灣擔任教職，順便求取功名。這些人怎麼會是移民台灣呢？

　　陳教授續質問：「教員怎麼可以參加考試？你別胡說了！」

　　埔農回答：

誰說唐山教員在台灣不可以參加考試？陳教授如果也真如台灣歷史學的貴教授朋友，認爲是埔農胡說，請看以下事證：

《大清會典事例・禮部・貢舉》明令：「教官及在籍恩貢生、歲貢生、監生，願就本省鄉試者，均許與生員一體考送。」

　　再看《重修臺灣府志》卷之十二（人物）的記載，錄取舉人、鄉貢、例貢者，很多是「唐山某地來的訓導」，甚至也有不少是「唐山某地來的教諭」（「縣儒學」是一縣之最高教育機關，內設教諭一人，等同現在的教育局長。另設訓導數人，訓導是指輔助教諭的助手，等同現在的校長。而約聘教員則稱囑託）：

　　舉人：

　　康熙三十五年丙子余正健榜：王際慧，鳳山附生，龍溪教諭。

　　康熙四十四年乙酉施鴻綸榜：王茂立，台灣（台灣縣，指現在台南市區以外的溪南地區），龍岩教諭。

　　康熙五十年辛卯許斗榜：楊阿捷，府學，惠安教諭。

　　鄉貢：

　　康熙二十八年：王弼，台灣，松溪訓導。蒲世趾，諸羅，古田教諭。

　　康熙三十年：蔡複旦，府學，閩清訓導，陞永安教諭。馮昆玉，台灣，壽寧訓導。

　　康熙三十二年：陳逸，台灣，福安訓導。馬廷對，諸羅，南安訓導。

　　康熙三十三年：莊一�，府學，延平訓導。

　　康熙三十四年：柳夢和，府學，龍岩訓導，陞沙縣教諭。鄭萼達，台灣，永福訓導。蔡邦彥，鳳山，寧洋訓導。許汝舟，諸羅，壽寧訓導。

　　康熙三十五年：王日登，府學，泰寧訓導。

　　康熙三十六年：黃位思，府學，拔，原籍閩縣（持短期赴台的「照身票」冒籍竊取，之前、之後，台灣皆無其人，請看下段舉證說明）。梁六善，鳳山，閩縣訓導。施世榜，鳳山，拔，壽寧教諭。

　　康熙三十七年：黃元倬，府學，尤溪訓導，陞尤溪教諭。

　　康熙三十八年：張銓，府學，歸化訓導。張祚，鳳山，南平訓導。

　　康熙四十一年：陳道南，府學，長泰訓導。

　　康熙四十二年：陳尚最（勛），台灣，寧洋訓導。

　　康熙四十三年：江琳，府學，莆田訓導。

　　康熙四十四年：葉昕，府學，武平訓導。施瑋，台灣，侯官訓導。陳志，諸羅，福清訓導。

　　康熙四十五年：林彥瑛，府學，大田訓導。

　　康熙四十六年：顏我揚，台灣，歸化訓導。

　　康熙四十七年：林萃岡，府學，興化訓導。

　　康熙四十八年：葉道坦，府學訓導。郭必捷，台灣，寧洋訓導。

　　康熙四十九年：蔡光座，府學，長汀訓導。

　　康熙五十年：張應時，府學，沙縣訓導。張纘緒，台灣，同安教諭。蘇克纘，諸羅，崇安訓導。

　　康熙五十一年：許岡，府學，泰寧訓導。

康熙五十二年：洪登瀛，府學，恩，羅源教諭。林璲，台灣，恩，永福教諭。蔡振聲，府學，長樂訓導。

康熙五十四年：蔡邦俊，府學，長汀訓導。鄭其灼，鳳山，長泰訓導。鄭隆彤，諸羅，南平訓導。

康熙五十六年：許琇，諸羅，閩清訓導。

康熙五十八年：陳鵬南，台灣，連江訓導。蔡纘烈，諸羅，光澤訓導。

康熙六十年：李欽文，鳳山，南靖訓導。

雍正十年：張士箱，府學，漳州訓導。

雍正十一年：施士燦，鳳山，興化訓導。

例貢：

吳元之，歸化訓導。林廷芳，沙縣訓導。李士敏，延平訓導。張方高，建寧縣訓導。王鳳來，漳平訓導。王純上，杭訓導。吳振經，訓導。林其賁，泰寧訓導。饒嗣珍，大田訓導。

另一方面，當時考取武進士者，更全部是派到台灣服役的兵員。

還有，《重修臺灣府志》例貢篇開頭即寫到：「雍正二年以後，例貢非由廩生者，不得以教職用。現任教職俱罷去。」

以上請仔細看清楚，再來談到底是誰在胡說！

事實上，這《諸羅縣誌》記載的「內郡不得志於有司

者，群問渡而東焉。科、歲兩試，此邦人拱手而讓之」，正是讓給應聘來台任教職的唐山學子。

　　另外，因為赴台擔任教職是獲取功名的捷徑，趨之者若鶩，有拿不到教職者，就潛用贌商或探親（面會赴台灣任教職的親人）之名申請短期赴台的「照身票」，偷偷參加台灣的科舉考試，有上榜就得以榮歸。所以，才有乾隆二十九年（1764年）御史李宜青《巡視台灣后》的奏報「台灣四縣應試，多福、興、泉、漳四府之人，稍通文墨，不得志本籍，則指同姓在台居住者認為弟侄，公然赴考；教官不及問，廩保互結不暇詳，至竊取一衿，輒褰裳以歸。是按名為台之士，實則台地無其人。」李宜青奏報的「實則台地無其人」，是因為上榜者自然榮歸唐山當官；落榜者也必須持「照身票」回唐山去，當然「在此之前、在此之後」都「實則台地無其人」。

　　講到清國為了加速漢化台灣，開科舉以名利誘引台灣人，埔農不由得想到「少數禁不住誘惑，取得功名後認盜作祖的所謂『台灣士紳』」，現在就舉兩位為例：

　　續修臺灣府志卷十二舉人篇記載：「乾隆十八年癸酉（駱天衢榜）：王克捷，諸羅附生，中舉人。」為第一位臺灣本籍出身的進士。後來王克捷卻自己虛構「字必昌，祖籍福建晉江，幼隨父高霖自泉州渡台，居於諸羅。」

　　續修臺灣府志卷十二例貢篇記載：「黃璧（附生）、吳洛、郭大通（附生）……蕭復旦、楊志申，以上俱彰化

人。」明明是彰化人，後來吳洛又自稱「字懷書，泉州晉江人（又是泉州晉江）。父親吳家槐曾任漳邵鎮標千總。」

　　早期的所謂臺灣士紳，由於漢化過深，陷入所謂漢人的虛妄情結。在獲取一點功名之後，以漢化民的身份自以爲高級了，即紛紛認盜作祖，僞造所謂家譜、族譜。不少這些所謂「台灣士紳」，爲了僞造更漂亮、更顯赫的所謂家譜、族譜，甚至在獲取進一步的功名之後，立即更改被冠上的所謂「漢姓」，重新認祖（請看《重修臺灣府志》卷之十二）。

　　正如《華夏姓氏之謎》所記（所謂的華人自己招認）：「明清時期，江湖上專有一類爲人僞造世系、家譜的「譜匠」，彼輩預製一套可通用之道具，多託始於南宋，如名人序跋、遠祖遺像、朱子題字。不論張姓李姓，但將名姓一改，即覺天衣無縫……在「譜匠」之手，既可作張家之遠祖，亦可作李姓之兒孫。」於是，不論有否改姓，那些虛構的所謂家譜、族譜就都看似有模有樣。所謂的臺灣士紳，從此大搖大擺以假漢人、假華人姿態傲視家鄉、鄙視祖先，不但認盜作祖「不覺可恥」，還四處耀武揚威，欺凌自己的同胞。

　　　陳教授說：「哇！非常感謝你的詳細舉證說明，這才讓我看清楚事實和真相，真有隔世的感覺。」
　　　但是我想，這些歷史學教授朋友不是邪惡之人，如果你不是顯得那麼咄咄逼人，也許他們會肯用心聽你講

解才對！」

　　埔農回答：

　　埔農咄咄逼人？陳教授何不看看十多年來，埔農爲了希望台灣的古今眞相能早日重見天日、台灣人能早日清醒，是如何的低聲下氣，是如何的懇求您的教授朋友，拜託他們看一下埔農所列舉的史實證據、聽一下埔農的解說。您的教授朋友之回應不是「埔農算什麼東西」就是「不屑理會」，埔農這才轉而對台灣普羅大眾實話實說，這是埔農無奈之下不得已的做法。如此這般的再三事先稟報，埔農對您的教授朋友們還不夠尊重嗎？

　　埔農知道，由於您的教授朋友們全面掌控了學校教育和社會教化，台灣人受他們影響已久、已深，使得埔農面對台灣普羅大眾的用心，必然事倍而效果稀微，但埔農還是必須勉力而爲。這是埔農無他計可施下唯一能做的。就如陳教授替他們指教埔農的「胡扯『雖然有嚴刑峻罰的渡台禁令，還是有人可以利用關係移民台灣』」，陳教授的教授朋友們不肯面對埔農的舉證，卻仍繼續以這些「似是而非」，「先掩飾眞相再移花接木」的「中國厚黑學」手法，幫助中國壓霸集團繼續洗腦台灣人、奴化台灣人，簡直就是在出賣台灣。瞭解以上事實後，陳教授還眞的認爲是埔農在咄咄逼人嗎？如果您的教授朋友們肯稍稍看一下埔農所列舉的史實文獻證據，那埔農又何必拖著殘弱的老命來學用臉書，以訴諸理性

的台灣大眾呢！

　　陳教授說：「好吧，我就試著勸說歷史學教授朋友
們，看他們是不是可以和你連絡。」

　　埔農說：
　　如果陳教授的教授朋友們能面對埔農的舉證，不只是埔
農，所有台灣人應該都會對陳教授感恩，埔農也會對您的教
授朋友們更加尊敬，埔農甚至可以立即關閉臉書帳號。恭候
佳音，感謝您！
　　（至今沒再有陳教授的消息）

　　有楊先生問：「你前文列舉應考者多數是短期應聘
來台的唐山教員，錄取者也多數是唐山教員，卻在『黃
位思，府學，拔，原籍閩縣』之後以（）說『持短期赴
台的照身票冒籍竊取，之前之後，台灣皆無其人』。可
是《重修臺灣府志》明明有記載『其孫元寬，雍正乙卯
解元』，既然黃位思的孫子還在台灣考取解元，表明黃
位思就是移民。所以，請你以後不要再講『1684年以後
沒有唐山移民在台灣入籍』。」

　　埔農回答：
　　唉！首先請問，於黃位思拔貢之前與之後，有誰在那一

份清國據台文書見過有黃位思這個人的記載？另外，請問楊先生可有查過黃位思孫子黃元寬的清國官方記錄？

　　根據清國官方記載，黃元寬世居福建福清縣，從未有家人移居他地的記錄。黃元寬是雍正十三年（1735年）乙卯科福建鄉試舉人第一名（稱解元），顯示這「原籍閩縣，其孫元寬，雍正乙卯解元」是重修《臺灣府志》時加註上去的。《重修臺灣府志》是諸羅縣訓導陳繩參閱范咸的纂修，於乾隆十年（1745年）重修。所以，若不是黃位思是早已因冒籍竊取被查獲懲處（假藉䑸商或探親名義申請照身票，來台冒考被檢舉而受重杖、革功名甚至徙三年的很多，單福建巡撫余文儀辦的案子就有10人受重懲），就是黃元寬中解元後才有人舉報，所以由范咸或陳繩公開加註。也所以，受此事影響，黃元寬於乾隆二年（1737年）丁巳恩科中進士，卻仍未受命應有官職，僅於乾隆十二年（1747年）被派到臺灣府任儒學教授。楊先生怎麼會說出「黃位思孫子在台灣考取解元」這樣的言語呢？

　　　楊先生再問：「好吧，這算是我的疏忽。但是，《重修臺灣府志》又有記載，『終將軍施琅之世，嚴禁粵中惠、潮之民，不許渡台。蓋惡惠、潮之地素為海盜淵藪，而積習未忘也。琅歿，漸弛其禁，惠、潮之民乃得越渡。』這『琅歿，漸弛其禁，惠、潮之民乃得越渡』不就是可以渡台移墾的意思！」

埔農回答：

請楊先生看仔細，這段言語註明是「附考」，「附考」
是「附帶有此一說」。若真有可准渡台移墾的律令，就直接
寫「某年某月某日開放渡台移墾，有某、某、某渡台在何處
移墾」即可，何必另以「附考」一提？「附考」是讒媚長官
而已！

事實上，這段「附考」是轉述夏之芳的《理台末議》。
夏之芳是雍正六年（1728年）以欽差御史身分前往台灣巡
視，兼理學政留任一年而已。《理台末議》是夏之芳離台所
作，有如小說或個人臆想，所以稱「議」。且夏之芳在台僅
理學政，更是在上位，接觸的不是教員就是漢化的所謂士紳
和學子，因知道「渡台三禁令」有「商民可准許申請路照
（照身票）來台」及「禁止潮州惠州之人申請」，卻不知
「此等商民是為從台灣挖掘資源以及為取得特定農產品供應
中國而特許入台的契作人員（贌商），最多僅能停留數月
（『必將赴臺何事，歸期何月，敘明照身票內，汛口掛號，
報明駐廈同知、參將存案，回時報銷。倘有過期不還，移行
臺地文武拘解回籍』《經理臺灣疏，藍鼎元》），須押送收
成回唐山。再有必要來台灣，須重新申請短期赴台的所謂
『照身票』，非此等贌商是被嚴禁的」，又見到士紳、學子
福佬語系多客語系少，才會有「琅嶠，漸弛其禁，惠、潮之
民乃得越渡」之臆想。1722年首任巡臺御史黃叔璥，離台多
年後所作的《台海使槎錄》卻引用晚他6年到台灣的夏之芳

這段話，再看《台海使槎錄》和《理台末議》都是以所謂的漢人虛妄思維，僅憑道塗說以及掠過眼前的一瞥想像，誑言妄語充斥。連虛妄成性的所謂中國人鄧孔昭，也不得不承認：「既然是清廷既定禁令，何以施琅歿，即『漸弛其禁』？」而且這段論述並無其他官書史料可佐證，鄧孔昭更直說「《理台末議》不可信」，為何楊先生就認為可信？

　　楊先生又質疑：「『渡台三禁令』我知道，是在1684年（康熙二十三年），滿清佔據台灣後，即時公佈的『台灣編查流寓則例』中。其實更早就已有《大清律例》第二百二十五條『一切、官員及軍人等，如有私自出海經商者，或移注外洋海島者，應照交通反叛律處斬立決。府縣官員通同舞弊，或知情不舉者，皆斬立決』。可是，此後還是一直有『台灣知府周元文提出《申禁無照偷渡客民稿》』、『藍鼎元提出《經理臺灣疏》強調嚴禁偷渡、嚴格審查給照』等，一再重申應嚴禁偷渡、嚴格核發照單，當然表示查獲的偷渡者不少，必有漏網者！」

　　埔農回答：
　　從楊先生的認識看來，楊先生應是歷史學者。所以，請楊先生仔細想想，如果是偷渡成功的話，又如何入籍？買通在台唐山滿官嗎？如果是買通在台唐山滿官，派台唐山滿官

最長三年調換一任，不被繼任官員呈報而遭殺頭嗎？（繼任官員呈報前任疏失的例子不勝枚舉），1894年以前，有誰見過那一個所謂漢人的唐山滿官，敢大膽違抗「大清律令」？唐山滿官之所以到任前、在任中，一再重申應嚴禁偷渡、嚴格核發照單，是因為清國對待唐山滿官從來都「一手給名祿、一手持劍」，唐山滿官視侍君如伴虎，得名祿前後都以自保為重。被派在台灣原已苦悶，萬一失職又會遭受較國內更嚴厲的刑責，當然希望能將萬一生事的大部分責任推給閩、粵沿岸官員，以減輕駐台期間的心理壓力。派台唐山滿官之所以到任前、在任中一再重申應嚴禁偷渡、嚴格核發照單，是為了強調「萬一真有人膽敢偷渡」，國內官員的責任應該大於駐台官員，先據以自保，絕非「偷渡者不少」。再說，偷渡者既不可能入籍，在台灣要保命就必須避人耳目，要如何生活？又非得橫渡險惡的黑水溝不可，會想要偷渡到台灣的可能性就更低了。所以，閩、粵兩地偷渡出海者，都是前往南洋。請問楊先生，您在那一份台灣的清國官方史實資料裡看過幾個偷渡者了？那來的「查獲的偷渡者不少」？

　　洪兄補充說：「有偷渡但極少，極少偷渡來台灣後因無法結婚沒地方住就睡在廟前門的18羅漢圖像下面，所以羅漢腳的由來就是這樣，這些漢人羅漢腳沒有子嗣也沒結婚。死在台灣，台灣人善心，就把火化過的骨頭放在墳墓旁的小廟。因為沒有姓名，所以就被稱為百姓

公。」

埔農：

洪兄博學瑞智，這是台灣聞達學者都知道，卻極少人願意承認的史實真相。

楊先生說：「算你厲害。不過，你別得意。臺灣縣志就記載：『酌議名口，就現任候選官員，或紀錄、或加級，廣勸召募。在貧民有渡海之費，相率而前。到臺之日，按丁授地，並將偽遺生熟牛隻照田給配，按三年起科之令，分則徵收；不特人民彙集，抑且野無曠土，田賦日增，國勢軍需有攸賴矣。』這就是招募移墾的證據，我看看你還有何話說！」

埔農回答：

唉！首先，二十多年來埔農何曾得意過？今日台灣聞達人士紛紛認盜作祖，更以中國式的虛妄思維幫助中國壓霸集團繼續奴化台灣人、出賣台灣，似乎非置台灣於死地不可。在這情形下，埔農終日不是悲就是嘆，偶爾是會禁不住忿，那來的得意？

至於楊先生的這段臺灣縣志記述，是當時諸羅縣知縣季麒光一時興起，發想所言中的後半段而已。埔農不知楊先生只是聽說而引用，還是故意遮掩前半段，希望不是故意遮掩

才好。

　　季麒光發想的原文是：「招集丁民之宜議也。國家根本之計，莫先於戶口；故庶而後富，爲從來起化之原。臺灣自僞鄭歸誠以後，難民丁去之、閒散丁去之、官屬兵卒又去之，卑縣設法招徠，雖時有授廛附籍之人，然重洋間隔，聞多畏阻而不前。況南北草地一望荒蕪，得人開墾，可成沃壤。合無請照昔年奉天四州招民之例，酌議名口，就現任候選官員，或紀錄、或加級，廣勸召募。在貧民有渡海之費，相率而前。到臺之日，按丁授地，並將僞遺生熟牛隻照田給配，按三年起科之令，分則徵收；不特人民彙集，抑且野無曠土，田賦日增，國勢軍需有攸賴矣。」在嚴刑峻罰的清國律令下，季麒光敢呈報他的一時妄想嗎？身爲諸羅縣知縣，季麒光眞敢呈報，也必須先呈報知府，台灣知府敢呈報嗎？有呈報嗎？何來招募移墾？

　　季麒光所言「卑縣設法招徠，雖時有授廛附籍之人，然重洋間隔，聞多畏阻而不前」，是在說「爲從台灣挖掘資源以及爲取得特定農產品供應中國，是有招來贌商（定期契約商人），雖然應徵者在台灣可獲得「授廛附籍」（「授廛」是撥給有頂棚遮蔽的屋子住；「附籍」是准予暫時依附寄居），但因畏懼黑水溝的險惡海象（贌商須自己雇船來運回取得的物資），還是沒有幾人願意來」。這後半段的「酌議名口，就現任候選官員，或紀錄、或加級，廣勸召募。在貧民有渡海之費，相率而前。到臺之日，按丁授地，並將僞遺

生熟牛隻照田給配，按三年起科之令，分則徵收；不特人民彙集，抑且野無曠土，田賦日增，國勢軍需有攸賴矣」是季麒光閒聊時的發想，那來的招募移墾？

事實上，清國官方所記載的「拓墾」就是這種短期渡台的賺商；而小說形式的所謂「拓墾」，則全是台灣假漢人士紳的勾結唐山滿官，侵佔其他台灣人土地（見劉銘傳《清賦的12項建議》）。

　　楊先生還是堅持說：「因為我看過的資料沒有完整
　舉出這前半段，是我一時疏忽。但是，雖然你能舉證很
　多文史學者的錯誤認知，我還是無法承認你那『完全沒
　有唐山移民在台灣』的說法，因為我有不少學術地位崇
　高且受人尊敬的同儕，都不認為你的舉證有多重要！」

埔農回答：

這埔農有確實感受到。但請楊先生仔細想想，如果史實證據不重要，難道「被壓霸中國人的謊言牽著鼻子走」比較重要？還是「偽裝所謂的假漢人、假華人自以為高級」更重要？

請再回想一下：

1. 清國稱霸後頒《大清律例》的「如有私自出海經商者，或移往外洋海島者，應照交通反叛律處斬立決。府縣官員通同舞弊，或知情不舉者，皆斬立決」，就

能看到滿清政府取締出海移民的嚴厲苛酷。

2. 清國侵台視台灣為敵境，立即再加上特別嚴格禁令
　《台灣編查流寓則例》的「內地商民來台貿易者（贌
　商），須由台廈兵備道查明，並發給路照，出入船隻
　須嚴格檢查，偷渡者嚴辦，偷渡之船戶及失察之地方
　官，亦照法查辦。渡台者（官兵、雇員和贌商）不得
　攜帶家眷，已在台者不得搬眷來台。潮州惠州之地，
　為海盜淵藪，積習未脫，其民禁止來台」。

3. 1788年以前除了幾次短暫准予攜眷，嚴苛禁令何曾鬆
　弛過？1874年起渡台禁令廢止21年，准許工商赴台，
　也是列入流寓名冊。

4. 更別忘了羅縣知縣季麒光所坦承的「臺灣自偽鄭歸
　誠以後，難民丁去之、閒散丁去之、官屬兵卒又去
　之」，可見大清律例雷厲風行，無敢稍有疏失。

難道這些事實也都不重要？學術地位崇高且受人尊敬的
文史學者到底怎麼了，真的被洗腦到了這種地步嗎？

　　楊先生繼續說：「你不要咄咄逼人，你這是損人不
　利己！」

埔農回答：
請楊先生回想一下，兩、三年以前的十幾年間，埔農不
是一直懷著誠心敬意在向「地位崇高」的台灣聞達人士（尤

其文史學者）稟報嗎？是因為懇求無人理、苦勸沒人聽，埔農不得已，只好轉而訴之理性的大眾實話實說，期待多數台灣人瞭解台灣的古今真相，尋回台灣人應有的尊嚴，台灣的將來也才會有能免除危殆的希望。怎麼現在卻說埔農咄咄逼人？

楊先生說「損人不利己」，埔農從來不敢損人，實話實說全只是期望「台灣人能有尊嚴的自立」。埔農從不願指名道姓（以免被誤以為是針對個人），以前甚至連「可能引人猜想」也盡量避免（現在見有朋友舉出人與事，埔農也只是直接舉證回答）。至於己身之利害，則埔農從未想過，也所以20年來埔農才得以未曾氣餒。

　　楊先生又說：「你似乎得一點理就自以為是了！你所說的聞達人士（尤其文史學者），他們有今日的地位，都是長年努力而來；他們倍受推崇，必是有所貢獻，也言行得人心。你何不也想想，你至今無名無位，是不是自己學養和能力有問題？既是學養和能力有問題，要人如何看得起你？」

埔農回答：

楊先生說到重點了。

首先，埔農從來不敢、也不曾「自以為是」，所以埔農一直在強調，關於埔農所列舉的史實和證據，任何有不同認

知的朋友，都請隨時提出質疑或反駁。有任何人要來謾罵，
也十分歡迎，只請求留給埔農進一步舉證回答的時間和空
間。若有文史學者自認回應埔農是浪費時間和體力，埔農也
曾經願意付鐘點費請他們來討論或辯駁，就當作授課有何不
可？埔農現在的態度還是一樣，有文史學者要來討論或反
駁，埔農可以支付其所提鐘點費。如此懇請諸位來舉證論述
或糾正，楊先生還說埔農「自以為是」，那埔農就真的不
知道要怎麼做才能避免「自以為是」了。是不是請楊先生指
教，「要怎麼做才得以不『自以為是』」。

其實，埔農一直是從事自然科學工作，台灣文史學者擁
有的歷史實證資料一定比埔農多，除非台灣文史學者對自己
的認知也欠缺信心，甚或自知理虧，否則不應該會拒絕埔農
的邀請。

至於「聞達人士（尤其文史學者），他們有今日的地
位，都是長年努力而來」是事實，問題在於他們所努力的方
向。現今的台灣人都是在歷經72年中國式洗腦教育中長大，
台灣聞達人士多數是全心全意認真學習才能脫穎而出的所謂
「優秀」學生，早年死背中國壓霸集團為奴化台灣人的偽
造文書、死記少數早期假漢人士紳以小說形式虛構的人和
事，在蔣幫中國集體的壓霸肆虐下，奮力往上爬，爭取「名
位」，本是無可奈何，埔農也不敢厚非。但是，在多數台灣
史實證據之文獻已被攤開20多年的今日，台灣聞達文史學者
如果自己還是堅持不肯面對這些史實真相，寧願繼續認盜作

祖，偽裝為假漢人、假華人而自以為高級，更利用既得的利
益和名位，持續誤導眾多台灣人，使得不少台灣人受連累而
輕易誤以為自己是唐山人或漢人後裔，導致今日台灣人的國
家認同模糊且混亂，造成今日台灣國家處境的危殆，請大家
撫心自問，這對得起賜予我們生命的祖先嗎？對得起養育我
們長大的這台灣土地嗎？

　　談到「名、位、學養和能力」，「學養與能力」是自我
要求所應有的知識、明辨以及主導出的行為，「名與位」是
對外追求加競爭得來，是不同的層面。當然，在現行權貴肆
虐的社會，很多人學習知識、建構能力，主要是為了從追求
「名位」的競爭中勝出以獲利。但仍有不少具心靈智慧之人
視「學養與能力」為人格應有的成長，視「名位」為生活的
負擔。事實上，在「名位」的檯面之外，「學養和能力」到
處不少，拿「名位」評斷「為人」以及「言論」的價值，實
在不智。

　　事實上，追求「名位」的過程，大多必須迎合權勢之人
以獲取青睞，所以經常會忽視真相的辨認、放棄尊嚴的保
持，還會時常悖離正義的維護，更繼而污損自己的心靈，以
致養成隨惡水逐流的習性。相對的，遠離「名位」不需迎合
權勢、不受名利牽絆，可以輕鬆拒絕虛榮和惡勢力的扭曲，
正是得以保持純真的靈性智慧之環境和樂園。因而，在權貴
肆虐的社會中，真理、真相和正義常是在未受污染的檯面以
外才找尋得到。也所以，「名、位」和「學養、能力」常見

是背道而馳的。對「名位」的崇拜，是現代權貴肆虐的社會中，「正義不張、真相不明、百姓遭受欺壓、地球被污染與破壞而走向衰滅」的元兇。請切莫將「名、位」和「學養、能力」畫上等號，這是一種容易誘發邪惡的迷思。

埔農既無名位，更自知學養和能力不足，從來不妄想要被看得起，埔農只是懇求大家仔細看看埔農所蒐集的史實真相之證據。埔農所舉出的真相證據都是現存的資料，只要用心找就有，任何人都找得到。也由於埔農自知學養和能力不足，每找到一筆證據，只認知是「有此一說」，必經過從各方正式文獻的再三比對，證實無疑才敢示人。也所以，埔農希望台灣聞達人士（尤其文史學者），有不同認知可逐項舉出自己所相信的事證來辯駁，別一貫以「名位」自欺欺人。經常「不屑理會」更容易被認為是心虛。

楊先生還有疑問，請趁埔農的健康現在還能勉強維持，歡迎繼續指教。

　　張兄問：「台灣民族性電影好像從來沒有拍攝過台灣原住民對抗明鄭、大清的革命影片，大多以漢人思維反抗日軍為主，如賽德克巴萊、一八九五……等。因為從影者本身認為自己是唐山子孫（祖先來自唐山），而明鄭、大清據台時期是唐山人管理台灣，對他們來說都是同胞（不算殖民），只有日本、荷蘭才是異族、敵人，所以拍那類影片無形中是給台灣原住民（高山

族人、平埔族人）洗腦，看來影視界台灣假漢人確實不少。誠如老師考究朱一貴、林爽文、戴潮春，都是台灣平埔族人，如果他們革命事蹟可以被拍成電視、電影，應該會相當激昂感人，更能喚醒台灣民族心，可惜沒有頭腦清明的製作人、導演來……」

埔農說：

這是因為，台灣聞達人士（尤其文史學者）多數是全心全意認真學習才能脫穎而出的所謂「優秀」學生，早年死背中國壓霸集團為奴化台灣人的偽造文書、死記少數早期假漢人士紳以小說形式虛構的人和事，在蔣幫中國集體的壓霸肆虐下，奮力往上爬，爭取「名位」，於是漢化過深，寧願認盜作祖，偽裝為假漢人、假華人而自以為高級，鄙視自己的祖先以及文明和文化，更利用既得的利益和名位，持續誤導眾多台灣人，使得不少台灣人受連累而輕易誤以為自己是唐山人或漢人後裔，導致今日台灣人的國家認同模糊且混亂，造成今日台灣國家處境的危殆。這是埔農拖著殘弱老命，仍不得不盡力向台灣理性大眾展示史實真相之證據的原因。

頭腦清明的製作人和導演是有，金馬獎動畫導演康進和先生即是其中一位。可惜的是，在台灣聞達人士以假漢人、假華人的姿態幫助中國壓霸集團做種族精神清洗的情況下，頭腦清明的製作人和導演就被排擠成小眾文化的執著者，沒得到應有的資金挹注，以致沒有（尚未）發展成應有的正面

社會效應。恰巧有源利兄的瑞智提點，埔農在此呼籲、懇請理性清明的有識台灣人，定要全力支持這些頭腦清明的製作人和導演，期待加速台灣大眾的清醒，台灣才會有希望。願天佑台灣！

張兄問：「1689年臺灣府志（蔣志）卷七，戶口，臺灣府：「民戶一萬二千七百二十七；番戶二千三百二十四；口僑額二萬一千三百二十；底定存冊一萬二千七百二十四；續招徠三千五百五十；實在民口三萬二百二十九：男子一萬六千二百七十四，婦女一萬三千九百五十五。實在番口八千一百零八；另澎湖民戶五百二十三；口僑額九百三十三；底定存冊五百四十六。」能請埔農老師解說一下這「民戶、番戶、口僑額、底定存冊是啥？續招徠又是啥？」嗎？

埔農：

蔣毓英是清國派台第一任知府。蔣志台灣府志其實是到任後的1684年即開始撰寫呈報，所謂1689是刻印年。「民戶」（12,727戶指的是台灣府管轄內，即現在的台南市區內），是對鄭氏集團之實際統計戶數；「底定存冊」是鄭氏集團自己留下的名冊戶數；「口僑額」是鄭氏集團自己名冊的人口數；「續招徠」是不在鄭氏集團自己的名冊內，由清國官兵統計出來的其他唐山人（所謂漢人）人口數，這些是

已遣返清國或等待遣返之人。「番戶」是已受到控制，並在執行強制漢化中的台灣人戶數。

　　潘兄留言：「『台灣人的血緣來自何方？』公視、原視一直在播，內容都是穿鑿附會的臆斷，能不能請你依科學證據的事實說明，以解困惑？」

　　埔農回答：

　　台灣人的血緣來自那裡已難查證。然而，2003年美國麻省理工學院的Douglas L. T. Rohde教授，以現在世上所有人類的基因做研究，利用電腦計算，分析人類基因關連性，得出「台灣人是現今生活在地球上之人類的共同祖先」之結論；並確定，非台灣人混血子孫的各地原始人，都已因為體質或智能上的缺陷而從地球上消失。

　　現在台灣的歷史和考古學者，卻仍在訴說著「人類起源於非洲」的舊假說。事實上，非洲原人並非現代人，連最接近現代人的歐洲「尼安德塔人」都早已消失，其特有基因也都已不復存在，那來的「台灣人也是來自非洲」？所以，台灣人應該是在本地（Paccan）自行進化而來。若有學者另有意見，可以請他來反駁，埔農會就其疑問給予進一步證據，讓他心服口服。

　　洪兄說：「漢人來台在荷蘭人治台時期，輸入幾十

萬華奴，那時這些華奴在工作之餘，與西拉雅女子譜下戀曲，可能的華人血統可能是來自於此。」

埔農說：

荷蘭人據台時期唐山移工僅數千人，由於唐山人野蠻又缺乏教養，台灣人根本不理會他們。台灣人甚至還曾協助荷蘭人平定唐山人之亂（郭懷一帶頭），這些事實荷蘭人記載得很清楚。72年前的台灣人完全沒有所謂的華人血緣，埔農已舉出上百條證據，林媽利教授的DNA檢測也已證實。所以，請大家不要再受「台灣聞達人士（尤其文史學者）之配合中國壓霸集團」的洗腦。任何堅持不同認知者，懇請拿出所謂的證據來反駁，引述「認盜作祖偽裝為假漢人、假華人之學者配合中國壓霸集團」的偽造文書，會阻礙台灣人自立自強的希望。

張兄留言：「今天在誠品翻閱到一本（共三冊）2017年12月國史館全新審定版伊能嘉矩著作的《台灣文化志》，我看了一下午，發現書中有許多漏失史料（沒有描述的事），如清侵台後，把鄭氏帶來之漢民遣返唐山，以及海禁政策中有特許來台之官兵、教職、工匠……等三年內任滿回唐山之事，也都沒有記載，全書還是唐山移民（色彩濃厚）。這本《台灣文化志》是日本人伊能嘉矩著作的，怎麼內容也是（漢人思維）來寫台

灣史，會不會是國史館『動手腳』，把伊能嘉矩之原著內容有部分刪除？我很謹慎的翻閱，部分內容和老師您敘述的有差異（甚至很多資料沒有），倒像是國民黨人寫的台灣史。」

埔農回答：

伊能嘉矩原是擔任行政工作的臺灣總督府雇員，並未接觸日本接收自清國的臺灣戶籍資料。他對台灣平地人口之認知，都是來自臺灣假漢人的所謂士紳（一如清末來台的加拿大傳教士馬偕〈Rev George Leslie Mackay〉，馬偕於1871年12月30日到臺灣之前，已先在唐山的廣東、福建居住過，對於所謂漢人或唐山人早有了先入為主的刻板印象。1901年6月2日病逝於淡水寓所），就誤以為說福佬話或客語者為所謂的漢人或唐山人。由於伊能嘉矩完全不瞭解台灣4百年來的史實，等接觸了說著不同語言的台灣人，伊能嘉矩發現「土地不大的台灣竟然有各種不同的口音」，使原本就對人類學懷有興趣的他，轉向做「清國漢化民」以外的所謂台灣「異民族調查研究」。在早期所謂台灣士紳和現代台灣聞達人士「認盜作祖」的影響下，伊能嘉矩與同事田代安定的調查研究，遂成了後繼的世界人類學者認知和研究台灣人（Paccanians）的基礎。外國人這種因為不瞭解事實造成的錯誤認知，卻也變成今日假漢人、假華人當上癮了的台灣聞達文史學者繼續「認盜作祖」的藉口。這是「先掩飾真相，

再倒果爲因」的所謂「中國厚黑學」手法。台灣聞達文史學
者自己深陷中國式的虛妄迷思，大言不慚地幫助中國壓霸集
團繼續洗腦台灣人、奴化台灣人，事實上就是在出賣台灣！

　　馬偕、伊能嘉矩等外人因無知導致之誤解，是台灣人
（Paccanians）的無奈。而台灣聞達文史學者不論是被「蔣
幫中國壓霸集團帶來專門僞造歷史、洗腦台灣人的黃典權等
人」牽著鼻子走，還是一如早期所謂臺灣士紳「認盜作祖」
的這麼「不覺可恥」，都是讓人萬分痛心！

第二節　日本據台時期引進的唐山外籍移工

　　　有鄭先生問：「根據日本官方資料，日本據台時期
　　最多時曾有近4萬名清國人或支那人居留在台灣，你說
　　『蔣幫壓霸集團入侵台灣以前的台灣人沒有所謂的漢人
　　或華人後裔』，這有問題。」

　　埔農回答：

　　日本據台時期是有引進唐山勞工，是外勞，就如現在
台灣的越勞、菲勞、印勞等外籍移工。當時唐山人民生活
困苦，盛行輸出勞力，工資便宜，所以日本從福建、廣東
引進勞工（被輸出到美國的更多，稱爲「販賣豬仔」）。他
們都是持所謂的中國護照進入台灣，主要從事挖礦、修築

鐵路和採茶。茶工最先引進，一部分是女工，但後來挖礦、修築鐵路等苦力需求增加，茶工變成是少數。台灣人稱這些唐山苦力為gcoolie。coolie一詞原是西方人對來自印度、唐山等奴隸式勞苦工人的稱呼，台灣人以gcoolie稱之。苦力、gcoolie、coolie，對照起來也真貼切。

這些唐山移工在台灣多數是集體住宿、集中管理，少部分茶工寄留民間戶口，都有登記管制，註明是清國人，後來改稱支那人。因為支那移工犯罪率高，所以都定時查核，極少數脫逃者也全數緝捕歸案（日本檔案有詳細記錄），並未有漏網之例。日本視台灣人口為日本國民，稱本島人，都有依所熟悉之語言別作「生」、「熟」、「福」、「廣」的註記；日本來台人員稱內地人。以上資料在日本據台時期的人口登錄上很詳盡，現在也還查得到。所以，「蔣幫壓霸集團入侵台灣以前的台灣人沒有所謂漢人或華人後裔」是沒有問題的。

移工有定期的工作契約，來來去去，是有極少數支那移工滯留至蔣幫中國壓霸集團入侵台灣之時，但當時他們如雞犬升天，以唐山籍貫進入所謂高級中國人之列，享受特權。蔣幫中國壓霸集團入侵台灣之前他們自稱唐山人，台灣人也是稱他們為唐山人，對惡劣、無恥唐山人則稱「阿山仔」。蔣幫中國壓霸集團入侵台灣之後，他們就變成所謂的中國人了。

　　鄭先生再質疑：「旣然日本據台時期有唐山移工，就可能會有人在台灣結婚生子。就如同現在的外籍移工，不是有一些和台灣人結婚而入籍台灣了嗎？」

　　埔農回答：

　　其實，那近4萬名在台淸國人或支那人，有一部分並非眞的是唐山人。因爲有一些台灣人（類似林維源、丘逢甲等人）習於勾結唐山滿官自以爲是假漢人而高台灣人一等（就如現在的台灣聞達人士，不肯承認自己的祖先是漢化民的熟番），日本入台時，他們獲准隨著淸國人員到唐山，由於帶著走向高級的虛妄和輕忽，不少人丟棄了當初日本發給的離台證件。當發現所謂漢人的野蠻實情後，覺得唐山地區不適合生活而決定返台時，就只能被登記爲淸國人或支那人了。

　　當時的日本法令和現在的台灣不一樣，日本視台灣人口爲日本國民，日本法令對於日本國民和外籍人士通婚的國籍規定甚嚴，女子嫁外國人即喪失國籍；不承認被招贅者的入籍；唯一可入籍居留的只有外國女子嫁給台灣人。依日本據台時期的記錄，因結婚而獲准入籍而居留台灣的「唐山人」總數僅19人。依日本法令，這19人應該是女性的可能性較大，而且是投向唐山再返台之台灣人的機會較大，因爲以當時的情況，台灣人會和唐山gcoolie結婚的可能性幾乎沒有。

　　即使是眞有從事茶工的唐山女移工和台灣人結婚，我們台灣人也是誠心接納她們，她們也成爲台灣人。蔣幫壓霸集

團入侵台灣之後，她們及所生子女並不會被視爲所謂的華人或中國人。

　　事實上，根據當時的記載，這19人都是來自唐山的福建和廣東，即使眞的有唐山人在內，而福建、廣東的住民原是越人，更何況總數也才只有19人而已。也所以，林媽利教授全面對台灣人（包括所有使用福佬語或客語的台灣人）做DNA基因抽樣檢測時，並未發現任何人帶有所謂漢人或華人的血緣DNA。因此，「蔣幫中國壓霸集團入侵台灣以前的台灣人沒有所謂漢或華人後裔」還是沒有問題的。

　　　　邱先生問：「談到DNA檢驗，我發現幾乎所有台灣人的DNA都帶有一些和歐洲原住人口相同的特有基因。有人說，這是歐洲人幾百年前來台灣留下的混血後代。但我覺得非常奇怪，歐洲人不是16世紀後才無意間航經Paccan，外人也才發現有Paccan這一國度；歐洲人登陸Paccan（台灣）是在17世紀以後，而且歐洲人在台灣（Paccan）僅不到40年（1623-1661），駐台人員包括婦女和兒童，最多時也只有1千多人，即使眞的有留下混血後代，怎麼可能現在多數台灣人的DNA都帶有一些和歐洲原住人口相同的特有基因？我實在想不通！」

　　埔農回答：
　　歐洲人和台灣人都帶有一些相同的特有DNA基因，是

自12,967年前起，台灣人即向外傳播文明並移居時，在歐洲各地留下混血後代的證據，不是歐洲人幾百年前才來台灣留下的。美國麻省理工學院（Massachusetts Institute of Technology）的Douglas L. T. Rohde教授，於2003年就以全世界人類的DNA做分析研究，證實台灣人是現今所有生活在地球各地之現代人的共同祖先，當然全世界各地之現代人都會帶有台灣人的特有DNA基因。這些台灣人和歐洲原住人口都帶有的相同DNA特殊基因，其實是「台灣人為現代人類共同祖先」的證據之一。一些人不明白台灣的史實和文明、文化的真相，才會胡說什麼「可能是歐洲人來台灣留下的混血後代」！

　　李先生質疑：「這『歐洲人和台灣人身上都存在的相同特有DNA基因』如果是台灣人向世界各地移居時所留下的，那照理講，亞、美、非各洲的人口也應該有這些基因，為何是歐洲人特有呢？」

　　埔農回答：

　　人類的DNA遺傳，除了「子女的粒線體（Mitochondria）DNA皆來自母親、兒子的Y染色體（Chromosome）DNA必來自父親」之外，為雙套連結，是由父母雙方的DNA經減數分裂再重新組合而成。所以，不是父方或母方的全部DNA基因都會代代留傳。只有當弱勢DNA基因歷經自然淘汰後，父

母雙方都同樣帶有的雙套優勢DNA基因，這基因才會代代永遠留傳。

台灣人（Paccanians）於12,967年前大量移居世界各地時，是因彗星撞擊地球引起大規模火山爆發和地震而引發陸沉，都是分批以小部分人口乘船，分散撤離。在移居地又首要落地生根，百事待舉，在幾十年內甚至幾百年內，人口不多的族群在異地必須團結聚集，才能有效相互扶持，待族群壯大後才得以往外擴散。這情形有點類似被分散並實質隔離達350年的台灣山地人口，分散隔離的人口自然會基因純化。而一個局部團體隨世代延續產生純化基因的種類，是依組成分子多數所擁有的基因機遇決定的。

所謂物以類聚，例如：若有一個1萬人的團體，由自由意志任意分成每100人一組的100組次群體，則各次群體的組成分子當然會以共同親友為主。既是共同的親友，則必然有較多的相同特有基因，再歷經幾十代的隔離延續，各次群體間特有基因的差異就會更為明顯。

所以，當台灣人（Paccanians）在世界各地立足穩固之後，各自擴散出去各地而留下的混血後代，自然會在各區域留下各自純化後的不同特有基因。當然，雖然各地區的台灣人（Paccanians）混血後代各自帶著不同的台灣人（Paccanians）特有基因，但都一定保留有台灣人（Paccanians）的基本共同基因。至於其他古代歐、美、亞、非各洲，未與台灣人（Paccanians）混血的原住人口，

因為體質或心智上的劣勢，族群逐漸縮小，最後都在地球上消失，並無留下其個別後代生存到今天。

美國麻省理工學院的Douglas L. T. Rohde教授，就是發現「歐、美、亞、非各地的所謂現代人類，都帶有台灣人（Paccanians）的基本共同基因；而各地區人口所個別帶有的不同特有基因中，又都有一部分可以在台灣人（Paccanians）身上找得到」，才確認「台灣人是現今所有生活在地球各地之現代人類的共同祖先」。所以，現代歐洲人和台灣人都帶有一些相同的特有DNA基因，是台灣人向外傳播文明並移居時，在歐洲各地留下混血後代的證據之一，絕不是因為有近代歐洲人來台灣留下混血後代，這是無可置疑的。

第三節　續認Paccan文明和文化

康先生是很難得的台灣藝術家，瞭解台灣的原智慧文明，關心台灣的現況。康先生的作品都有很深的哲理，以隱喻道出種種心靈智慧，引領大家體會台灣人對台灣智慧文明應有的認識。

康先生問：「想請教先生，古時候台灣馴人的運動項目是甚麼，有否小朋友的童玩之類的，上學教的是甚

麼？還有，有關音樂，目前是否有類似的曲風？」

　　埔農說：

　　闡述原台灣（Paccan）文明、文化和靈性智慧，是非常有意義的重要事，康先生能爲眞正的台灣文化意識奉獻心力，實在令人欽佩，埔農滿心歡喜。認識康先生，讓埔農這爲台灣哀傷的心輕鬆不少。也許託康先生的福，埔農能稍微心寬而繼續保留多一點的健康身體，可以多活一段時日也說不定。

　　原台灣（Paccan）本有台灣馬（Paccanian horses），台灣馬都飼養在原東部平原，東部平原於12,967年前陸沉後，現在的台灣島就不再有台灣馬了（但與那國島現在還有）。短距離重要事件的緊急快遞，就由善跑的年輕人擔任；遠距離重要事件的緊急快遞，是由各相鄰村鎮的善跑者以接力方式傳達，遠距離非緊急重要訊息，是使用信鴿傳遞（《*The Formosan Encounter*》Vol. I, p.112）。台灣人體強善跑，讓荷蘭人很是佩服（荷蘭司令官Cornelis Reyerson甚至說：台灣人能跑贏馬匹，《*The Formosan Encounter*》Vol. I, p.18），荷蘭人的唐山走狗以「台灣駆人」稱善跑的台灣年輕人。「台灣駆人」不是運動項目。

　　小朋友的童玩，埔農只記得有彈小沙包（以布縫製，約4公分四方，內裝乾穀粒，單手輕彈，變換手勢與姿勢連續拋接，玩時有沙沙聲）、踢藤球、跳繩、爬樹、盪鞦韆、放

風箏、竹飛機、竹直昇機、抓牛屎龜（似獨角仙）拖玩具牛
車等遊戲。其他的因為姜林獅先生講述後沒再回想、也沒見
過，久後就記不起來，很不好意思。

　　幼兒5至6歲入學，上學課程包括數學、算盤、歷史、地
理、傳統文化和自然科學。就學期間，輕鬆學習，完全沒有
壓力。無考試，不評分，每位學子吸收多少是個人差異，不
被計較。16歲，有興趣治學的，留下當助理教員，並繼續接
受教師指導，20歲可被選派到各學術專業社區深造。有意願
從事醫療、工程、技藝或司儀（掌理各式節慶和禮儀）者，
16歲就去跟隨村鎮內的師傅當學徒，20歲也可被選派到醫
療、工程和技藝的專業社區深造。其他的16歲青年就回家跟
隨父母，並參與社區和族群的活動。女孩留髮，男孩不留
髮。18歲舉行成年禮，女子成年禮後表示適婚；男子舉行成
年禮時最後一次剃髮，此後即可留髮。20歲男子頭髮已長，
若有對象，表示可以結婚。

　　歡樂的節日，有各式各樣的娛樂節目配合，包括歌唱、
跳舞、樂隊伴奏和演奏。婚、喪、喜、慶和祭典也都有大小
樂隊演奏。台灣族人喜歡唱歌，尤其女子，常會一面工作
一面哼唱。樂器包括弦、管、敲擊。弦樂器有類似吉他的
三弦撥彈琴和類似胡琴的二弦椰殼拉琴。管樂器有簫、笛
（Pin）、Loep。Loep似小喇叭。敲擊樂器有鐘、鈴、鼓、
鑼、Dginm（似鈸）、拍板。曲風埔農不是很清楚，應該就
如現在的丘陵地以及山區住民還保有的樂曲。

康先生說：「真的不懂為什麼台灣聞達人士那麼愛裝作有中國人的血統，中國文化是虛假的吃人文化！去年我聽過先生的演講，真的很驚喜，原來自己是純正的台灣人！」

埔農說：

蔣幫中國壓霸集團尚未入侵台灣的1945年以前，台灣人完全是原住民，埔農已舉出數十件史實文件和科學驗證的證據，都是無可質疑的事實。台灣聞達文史學者堅持有唐山人子孫在台灣（心理上其實是在為他們自己的認盜作祖強辯），根據的卻是「認盜作祖的所謂台灣士紳所虛構的小說」。即使不談科學證據，埔農所舉出的史實文件，台灣文史學者應該都是很熟悉的，他們還能視若無睹，更以「不屑理會」或「你算什麼東西」回應埔農低聲下氣的苦勸，講直白一點，真是腐壞到極點了。

康先生說：「晚輩覺得這些學者的問題是迷失在所謂的中華文化，誤以為中華文化比我們的祖先文化文明。晚輩是看過柏楊的《中國人史綱》與黃文雄先生的《儒禍》著作才醒覺中國文化的虛偽與狡詐，去年聽過先生的演講之後又看過先生的《失落的智慧樂土》才深刻了解台灣的美好文化與古文明，更觸發了想要從事闡明台灣文化（古文明）內涵的創作，讓更多人明白自己

祖先的文明，以及為何台灣最美的風景是人。」

埔農：

是的，我們祖先之文明是靈性的智慧，是人性之美，葡萄牙人於16世紀初次抵達Paccan時，就是發現這種他們夢想卻不可得的人間樂園，才用Formosa來稱呼，並以恭敬之心不敢騷擾。葡萄牙人當時稱Paccan為Formosa，並不是指台灣的地表景色，是稱讚台灣人（Paccanians）的「靈性智慧」社會。即使到了1626年，荷蘭人走狗Diaz因偷盜被荷蘭人發現而叛逃時，是先找上在澳門的葡萄牙人，向葡萄牙人述說Paccan的富饒，並協助繪製荷蘭人做為根據地的台灣海灣（唐山人後稱倒風內海）地圖，勸誘葡萄牙人攻取Paccan，輕易即可取得荷蘭人在台灣的獨占利益。由於葡萄牙人早已瞭解Paccan，還存有敬佩之心，不為所動，更加以斥責，Diaz才轉而勸誘西班牙人。現在的假漢人、假華人文史學者，明知這段史實，卻謊稱葡萄牙人稱台灣Formosa是指地表之美，這和惡意曲解「有唐山公無唐山嬤」以及「台灣人習慣問候他人『食飽沒』」如出一轍，都是以假漢人、假華人的虛妄心態胡亂造謠。二十多年來，埔農持續禮貌、懇切的請求台灣聞達人士及台灣歷史學者看一看埔農所蒐集的有關台灣歷史文獻之證據、聽一聽埔農的說明，沒有人願意聽、沒有人願意看。幾年前，埔農曾拜託幾位不會鄙視埔農的前輩，代為請求一位看起來算是心術正的台灣文史學

者，請他當面讀埔農的簡要舉證說明信。起初他是有誠心道歉，也說欣然接受。可惜的是，這位台灣文史教授不久即說「不堪來自同儕的壓力」，拒絕再與埔農連絡，也還是繼續裝作假漢人、假華人。說他們可惡，卻也真是悲哀。

康先生說：「您曾在演講時有提到！」

埔農：

是的！埔農本來不會指名道姓，以免被誤以為是針對個人。何況那位學者可算是還有良知的人，是擺脫不了「斯德哥爾摩症候群」的心理扭曲，才陷入假漢人、假華人的虛妄迷思。但當時葉先生問起，埔農不能說謊，只好以點頭認了。可惜的是，在這世界上，尤其在台灣，公平、真相和正義常是被耳目閉塞的所謂好人害慘了！

康先生說：「了解！請問平埔族語言是否已消失？」

埔農：

原台灣語言還沒消失，但已零散且各自有變遷。

事實上，台灣語言（Paccanian）原本沒有分什麼山地族語、平埔族語，「平埔」一詞，是於漢人滿官陳倫烱的《海國聞見錄》中首度出現，陳倫烱最先使用「平埔土番」一詞

（該書於1731年完成，請注意，漢人滿官陳倫炯是稱「台灣」為「海國」，且是初聞初見，表示承認台灣原本是一個國家，而且唐山人或所謂的華人以前完全不知「東方海上有台灣這一國度」）。後來才逐漸有清國的唐山官員跟著使用「平埔」一詞。平埔番或平埔熟番等字眼出現在以後的清國志（誌）書中，是稱已受到掌控、管轄的台灣平地住民，主要是為了與尚未被迫漢化、拒絕漢化或清國官兵不敢進入的山地台灣人做區別。平埔熟番的稱呼雖然在18世紀中期以後就出現在清國的文書中，但主要還是在19世紀中期以後的文書出現得比較多。

埔農有一本原是荷蘭人編的台灣語（Paccanian）羅馬字母拼音詞典，由於荷蘭人當時的根據地是在西拉雅部落區，所以就使用「西拉雅語」為名。

其實，台灣各部落群原本語言、文字皆可溝通。由於古時交通不發達，台灣各村鎮雖往來頻繁，但需要常態性往來的，多數是局限於一部分人員而已，一般人是長期在自己部落內安居樂業。台灣（Paccan）國度是類似邦聯的分工、合作，不是強調團結或霸權統治。各部落相互合作、互補，但自主而不相隸屬，當然都會個自發展一些獨特的色彩，但差異不會太大，語言也是一樣。

台灣（Paccan）的山地部落群，是逃避荷、鄭、清壓霸，分別遷入深山，再遭清廷封山令強制孤立在分散的狹小區域內，日據時期日本當局又受先入為主的觀念而造成

分治。在這段長達近400年的時間內，只要有人不小心發出異樣語音，缺乏導正，口語就會隨時間越來差異越大。由於無法與其他地方交流維持文明所需的物質和原料，文明遂停滯，更繼而消退。另因為生活條件差，部落又無法與外界通婚而基因逐漸純化，族群也逐漸縮小。文書的教育傳承，在簡單的生活方式和狹小的生活圈，逐漸顯得不是那麼必要，也就不被那麼重視，因而隨時間過去就斷層了。連語言也因部落群縮小，加上超過350年的實質隔離，各部落語音的差異越來越大。

　　至於平地部落群，則是因為接受強制漢化，繼續使用原台灣（Paccan）語言的多屬偏僻之局限地方，語音就如被強制孤立的山地部落群，各分散地區也早已各自有不少差異。

　　世界各國的語言學者研究原台灣語言（Paccanian）時，均訪查所謂台灣各族的現有語音，分析語言、語音演進的模式，再和其他國家、地方的語言比較，才都發表相同的研究結果。從語言、語音的演進模式證實，南島語族是在1000年前至3500年前，由台灣向菲律賓、夏威夷、太平洋諸島、復活節島等地擴散出去的（前往澳洲、紐西蘭、馬達加斯加島則是更早得多），台灣是這些所謂南島語族的原鄉。最近的考古發現，更證實台灣人（Paccanians）其實早在1萬2千多年前已進入澳洲。而現今居住這些地方之原台灣人（Paccanians）的語音也都已有或多或少的差異，但經過語

言、語音演進模式的分析，語言學者還是得承認，是同樣來自台灣。所以，「台灣各部落群往來頻繁，語言、文字也可溝通」有確切的歷史證據在，現有的差異是歷史傷痕造成，這是理性清明的人都應該瞭解的。

可惜的是，現在還懂得一點變遷後的Paccanian語音之人，在對台灣史實缺乏正確認識的情況下，都將隨時間產生變異後之語音，認定是其少數聚落的原本特有語言，並以為自己的聚落是獨立的特殊族群，使得台灣人本來應該有的禮讓和團結，變得障礙重重。

　　郭先生問：「350年的實質隔離時日不算短，但也不是很長，如果台灣各地的語言原本都可溝通，應該還是有跡可尋吧？」

　　埔農回答：

講到Paccanian的語音變遷，埔農實在感受悲情和無奈。埔農自己懂得的Paccanian語詞是很少，但埔農走遍還有人使用原台灣語言的平地和山地各處，就發現，埔農懂得的Paccanian語詞在各地都相同或至少語音還很相近。而且，現在阿美聚落群還知道自己是Pangcah人，Pangcah就是由Paccan的口誤演變而來。不過，經過350年的被實質隔離，阿美聚落群現在都把Pangcah用作是「我國」或「我族」的自稱。

其實，有很多唐山人沒有的名詞，不論是山地人口、被稱爲漢化民熟番的所謂福佬語系或所謂客家語系台灣人，這些Paccanian語音仍然是沿用至今。所以，這些Paccanian的語音，不論平地住民或被實質隔離達350年的山地住民，唸法仍然都相同或還是很相近。例如：

Siinn是用鹽醃製以保存食物，是由台灣語（Paccanian）的鹽（Sira；Sia）延伸而來，現在幾乎所有台灣平地和山地人口都還在使用。卑南、阿美地區現在則稱醃豬肉爲Siro。日本稱鹽Sio，古英文的Salt（鹽）是Sealt，應該也是源自台灣語（Paccanian）。

Muasabuag（milk fish），唐山滿官寫爲麻虱目，後簡稱虱目-ah或虱目魚

Gkauberser（lizard fish），唐山滿官寫爲狗母梭，後簡稱狗母或狗母魚

Loug-ah（paper mulberry、紙桑），台灣中部的Pazeh（巴宰）地區稱loug-a爲tarupun，則是由Tapa（把loug-a樹皮碾薄製成的簡易樹皮布）倒裝的稱呼而來，意思是「用來製作Tapa的樹」。另外，太平洋的南島語國Samoa（薩摩亞，住民是較晚期移民的原台灣人），現在仍然稱paper mulberry是loug-a，又寫爲lau'a。

唐山滿官誤寫爲「鹿仔」，還加上個「樹」字。近代唐山人稱構樹。

Pbohoung（basil，學名：Ocimum basilicum），台灣人

做爲藥用（用量大。埔農小時候，家鄉有人久咳不癒，都是用Pbohoung加麻油煎蛋治療）和香料（用量小）。Pbohoung世界各地有不同的品種，所謂中國的所謂九層塔是不同的亞種。台灣由於歷經350年的分區隔離，有些地區出現語音轉變，也有稱作Pboloung或Pbolou的，埔農家鄉現在還是稱Pbohoung。蔣幫中國壓霸集團入侵台灣後，誤認Pbohoung是所謂的九層塔，經過70餘年的洗腦，現在台灣的都市人口大多只曉得九層塔而不知Pbohoung。近20年來有人從中國把所謂的九層塔移植來台灣，中國的所謂九層塔生長快速但帶有腥味。也有人從其他地方引進帶有甜味的品種（sweet basil）。

Pingpoung（chestnut，學名Sterculia nobilis），類似唐山所稱的栗子或板栗（Chinese chestnut，學名Castanea mollissima）。

Suaignn（suāiㅓ；mango），唐山滿官寫爲「樣」，現代的所謂華語稱芒果。「樣」是鄭成功海盜集團入侵台灣後，依台灣人（Paccanian）的語音suaignn所自創的字，原先是寫作「羨子」或「番蒜」。「樣」字出現於正式文書是始於蔣志《台灣府志》，「樣」字連當時刊載各種唐山罕見自創字的《康熙字典》都沒有收錄。Suaignn有各樣品種盛產於台灣（南洋和印度也有），清國派到台灣之第一任知府蔣毓英剛到任，見到的所謂台灣土Suaignn就有三種。除了東南亞，其他世界各地（包括唐山、日本或荷蘭）並沒

有Suaignn這種水果，習慣譫言妄語的清國唐山滿官，竟然說什麼「檨乃紅彝（荷蘭人）從其國移來之種（《台灣府志》）」，又說「其種自佛國傳來（《赤嵌集》）」，更有人說是從日本移種而來，眞是狂亂無恥。現代所謂的中國人稱Suaignn爲芒果，是由英語mango直接音譯而來。英語的mango是由葡萄牙語manga轉化而來。葡萄牙語的manga則是來自印度西南部的Dravidian 語音。Suaignn在台灣人被迫使用「習慣加尾音a（仔）」的唐山語法後，就稱爲suaignn-ah（suãi⊦a`；檨仔）。

Liab-pbualah（guava），唐山滿官早期稱番石榴，蔣幫壓霸集團入侵後跟著台灣人保留的Paccan語音寫爲芭樂。其實，liab-pbualah（guava）和石榴沒有任何關係，唐山人會稱之爲番石榴，只因台灣原生種liab-pbualah（guava）有些品種的外型和石榴有點像而已。令人生氣又好笑的是，liab-pbualah有人唸走音稱dgiaub-pbualah，就有台灣聞達人士跳出來胡言亂語的說「因爲鳥喜歡啄食成熟的芭樂所以稱鳥芭樂」，就如說什麼「loug-a的樹葉是用作養鹿的飼料，或鹿喜歡吃，所以在台灣叫作鹿仔樹」一個樣，眞是無知又狂妄。成熟的liab-pbualah任何蟲鳥都喜歡吃，各種昆蟲甚至在未成熟前就已搶先叮咬。

Poluomi（Jack Fruit），唐山滿官寫爲「波羅蜜」。習慣譫言妄語的清國唐山滿官，竟然又說什麼「亦荷蘭國移來者」。其實現在所謂中國的廣東、廣西都有，廣東地

區稱「大樹菠蘿」、在廣西稱「木波羅」都是由台灣語（Paccanian）的Poluomi轉化而來。另外，同屬不同種的Chipoluo（bread fruit；麵包樹，葉片較大，果實較小），因被實質隔離達350年，有些地方口音轉變爲Chipopo（例如達悟聚落）或Apoluo（例如阿美聚落）。

Pbinlone（betel palm，學名Areca catechu），馬來語pbinang、菲律賓語pbungang都是由台灣語（Paccanian）的Pbinlone轉變而來，所謂的華人寫爲檳榔。Pbinlone在台灣原是藥用，其果心亦有拿來入菜。剖開檳榔果，取出果心烹煮，是一佳餚。

Konlone（date palm；椰棗），唐山滿官依台灣語（Paccanian）語音寫作「榔榔」，konlone以前台灣到處有很多。Konlone樹葉的末端有很硬的尖刺，不小心很易傷人，鄭、清入侵台灣時，他們原不識Konlone，不注意時無法和椰子或檳榔分辨，常常在行動時受到傷害，有人甚至眼睛被刺瞎，唐山官員非常痛恨Konlone，因而見到Konlone就命令加以砍除。所以，在今日台灣，只有在偏僻的丘陵地，才看得到少數Konlone。識得椰棗的台灣人，就還知道它叫做Konlone。現在台南北門區的南鯤鯓廟旁，建有一榔榔山莊，是由前地方耆儒命名的。不過，今天極少有人知道這榔榔二字的意思爲何了。

以上生物，若不是原生種本來是在台灣，就是台灣也有原生種。不少台灣聞達學者因漢化過深，羨慕中國式虛妄又

壓霸的思維，在提到原產地時，尤其是稻米和甘藷，都故意忽略自己的台灣，說他們可悲，卻更是可惡！

另外，有幾個埔農還記得的台灣語（Paccanian），因為「埔農家鄉是最早被迫漢化的地方之一，現今的平地台灣人卻都已很少有人知曉」，所以就連帶舉出來讓大家看：

Bangka（ship，遠洋航行用雙船體大船），唐山滿官寫作「艋舺」。台灣聞達人士和學者因漢化過深，以中國式的虛妄心態，竟然硬說「艋舺」是小獨木舟。唐山滿官都記載「『艋舺』是樓艦」，反而現今的台灣假漢人、假華人卻執意貶低「艋舺」，硬要把「艋舺」說成是小獨木舟。獨木舟型小船在台灣語（Paccanian）是稱avang。

Hui是公厝、集會所，台灣人（Paccanians）每一社區的族群聚落都有一座，很多地方現在都還保有。被迫漢化後，不論福佬語系或客家語系台灣人現在大多已稱祖厝；不過也有不少祖厝被當地認盜作祖的假漢人士紳改掛上所謂漢人的堂號；山地人口地區現在則被稱為公廨。Hui也意指是到公厝集會，後來就又衍生為可稱是任何集會。夏威夷人和紐西蘭毛利人到現在還是稱集會為「Hui」，越南文則寫為hôi。

Taro（食用作物芋；芋頭）原本就是台灣語（Paccanian），台灣南部某些地區語音轉變成karo或karau。菲律賓、紐西蘭（Maori語）、馬來西亞、爪哇、高棉、緬甸、寮、苗以及所有歐洲和非洲也都稱taro。印尼稱talas；夏威夷稱kalo；薩摩亞（Samoa，南太平洋島國）稱talo；俄

語稱tapo，都可看出是由台灣語（Paccanian）轉變而來。

Tubo'（sugar cane；甘蔗），有些地方口音轉變爲tubong或tubu'，菲律賓也稱tubo。印尼、馬來西亞和爪哇都稱tebu；紐西蘭（Maori）稱tehuk'、te huka或te huka huka，都是由台灣語（Paccanian）Tubo'轉變而來。

　　康先生說：「看您這篇文章，真的覺得難過與無奈，目前我的創作時空設定在千年前的淡水，其住民應是凱達格蘭部落，語言是否與西拉雅部落類似？故事當中會有傳播台灣古文明到國外的情節，會選擇淡水主要也是場景有山有河，部落可對照現在的環境。還有，是否有所謂的平埔族文字，我很想透過資料架構出一烏托邦的古文明部落，男的英俊又挺拔高大，女的美麗有自信。」

　　埔農：

　　若是千年前的時空，則凱達格蘭與西拉雅的語言是98%相同的。事實上，台灣（Paccan）這國度原是以村鎮社區爲主體，並無族群之分，凱達格蘭與西拉雅原都只是地區名稱。荷蘭時期僅記錄了台灣人的社名，並依地區劃分成幾個區塊以資分辨。18世紀，清國黃叔璥在《臺海使槎錄》的〈番俗六考〉中，才依照地理分布而將平地台灣住民分爲18社等13個部落群。日據時期的日本學者，則依照地理分布加

上特有口音和語調，將台灣平地住民以及山地住民再加以區分。也因而，所謂的台灣族群名稱和數量就不斷改來改去。山地住民有被分成9、10、11、12、13、14、15或16族的分法；平地住民有被分成7族14支、也有被分為8、9、10、11或12族，這些都原是莫須有的。

　　「男的英俊又挺拔高大，女的美麗有自信」真的完全是事實。荷蘭人初到台灣（Paccan）時記載：台灣人一生只結一次婚，男人只和一個女子結婚。台灣人重視人倫，更瞭解遺傳生物學，絕不與近親結婚，即使血緣關係已遠離四個世代也不行（《*The Formosan Encounter*》Vol.I, p.127），所以台灣人都有強健的體質；加上食物來源種類繁多且充足，營養均衡；Paccan人不論從事任何業別又都兼顧農漁牧，有適當的運動，一般Paccan人比當時的歐洲人平均高過一個頸部加頭部的高度，且更聰明伶俐。（《*The Formosan Encounter*》Vol.I, p.18、113、114）

　　敘述到「傳播台灣古文明至國外」，請別忘了介紹Ban-gka（艋舺）。Ban-gka是雙船體大型遠洋船艦，北部造船廠是在以台灣語（Paccanian）名稱Ban-gka轉為地名的台北市艋舺，唐山人稱Ban-gka（艋舺）為樓艦，搭載有一整營的人員（《噶瑪蘭廳志》，卷八，蘭陽雜詠八首，泖鼻（入蘭洋略））；1808年，英國商人William Lockerby在斐濟（Fiji）還曾見到Ban-gka這種雙船體大型船艦，他目睹有200人在甲板上活動。哈佛大學及夏威夷大學考古人類學教

授Douglas L. Oliver指出，這種雙船體大型遠洋船艦，最大的搭載有500至600人。唐山人會稱Ban-gka（艋舺）為樓艦，是因為連結並支撐雙船體的立體支架上，中間位置建有如橋樓般的樓閣，可惜現在已找不到這種大型雙船體遠洋船艦的照片。

另外，夏威夷原住民Nainoa Thompson和他的團隊12人已於2014年5月18日至2017年6月17日以身體力行證明，即使是駕駛mini-Bangka（極小型艋舺），他們也可以完全依賴祖先2,000年前，甚至15,000年前的遠洋航行智慧，自由環繞地球航行。他們捨棄所有的所謂現代科技文明，連手錶也不帶，完全僅靠祖先的傳統航海智能，藉由看天象、觀察星座位置、海流、風向、海鳥以及氣味等自然跡象，來為航行定向和導航。還要靠感覺到海浪湧動的微妙變化，來辨認已接近但還看不到其他跡象的海島或陸地。2014年5月18日，Nainoa Thompson和他的團隊12人駕駛超小型的Ban-gka（艋舺）Hōkūle'a號，駛離夏威夷歐胡島，先繞行西南太平洋、紐西蘭、澳大利亞，途經印度洋，繞過南非好望角，橫渡南大西洋，沿美洲東岸北上紐約，並造訪加拿大的東南海岸，再往南返航，穿過巴拿馬運河，繞行東南太平洋，2017年6月17日再回到夏威夷歐胡島。一路航行了7萬4000公里，拜訪過19個國家。

這顛覆現行歷史學和考古學認知的事件，引起世界各國媒體的注目，並大加詳細報導。在南島語族發源地的台灣，

媒體卻如附帶報導外國的瑣事新聞一般，簡略一晃就過去了，使得多數台灣人沒有機會深思，並進一步瞭解自己祖先的眞實智慧。尤其歷史學者和考古學家，他們明知太平洋諸群島的住民（包括夏威夷）都完全是台灣人（Paccanians）的子孫，卻能視若無睹，實在難以想像他們是何種心態、是何居心。看來是沉迷於假漢人、假華人的毒癮中，不能或不願自拔了。

原台灣（Paccan）當然有文字，而且是世界最早、最進步的文字，只是被鄭、清壓霸集團消滅了。台灣（Paccan）人若沒有文字，何以能發展出現在逐一被證實的遠古文明？我知道，由於現在多數台灣人所讀過的歷史書，都是中國壓霸集團以妒恨、虛妄心態所寫的，台灣的原有文明和文化事跡又已幾乎被中國壓霸集團完全摧毀，埔農這樣講，現在90%的台灣人一定不相信，但請看這些證據：

釋華佑《臺灣遊記》記載「諸山名勝，皆『蝌蚪碑文』」。

東北角草嶺古道古文石碑，虎字兩旁剩餘的台灣石版刻文。

日月潭台灣古文石版拓文。

基隆港（Quey Lang；雞籠灣）的Tuman小島（現在所謂的和平島）之古文石碑（今被收藏於日本京都帝室博物館）。

復活節島（Rapa Nui）的文字木刻板。

　　宜蘭龜山島外海和與那國島（Yonaguni）間海底巨石建築上的台灣文字，這是1萬3千年以前留下的，是世界上已知之最早文字，而且已經是很進步的文字。

　　以上除了所謂虎字碑虎字兩旁剩餘的石版文和Tuman古文石碑不確定外，都是由左向右的橫式書寫。復活節島住民已被證實完全是原台灣人（Paccanians）移居過去的；與那國島則是原台灣（Paccan）的一部分。台灣和與那國島之間原本是一大片相連的陸地，是於12,967年前彗星撞擊地球引起大規模火山爆發和地震而沉入海底，也正是地球開啓新仙女木小冰河期（Younger Dryas）的年代。事實上，與那國島60歲以上的住民都還會說他們原本的語言（原台灣語言；Paccanian），十幾年前與那國島居民還曾組團訪問花蓮，語言上，和花蓮及宜蘭山地的年長者還可溝通自如。

　　另外，所謂中國的上古石碑「禹王碑」的碑文，正是所謂的蝌蚪文，而且也是由左向右的橫式書寫。

　　康先生：「有解讀出這些Paccan文的意思嗎？」

　　埔農：

　　爲了追查原台灣史實，埔農已用盡所有可能的時間和體力，沒有餘力也沒有古文的基礎知識，所以並不瞭解這些原台灣文字的意思，實在抱歉。

　　康先生：「你已經很博學了。」

埔農：

不是埔農博學。事實上，埔農本非文史工作者，台灣文史學者手中的資料一定比埔農多，只是多數台灣聞達人士（尤其文史學者）在「斯德哥爾摩症候群」的心理障礙下，對這些史實證據裝作「視而不見」，甚或刻意加以扭曲。其他學者也是沉迷於假漢人、假華人的虛妄思維，不肯清醒、不肯用心罷了。這種台灣聞達人士的悲哀，卻使得多數台灣大眾被迫跟著忘了自己是誰！這是台灣現有困境和危機的源頭。

康先生：「當我聽到您的舉證說明，真的很開心，因為我知道自己不是漢人。以前被長時間洗腦，總以為中國人比較高貴，是因看了很多正確史料才逐漸明白台灣史實，後來我將過程分享給我父母，他們真的很開心。」

埔農：

埔農更開心，「希望多數台灣人都能瞭解台灣史實的真相、認識自己的祖先以及祖先的文明和文化」是埔農離世前唯一的心願，但願不要成為未了的心願而抱憾回歸塵土！

Chua問：「現在台灣人都使用中國的姓氏，請問台灣人有沒有姓氏。」

埔農說：

原台灣人（Paccanians）是有姓氏的。不過，原台灣人的姓氏觀念是代表家庭和家族的繼承，這點和所謂的中國以及所謂現代西方國家的以男人為主不同。原台灣人的社會當然男女有別，但男女地位是真正的平等。男女只言結婚，沒有所謂嫁娶的辭彙。每一家庭一般都只生育2名子女，男女結婚後多數是以長男或長女繼承家庭，但非一定，是以每一家庭都有繼承和延續為原則。由於被強制漢化已三百多年，除了極少數的平地偏遠區域人口因被強制漢化較晚，可能還記得原姓氏外，應該已經沒有人知道了。山地各族在嚴酷封山令之下，就像分批被困在孤島監獄，無法與其他地方維持交流，文明、習俗不自主的各自變遷或退化，但百年前都還保留原台灣人對婚姻、家庭和家族的基本精神，即是「姓氏是代表家庭和家族的繼承，家庭和家族的繼承沒有男女的差別認定」。離婚極為罕見，有的話都是發生於社會邊緣人。原因不外嚴重違反善良風俗或發生婚外情。婚外情被視為等同殺人的重罪，指控者必須有確鑿證據，否則會受鞭刑。不論是夫妻協議離婚或由單方提出，都要議會認可才成立。正式離婚時，被指責的一方必須離去，留下的是無辜的一方，不論他或她是否為親生子女。

鄭先生說：「所幸泰雅爾還滿清楚地保留了父子連名制，朋友談到『見過台灣人有父子連名制』。」

埔農說：

其實父子連名並非是原台灣人代表家庭和家族的姓氏！
這是出於兩種情形，1.若非至親好友，例如會稱「張枝和」
的父親爲「張先生」，張是代表家庭和家族的姓，「張先
生」不是「張枝和」父親的本名；2.有些人命名會用父母或
祖父母之名起頭，例如父親名爲「張枝」，兒子就名爲「張
枝和」。有些人見到一些父子連名的情形，就以爲是「父子
連名制」，就如清國漢人滿官入台，見到台灣人結婚後繼承
男方家庭，就認爲台灣人社會是嫁娶制的父系社會；又見到
台灣人結婚後是繼承女方家庭，就再認爲台灣人社會是入贅
制的母系社會，都是以偏概全的自以爲是。這在《臺海使槎
錄》裡屢見不鮮。

　　Chua：「書上說：台灣人只生2〜3人，我阿公，阿
嬤家族都生5人以上，接近10人。以當時的衛生條件，
生多比較合理。生2〜3人，太危險，可能會沒有後代
了。」

埔農回答：

「台灣人懂得使用安全性避孕草藥，只生2胎，僅偶而
會有意外的第3胎」是指清國蹂躪台灣以前的Paccan時代，
當時衛生條件與營養都很好，少有意外。這些在在荷蘭文獻

裡也有記載，其內容雖然是有穿插唐山人的惡意詆毀，但整體而言，仍可看出實情。

　　Chua：「您是說清國侵台以前都沒有寄生蟲病，傳染病？不太可能。」

　　埔農回答：

　　荷蘭人侵台灣達40年，不論平地或是唐山人（所謂的漢人或華人）因心虛畏懼而不敢進入的山區，荷蘭人全台灣（Paccan）到處走透透，並未發現台灣（Paccan）有任何傳染病或瘴癘惡地，也沒有荷蘭人曾在台灣染患地方性惡疾的記錄。以上不僅姜林獅先生那代代相傳的史實如此講述，荷蘭人入侵台灣的前10年也是如此記載。台灣的傳染病都是繼荷蘭人入侵之後，由外人帶進來的。不瞭解原台灣（Paccan）的史實文明和文化，是很難相信，但絕對是事實。台灣被汙衊為瘴癘蠻荒之島的過程，《台灣古今真相》有詳細舉證。

　　Mr. Yeh：「很多台灣人還是不願意相信他是原住民耶！」

　　埔農：

　　這是悲慘的現實。台灣人所被灌輸的史觀知識，全是

來自充斥「蔣幫中國壓霸集團為洗腦台灣人而偽造的所謂標準教科書」以及「早期少數因漢化深而轉性，寧願認盜作祖當走狗、勾結霸權、乞求其殘羹的所謂台灣士紳虛構之小說」。更糟糕的是，現在台灣聞達人士（尤其台灣歷史學者）多數深陷「台灣受虐症候群（重症斯德哥爾摩症候群）」，習於以所謂的中國為中心，寧願選擇羨慕虛妄的中國式壓霸思維，對眼前的史實證據視若無睹，還鄙夷原台灣（Paccan）的智慧文明和文化，持續認盜作祖，偽裝假漢人、假華人而自以為高級。大眾的錯誤認知，不論是來自學校教育或社會教化，絕大部分都是受到台灣聞達人士（尤其台灣文史學者）所影響。由於台灣聞達人士在學校教育和社會教化都掌握了十足影響力，所謂風吹草偃，連累多數原台灣人也還在跟著誤以為自己是唐山人移民的後裔、誤以為自己是華人，有人甚至故意裝作是中國人。這景況，在外國人看來，事實上就是我們台灣人自己要把國家送給中國。

多數台灣聞達人士（尤其台灣文史學者）已假漢人、假華人當上癮了，才會對眾多史實證據視若無睹，不肯承認自己是台灣原住民。台灣普羅大眾的迷糊、迷失，並非自願，是被誤導、是被拖累，台灣聞達人士（尤其台灣文史學者）看是可悲，卻更是可惡。

2018年1月下旬，台灣被身陷中國式虛妄思維的聞達人士掀起一陣討論「台灣價值」的旋風。

一些朋友問：「到底應該說『台灣價值』是什麼？」

埔農回答：

現在的台灣價值是什麼，埔農實在不很清楚。但埔農肯定，歷史上台灣（Paccan，Paccanians）的價值是「建立靈性智慧的文明，試圖向當時的世界各地傳播（埔農已舉證無數），並在世界各地留下混血的所謂現代人類（《Modelling the recent common ancestry of all living humans》美國麻省理工學院Douglas L. T. Rohde教授）；將來的台灣價值，希望是「全體台灣人能從被洗腦的中國式虛妄思維中清醒，恢復台灣人（Paccanians）的靈性智慧，重新建設尊嚴、自立的台灣（Paccan）國家」

第四節　台灣人的靈性智慧對照唐山邪教的虛偽和愚弄

Mr. Chua：「台灣陪墓與中國掃墓有何不同？」

埔農：

不論是被以福佬或客家習俗漢化的台灣人，60年前都還是只有在大寒時節「坙風水」（整修先人墳墓，埔農家鄉至

今還是保持這項傳統），陪墓主要是在過年時。家裡有新添人口（新婚或新生子女）或有新墳的前三年，過年時是必定要去陪墓，不是祭拜，是敬告祖先之意。其他時日，只要是懷念祖先，隨時都可以去陪墓。陪墓時帶去飯菜和飲品，宛如先人在世一般，歡度相聚，餓了有得吃、渴了有得喝。清明節原本是台灣族人敬天的時節（《失落的智慧樂土》，p.89、p.129），以前台灣那裡見過清明節掃墓了？若有現在年齡60歲以上的人，請仔細想想您小時候，可曾見過有親戚在清明節掃墓嗎？這是因為清國據台時期，台灣不再有唐山人墳墓（現有的所謂鄭、清時期唐山人墳墓，不是屍骨已被挖走的空墓，就是蔣幫中國壓霸集團侵台後再胡亂指稱的），清國派台的唐山人官員自然無強制推銷清明節掃墓之舉，所以除了少數為名利而勾結唐山人滿官的假漢人，當時那來的清明節掃墓？埔農年幼時，是曾見過有極少數被訓化成「信仰玄天上帝」的台灣民眾，會在所謂的「玄天上帝」生日（陰曆3月3日）陪墓，但從未見過有「清明掃墓」的。現在卻已到處可見台灣人於清明節在跟著所謂的中國人掃墓！而且，除了較慢受污染的鄉下，台灣人會在過年時陪墓的也漸漸少了，再過幾年，可能真的就看不到了！

現在還保留過年『陪墓』傳統的，客家語系的台灣人似乎比較多，但不論客家語系或福佬語系的台灣人，還維持「重陽祭祖」傳統的都一樣少了（重陽是族親聚集公厝（又稱祖厝）拜祭祖先的日子）。重陽節「祭祖」台灣人稱

Limgout（《失落的智慧樂土》，P.130-131），因為多數台灣人於清國據台時被迫漢化後，已跟著在上一至二代先人的忌日「做忌」，有些台灣人的重陽祭祖已變成是祭遠祖。蔣幫中國壓霸集團侵台後，再鋪天蓋地的全面放送重陽是敬老節，不少台灣人遂因而逐漸且快速地忘了重陽是要祭祖的。

台灣人敬老是隨時隨地，不會特別選一天來敬老！雖然歷經蔣幫中國壓霸集團侵台後的二次洗腦，使得殘存的一點台灣傳統習俗眼見也即將被消滅殆盡，但現在大家只要於過年時和重陽節到鄉下地區走一趟，肯定還可以見到一些台灣人於過年時「陪墓」、在重陽節「祭祖」。屆時大家可仔細請教在場的長輩，就會知道，「『過年陪墓』、『重陽祭祖』」是祖先留下的傳統。但是，想要清楚瞭解就不能拖太久，再過幾年，可能就真的再也看不到了！

謝教授說：「2017年9月27日在自由時報和9月30日民報看到一篇陳先生發表的文章說：『媽祖其實是大清帝國有意扶植的信仰，目的是透過福建的媽祖信仰，一步一步的讓台灣福建化，真正的台灣人或所謂的南島語族根本不覺得媽祖信仰跟海洋文化有什麼關係。台灣早期原本的海神信仰是海翁，也就是鯨魚神，台語稱之為hai-ang（海翁），越南也有海翁的信仰。蔣幫壓霸集團入侵台灣後，為了進一步洗腦台灣人連結上所謂的中國，更特意扶植媽祖信仰，早期的台灣清明人士嗤之以

鼻，才會有「三月痟（瘋）媽祖」這句俗諺的產生。這次福建湄洲的媽祖來台灣遶境，說穿了就是中國為了統戰，以及在台中國人和台灣假中國人特意配合中國的統戰。』陳先生寫得很好，但這句『台灣原本的海神信仰是海翁，也就是鯨魚神，臺語稱之為hai-ang。』我覺得怪怪的，台灣人不是原本只祭祖和敬天地嗎？」

埔農說：

是的，台灣人本來只祭祖和敬天地。台灣人是讚嘆鯨魚的巨大、美麗、溫和又優雅，並沒有視之為鯨魚神。清國據台，強制引進唐山迷信，台灣人心靈受到污染，後來才會出現「鯨魚神」的想法和說法。而且，「海翁（hái-ang）」是被強制漢化後的轉化語，台灣語原本稱鯨魚為mucho。

清國侵台執行強制漢化，在勢力所及的地方（土牛紅線或隘勇線內）到處設置社學，強制冠漢姓、取漢名。「生番」被教訓成為「熟番」後，社學再轉為廟學（建唐山廟），同時以其各式唐山宗教、習俗繼續訓化「熟番」成為「漢化民」。「熟番」被教訓成為「漢化民」後，才另立「漢學堂」。「廟」與「學堂」分立後，原「廟學」的「廟」就成了專事宗教信仰的演練。由社學轉廟學時，唐山人教員、教官都是以其家鄉信仰強行改造台灣人。所以，台灣才會到處有供奉玄天上帝、觀音、土地公、城隍爺、媽祖等怪力亂神的廟宇（詳見《台灣古今真相》，P.357-358），

後來這種迷信的深化更演變出什麼仙姑、王爺、將軍等等亂七八糟的迷信，加上奴化之媒體和戲劇的推波助瀾、迷惑台灣普羅大眾，形成另一種令人頭痛之「台灣人的悲哀」。

　　基本上，在台灣被操弄而盛行的這些唐山迷信都有「邪教」的本質。西方精神學者對邪教有較嚴謹的狹義定義。但就廣義而言，邪教是利用人們對無知境界之恐懼和乞求的情緒，以神力傳說恐嚇，再宣稱可回應無所不包的乞求，給予不切實際的盼望，用以圈套群眾成為信徒，更成為地方惡勢力以及政客愚弄信眾的工具。這在所謂中國的歷史上屢見不鮮。但自20世紀起，所謂的中國就嚴禁這些迷信；入侵台灣的蔣幫壓霸集團自己也不信這一套。70年來蔣幫壓霸集團為了深入奴化台灣人；如今所謂的中國為了統戰，卻特意在福建局部地區和台灣之間，把這些迷信加以連結炒作，這是精神版的種族清洗運動，而且已經是自清國侵台以來的第二次加強版。

　　有朋友說，現行所見的各種宗教，也是都擺脫不了神鬼迷信。是的，現行宗教大都是利用人們對無知境界的恐懼與盼望之情緒，以神化傳說令人心生敬畏，再給予無限時空的期待以吸引信眾。但是，一般宗教至少還有精神層面的正向修養和教誨，也鼓勵和平、互助和合作，更不會有局限特定族類認同的操作。在台灣被洗腦的唐山信仰，則只有迷信和愚弄，而且是「局限特定族類連結的炒作」以及「弱智化的洗腦導向」，並受心懷不軌之人的操弄，得利者永遠只是

宮廟主持人、神棍、勾結的政客以及壓霸侵略者；對信徒而言，全然是負面的洗腦，沒有任何正面的影響，這就是廣義邪教的本質。這種邪教的本質，更是被中國壓霸集團刻意用來呆奴化台灣人！

第五節　看清楚所謂中國人的厚黑學

　　Miss Chung問：「所謂的中華兩岸和平發展聯合會、中國人民抗日戰爭紀念館、臺灣抗日志士親屬協進會共同主辦，工商時報、旺報、新同盟會協辦，將於2017年9月3日在中國時報大樓2樓大廳開臺灣抗日遺址遺蹟攝影展，大言不慚的說『日本帝國主義強佔臺灣並實行殘酷的殖民統治，成為中國近代史上慘痛的一幕，在日本侵占臺灣50年期間，先後有數十萬人為國捐軀，遺址遺蹟帶給後代子孫紀念臺灣人民英勇抗日的愛國精神和為中華民族所建立的不朽功勳』。這是呆奴化的洗腦，怎麼辦？」

埔農回答：

當然要廣為傳播史實真相，才能抗拒洗腦並反洗腦！

事實是：

1895年日本帝國並非強佔台灣，是接受清國的手中贓

物，日本是犯了「收受贓物罪」。真正侵略台灣、強佔台灣
的是1661年之鄭成功集團、1683年之清國以及1945年之蔣幫
中國壓霸集團。

1895年5月23日，得知清廷放棄台灣，將由日本來接收
台灣這清廷贓物時，清國的唐山人滿官唐景崧為爭取時間搜
括財物回唐山，慫恿丘逢甲、林維源等台灣假漢人一起宣稱
成立台灣民主國（帝國霸權之鷹犬口出「民主」二字，真是
諷刺，不愧是漢華厚黑學的傳承），號召台灣人抗拒日本的
來台接收，以利他們在日本接收前先搶奪並運走貴重財物。
一些台灣人則想到，何不趁此兩霸權交接的時機自主建國。
於是順勢取得部分清國軍備和武器，抗拒日本的接收台灣。
果然，數日內唐景崧、丘逢甲、林維源等人即把數十萬兩的
公款、餉銀和其他貴重財物捲逃中國，真正的台灣民主國運
動者頓失後勤支援。台灣人本就欠缺軍事訓練，又缺乏糧
食、武器、彈藥等後勤支援，但台灣人仍盡力奮鬥有半年之
久，最後才被訓練有素、武器精良的日軍擊潰。是直到1895
年11月18日，日本才宣佈「全台悉予平定」。

日本殖民台灣是不應該，但日本並未鄙視台灣這土地。
日本施行殖民教育，是欲意同化台灣，這是一般殖民者的共
同惡行。但就如其他一般殖民者，日本並沒有狂妄到強迫台
灣人必須「忘了自己是誰」。

1661年鄭成功集團入侵台灣燒殺擄掠；清國1683年入侵
台灣後則徹底摧毀原台灣（Paccan）的文化和文明；1945年

蔣幫中國壓霸集團侵略台灣，無惡不做，更加澈底榨取台灣資源（例如：40年內就把台灣蘊藏量豐富的金礦和煤礦挖得乾乾淨淨）。單是1947年228事件的三月大屠殺，依當時蔣幫中國壓霸集團自己所謂的民政廳記載，他們按照名單就捕殺了一萬七千多名台灣人。蔣幫的所謂行政院於1960年又下令註銷了十二萬多「有籍無人」的戶籍。這是蔣幫中國壓霸集團自己白紙黑字寫的記錄，當時台灣民眾到底真正被蔣幫中國壓霸集團屠殺了多少人？現在還有臉說「台灣人為抗日被屠殺了數十萬人」？而且，這「被日本屠殺數十萬人」的數據是從那裡來的？

　　有楊先生（不知是中國人還是假中國人）抗議說：
「那十二萬多『有籍無人』的人口，應該是正常死亡但未申報除籍的人口。」

　　埔農回答：
　　無論是清國、日本或是蔣幫中國壓霸集團之掌控台灣，都是以嚴密清查台灣人口為手段（清國所掌控的地區是在土牛紅線（或稱隘勇線）內）。蔣幫中國壓霸集團清查台灣人口除了以「戶警合一」制，管區警員須每1至3個月挨家挨戶查戶口，戶內人口遷入、遷出、死亡及受死亡宣告者都是管區警員的責任，索閱戶口名簿查對家戶訪查簿戶籍資料後，再於黏貼在戶口名簿之「家戶訪問簽章表」簽名蓋章以負

責；更定期以軍警全面封鎖台灣各地。只要是年齡在65歲以上的台灣人，如果記憶還清楚，就應該記得，蔣幫中國壓霸集團清查台灣人口時，都是晚上宵禁，全台同步逐戶清查，住戶不准鎖門，空屋若上鎖即破門而入。在這種嚴厲清查的手段下，會有一般過世而未除籍的人口？真是睜眼說瞎話！

這「按照名單捕殺一萬七千多名台灣人」以外的十二萬多名「有籍無人」，是當年見到即射殺、被集體掩埋或焚屍的所謂失蹤人口。若還有人想強辯，可繼續來提出。

Yang說：「以前每十年一次的戶口普查，後來在1990年左右過後，好像就沒再實施了。」

埔農回答：

1960年以前全面清查台灣人口非常密集，1965年以後才把間隔時間拉長，稱是10年一次的戶口普查。1980年代，蔣幫中國壓霸集團已完成對多數台灣人的奴化洗腦，中國人掌控台灣的霸權地位穩固，全面封鎖台灣各地進行嚴密清查台灣戶籍和人口的行動，也就顯得沒有必要了。於是，蔣經國才在台灣內外的交相指責下宣佈，自1987年7月15日零時起，台灣地區（台灣本島、澎湖和其它附屬島嶼）解除長達38年的戒嚴令，全面封鎖台灣各地進行嚴密清查台灣人口的行動才隨之停辦。

潘先生說：「蔣幫中國壓霸集團是以自卑心理反彈
的虛妄和壓霸心態在台灣肆虐。」

埔農說：

是的！蔣幫中國壓霸集團爲洗腦台灣人、奴化台灣人，
利用極少數認盜作祖的所謂台灣士紳虛構之小說，僞造台灣
歷史文書，深入對台灣人的奴化洗腦，更是壓霸、陰狠！

1895年清國對日戰敗後，有所謂的中國人爲了掩飾其
「拿台灣獻貢以向日本求饒」的恥辱，竟然說出「台灣乃蠻
荒瘴癘之區、蠻荒之島，鳥不語、花不香、山不清、水不
秀，島上化外之民，男無情、女無義」的無恥污衊謊言，藉
以僞裝爲「無所謂」、「本就非中國領土，棄之不足惜」的
樣子。早期的所謂中國人都知道「這是捏造出來的謠言」，
連所謂的華人文史學者王鼎鈞，都於〈用筆桿急叩台灣之
門〉一文中提到「這是捏造出來的」；康哲行也在〈西城舊
事〉中記載：「1948年的北京曾經有過『台灣花不香、鳥不
語』的流言流語。」蔣幫中國壓霸集團在入侵台灣後，明知
這是某個北京民間狂徒用以遮羞的污衊謊言，卻硬僞造是李
鴻章呈給清國朝廷奏則裡對台灣所做的評語，並持續引用到
包括論文、政治人物言論、學校教學教材、小說、戲劇和電
影裡面，令台灣聞達人士自卑喪志，加速被呆奴化。

蔣幫中國壓霸集團明知台灣人是不同民族，自古與所謂
的中國無涉，爲了侵略台灣、順利榨取台灣資源，把侵略台

灣硬說是台灣光復；蔣介石被撤職查辦，卻說是下野；蔣介石走投無路逃亡到台灣，自己先承認中華民國已滅亡，後卻又自稱是中華民國總統復職；為了能順利壓霸地蹂躪台灣、奴使台灣人，自稱高級中國人，卻以奸滑「虎姑婆」的詐術，再對台灣人笑稱是同胞。到如今，因民主化的時勢所趨，所謂高級（？）中國人在台灣不再有往日橫行無阻的稱心如意，基於對台灣妒恨的心理，卻能對昨日不共戴天的仇敵改稱「共軍、國軍都是中國軍」。

中國壓霸集團常罵台灣人說「日據時期被皇民化」，事實上，清國及蔣幫中國壓霸集團之肆虐台灣，才是真正的把台灣人「王奴化」（蔣幫在台灣以高級中國人的姿態稱王！）到底是那一方的侵略者最壓霸、最無恥、最狠毒？到底是那一國較可惡？

　　Mr. Song：「我看到一條新聞，有點看不懂，想要向您請教一下。有人表示，《原住民身份法》通過後，具有平埔族血統之國人，只要直系血親尊親屬在日治時期有「熟蕃」或「平埔」註記，無論相隔幾代，也不分父系還是母系，更無須改回本姓或改回傳統名字，就可以直接申請取得「平埔原住民」身分。」上面這段話，是不是間接指出，日治時期戶口名簿上註記「廣」、「福」的後代，其祖先即真的是從唐山來台的？這樣不是一種誤導嗎？其實，我看了這條新聞，再比對最近看

的書，實在有點錯亂。」

埔農回答：

歷經蔣幫中國壓霸集團72年的洗腦，台灣聞達人士（尤其文史學者）迷失於假漢人、假華人的虛妄假高級中，心理的迷亂已到了對「史實證據」視若無睹之地步。Song兄所舉這段台灣聞達人士的精神迷亂，只是台灣聞達人士沉迷於「假漢人、假華人」毒癮所產生的眾多讕妄言行之一而已。

1895年日本從滿清接收台灣戶籍文書，滿清官府戶籍文書有完整記錄的是「隘勇線」內的台灣「漢化民」，都註明是熟番。「隘勇線」外平地住民為生番，僅簡略記述。日本據台初期也就跟著如此記述。山地住民則幾乎沒有任何資料。也因為僅「隘勇線」內「漢化民熟番」有完整戶籍記錄，所以初期日本人是以「本島人」稱「漢化民熟番」，日本人再自己清查「隘勇線」外平地住民以及山地住民。

自稱為或被日本據台當局認為是唐山人（或漢人）後裔的（都是如連橫、連震東父子及黃朝琴等，因漢化深而變性，藉勾結漢人滿官欺壓同胞而得利的所謂士紳、阿舍），則和當時日本人引進的唐山契約移工一起被稱為清國人，1899年時所有登記為清國人的總數（包括唐山契約移工）才幾百人，歸入外國人之列。1905年時，戶政機關為了管理上的需要，就以所使用語言別做「廣、福、熟、生」註記，以利需要言語溝通的執行機關（軍、警及地理、民情、人文、

風俗等調查系統）辨別溝通。日本人誤以為福建語言只有所謂的福佬話，說所謂的福佬話之人就註記為「福」；日本人誤以為所謂的客家話是廣東話，說所謂的客家話之人就註記為「廣」；同時精通所謂的福佬話和所謂的客家話兩種語言之人就註記為「福廣」。並開始依個人「主要常用語言」和「懂第二種語言」分別做人口統計。資料內「常用語言漢人系」指的是「說、用漢語文之人」；「常用語言福建系」指的是「說福建話之人」；「常用語言廣東系」指的是「說廣東話之人」；主要使用一種語言而熟悉另一語言之人，則另以「副用語使用者」統計。清國人於1915年後被稱為支那人。

　　所有台灣人，在日本侵台時接收的清國戶籍登記上都註明「漢化民熟番」與「生番」。日據時期戶籍名冊上的註記，1895年至1905年都還是「熟蕃（漢化民）」與「生蕃」。是1905年後才依所使用語言別做「廣、福、熟、生」註記，「廣」、「福」的註記原本是由「熟蕃」註記而來，「熟」、「生」的註記原本是由「生蕃」註記而來，日據時期那來的漢人或漢人後裔在台灣？真是見鬼了！埔農舉出這段史實證據後，台灣聞達人士（尤其文史學者）並沒有人敢出來反駁！（《台灣人被洗腦後的迷惑與解惑》一書裡有詳細的舉證說明）

　　更何況，這「只要直系血親尊親屬在日治時期有「熟蕃」或「平埔」註記，就可以直接申請取得『平埔原住民』

身份」真是可惡的天大笑話！請有心追查真相的台灣人，到
戶政事務所申請直系尊親屬在日本據台時期的戶籍名冊影印
本，就會發現，多數人祖先的「種別」欄被蔣幫中國壓霸集
團下令塗黑了，只剩少數記為「一、二、三」的留下來！而
且，日本據台時期的戶口登記並沒有所謂「平埔」這一項註
記。事實上，明治29年（1896）年時記載的台灣熟蕃人口有
257萬人；大正元年（1912）熟蕃人口是321萬人，請問，有
那個平地台灣人口不是所謂的「熟蕃」原住民？台灣聞達人
士漢化過深，也真是精練了所謂中國的「厚黑學」，難有救
藥！

　　Paul兄說：「大家何不花個數十元，到戶籍（政）
　事務所申請直系尊親在日本時代早期的戶口謄本，就會
　發現有不少人祖先的種族欄被用簽字筆塗抹成黑色！蔣
　幫中國壓霸集團改了你們祖先的種族耶！」

　　埔農說：
　　謝謝Paul兄的補充說明！72年來台灣人所讀的歷史都是
中國壓霸集團為洗腦台灣人所寫的偽造文書，多數人不會想
到要追查真相，這是台灣人的悲哀！

　　2017年9月10日教育部召開十二年國教新課綱課程審議
會大會，會議主席教育部長潘文忠自行宣佈，決定高中所謂

國文課本的教材及其內容，文言文比率維持原課發會研修小組的草案，文言文維持在45至55%，而且這45至55%還不包括所謂的中華文化基本教材在內。想到民進黨已是二次執政的今天，埔農更是痛心。9月24日，教育部長潘文忠在被批評下，不得已重新召開國教新課綱課程審議會，決定高中國文課本的教材及其內容，文言文比率維持35至45%，55步改45步，還是往奴化前進而不悔。

現代世界各國，古文都是大學文學系的課程，那會有在高中的語文課程大量採用古文這種事！因為現代人都知道，古文（所謂的文言文）與現代生活脫節，一般學子加學古文，增加所學語文的複雜性，會降低口語表達的能力。今天台灣高中語文課程中還堅持放入大量的文言文，完全是中國虛妄思想的枷鎖在作祟，更也是中國壓霸集團和台灣假漢人、假華人自以為高級又心虛才會有的行為。他們說「文言文之美是中華文化的精粹」，實際上是執意把台灣人深埋在所謂的中國舊傳統之中，藉以減少學生了解自身文化和關心本土事務的機會，並阻絕實際參與社會議題的傾向，這是呆奴化台灣人非常重要的一環。

撇開意識形態不談，文言文是所謂中國之古代的所謂讀書人，以「萬般皆下品，惟有讀書高」的虛妄心理，矯情做作下所發展出來的一種語文表達方式；是發言者要學子先進入迷惑，再揣摩上意，理解出發言者的心意，便可得歡心與嘉勉。

埔農就隨手舉幾個例子：

《論語》裡的「吾嘗終日不食，終夜不寢」，沒揣摩上意的直接認知是「我嘗到了整天沒吃飯的後果，會導致整夜睡不著覺」；揣摩上意後的認知是「我好學努力，曾經整天忘了吃飯，整夜不睡覺」。

《論語》裡「默而識之，學而不厭，誨人不倦，何有於我哉」的「何有於我哉」，沒揣摩上意的直接認知是「我什麼時候做過這些事了」；揣摩上意後的認知是「對我有什麼困難」。

這只是埔農一時想到的2個例子，其他若要仔細列舉，真的十天、半月都說不完！所以，要高中學生學習大量文言文，除了是非要「呆奴化台灣人」不可，最主要就是讓台灣人養成隨時「揣摩上意」的習慣。那麼，「胡作非為」的中國壓霸集團和台灣聞達人士就自以為可以「高枕無憂」了。

Huang說：「我覺得埔農解釋文言文的那段有點過火。究其文言文的起源，是因為在紙張還沒發明的年代，人們要刻文在竹條或木條上寫書，甚至記事。試試看拿著小刀刻，十來個字就會手酸手痛，如果按照一般日常口語來記事，一件小事就要動輒十來字，如果複雜點甚至上百字，一份竹簡不過上百字的空間能記錄，豈不是整份竹簡都只是在描述一件事？為了能利用竹簡，於是產生文言文的描述文字，達到精簡的目的。這，才

是文言文最初的目的。」

埔農回答：

Huang兄所舉有關的「文言文的起源是爲了精簡詞句之目的」的解釋，正是中國壓霸集團和台灣聞達人士爲遮掩其惡行惡狀，一向慣用的僞裝伎倆。這就和僞稱中國國民黨黨歌是所謂的中華民國之國歌」，再「聲稱其所謂國歌中之『吾黨所宗』的『黨』不是指中國國民黨而是指大眾」，以及「把『用來將文字毀屍滅跡』的『燒字紙爐』說成是『惜字亭』、『敬字亭』」等如出一轍，絕非事實。因爲Huang兄覺得前面埔農對文言文的舉證說明「有點過火」，所以請容埔農就先前的2個例子做進一步說明，以解Huang兄的疑惑。

《論語》裡的「吾嘗終日不食，終夜不寢」，若用口語說「吾曾廢寢忘食」或「吾曾整天不吃不睡」不是更精簡、更清楚明白？

《論語》裡的「何有於我哉」，若用口語說「我有何難」不是更精簡且更清楚明白？

至於「文言文的起源，是因爲在紙張還沒發明的年代，人們要刻文在竹條或木條上」，也是用作藉口的謊言。所謂中國出土的竹簡、木牘，除了極少數紀念用的，全是用筆沾墨水直接書寫在上面，並非是刻字，那來的「用刀刻十來個字就會手酸手痛」？何況所謂的中國，普遍使用紙張書寫已

1千多年，所謂的中國讀書人仍堅持使用「文言文」直到20世紀初，爲的是什麼？20世紀中期以後，所謂的中國就已放棄在中學使用「文言文」。現在已進入21世紀，在台的中國壓霸集團和台灣假漢人、假華人、假中國人，甚至還是執意要把台灣人深埋在所謂中國的舊傳統枷鎖之中，爲的又是什麼？於台灣高中語文課程中放入大量的文言文，若不是在台的中國壓霸集團企圖繼續呆奴化台灣人，以及台灣假漢人、假華人、假中國人那中國式虛妄和矯情的心理在作祟，埔農實在看不出有其他任何理由。

埔農大膽回應，請務必包涵。埔農並無惡意，要不是關連了台灣人應有的精神覺醒，埔農絕無意強出頭，要是有冒犯，懇請原諒。若有其他意見，也請繼續指教，埔農十分感謝！

Song說：「不知道大家會怎麼定義當代的中文字「喬」？石黑一雄獲得諾貝爾文學獎，西方人似乎比較不喜歡到處牽關係，因此CNN或BBC的報導，說他是English author或British writer，頂多只有粗略的介紹出：『Born in Nagasaki, Japan, in 1954, he moved to England with his family when his father was offered a post as an oceanographer in Surrey.』目前就我於網路上所觀察到的，只有The Japan Times提到：『Ishiguro, 62, is the third Japan-born winner of the Nobel Prize in literature, following Yasunari Kawabata in 1968 and Kenzaburo Oe in 1994.』The Japan Times用到 Japan-born winner此字眼。另，Reuters是引述日本產經新聞才寫到：『The Sankei daily boasted: "Ishiguro follows Yasunari Kawabata and Kenzaburo Oe as the third Japanese-born writer" to win the prize.』而台灣這邊的報導大概也是引自日本：『日裔英籍作家石黑一雄是繼1968年川端康成、1994年大江健三郎之後，第三位得獎的日裔作家。』、『……石黑一雄奪得，是23年來再有於日本出生的作家獲此殊榮，亦是繼川端康成及大江健三郎後的第三人。』

　　東亞這邊似乎比較著重『血緣』、『血統』、『牽關係』。然而，英美較重視『他做過的事情』。以國籍角度來看，川端康成和大江健三郎，終身皆是日籍；石黑一雄則是五歲即移民英國，成為英籍人士。這樣，能夠說他是『第三位得獎的日裔作家』嗎？現代漢文的『裔』，究竟該如何定義？」

　　Lin留言：「我家的侄甥輩在台灣出生，五歲才移居到加拿大（或我自己），還是被中文媒體稱之為加拿大華人。我的下一代如果是在加國出生土長，我們則稱他們為加拿大華裔，畢竟是我的後裔（老移民們甚至很愛說自己是第三代或第四代華裔）。但是以英文來說，我們不管是土生或長大才移民來，都被官方統稱為Chinese Canadians，這其中也包含Canadians of full

or partial Chinese ancestry，頂多如果早已在加國好幾代
了，媒體報導時要區別不是新來的，是幾代前就來的老
移民則會稱之是Canadians of Chinese descent」

　　Song說：「我個人對於『……裔』的理解，也是跟
『移民』」行為有關。」

　　桌留言：「英文裡的『裔』是ethnic，不是『不喜
歡』提，而是盡力避免。若沒有必湏提的理由，沒事隨
便亂提的話，會有歧視嫌疑！」

— 埔農說：

　　桌兄所言正確。埔農30幾歲時曾在美國亞特蘭大
（Atlanta）參加一個研究案，認識幾位法國裔、英國裔、義
大利裔、德國裔、西班牙裔、愛爾蘭裔、荷蘭裔的美國學
者，他們在外從不談「血緣」或「祖先來自那一個國家」，
因為他們都自認是百分之一百的美國人，和其他美國人沒有
兩樣。但是邀埔農到家裡作客時，他們就偶而會談起他們的
祖先是來自那裡（也許因為見到埔農是外國人的關係），也
曾出示Family Trees。所以，西方人不是不喜歡提，而是不
隨便亂提。

　　埔農在此留言，主要是想懇請Lin兄以及所有移居外地
的台灣人明白，日據時期以前的台灣人全部都沒有所謂的華
人血緣（詳見《台灣受虐症候群的煉製》、《失落的智慧樂
土》、《原台灣人身份認知辨悟》、《台灣人被洗腦後的迷

惑與解惑》、《台灣古今真相》以及「臺灣日治時期人口統計資料庫」）。現在台灣人之所以會誤認自己是所謂漢人或所謂華人的後裔，99.9%是來自「蔣幫中國壓霸集團為洗腦台灣人順服而偽造的所謂標準教科書」，0.1%是來自以前「認盜作祖而自以為高級之少數所謂台灣士紳所虛構的小說」，「台灣人有華人血緣的洗腦騙術」只是老虎（所謂的中國人）要騙獵物（台灣人）開門的「我是你姑婆」之「虎姑婆催眠伎倆」，也是誘殺獵物的陷阱。

　　所以，埔農誠心懇請所有居住在台灣的台灣人，以及所有移居外地的台灣人，請不要再使用「華人」、「華裔」這種字眼。台灣人和所謂的華人並沒有任何關係，對內對外都應該自稱「台灣人、台裔（Taiwanese）」、「Formosan」或「Paccanian」才正確。台灣人自稱或被稱為「華人（Chinese）」或「華裔（Chinese descent）」，不但並非事實，而且在外國人看來，根本就是「我們台灣人自己要把國家送給所謂的中國」。埔農誠心無私，絕無不敬之意，敬請海涵。

　　張兄問：「翁佳音、黃驗合著的「解碼台灣史」第286頁，怎麼那時候（1650年代），荷蘭人就稱呼鄭氏為「中國人」、「中國話」？「中國人」、「中國話」這字彙、稱呼，有那麼早出現嗎？請教埔農老師您。」

埔農：

不對，現在的台灣文史學者都是以中國式的虛妄思維在論述。那時候荷蘭人是就已稱唐山爲China，而荷蘭人、葡萄牙人、西班牙人當時所謂的Chinese language是指彰泉話或粵語。另外，當時所謂的China，唐山人（現在所謂的中國人）自己是寫爲「支那」。

單看現在他們所謂的「中國」或「中華」二辭，就彰顯出他們的盲目自大。現代的所謂中國人以「中國」和「中華」二辭標榜是「世界中心的華麗之國」，其實不管是「中國」或「中華」，它們都僅是指其稱王時的京師（京城）而已。《詩經毛傳》謂「中國，京師也」；《史記・五帝本紀》有「夫而後之中國，踐天子位焉」；《史記集解》有「劉熙曰：『帝王所都爲中，故曰中國』」。而「中華」在桓溫的《請還都洛陽疏》中說：「自強胡陵暴，中華盪覆，狼狽失據……」，是以「中華」二字來指稱洛陽。「中國」和「中華」都是所謂的漢族早期用來指稱其所建霸權之中樞而已，現代的支那人卻用來涵蓋其圖謀霸權的區域，眞是見鬼了，更是狂妄、虛僞至極！

事實上，是於清帝國末年（20世紀初）內憂外患，羞恥又自卑的唐山聞達人士才興起使用「中華」二字以自慰的念頭。但是，唐山人或所謂的漢人，是於隨後軍閥狂亂、民不聊生的更自卑時期，才自1920年起逐漸自稱是所謂的「華人」、「中國人」。

　　現在所謂的華人或中國人都習慣浮誇式的自稱「中國」、「中華」以及「華人」、「中國人」，聽到被稱為「支那」、「支那人」都很不高興的跳腳，埔農實在不解。事實上，直到20世紀早期，現在所謂的華人或中國人都還是自稱「支那國」、「支那人」。最明顯的證據是「1914年5月11日孫中山致日本首相大隈伯爵函」（當時已經是所謂的中華民國3年）。該函件內，孫中山一直以「支那」稱呼現在所謂的中國，單使用「支那」一詞29次；使用「支那國民」2次；使用「支那人」1次；使用「對支政策」1次；使用「支那革命黨」1次，總計以「支那」用詞自稱達34次。現在所謂的中國本來就是自稱「支那」，而且現在所謂的中國人本來就是自稱「支那人」，埔農實在不知道現在所謂的中國人到底在生什麼氣！

　　有潘先生發文說：「美濃原稱『瀰濃』。據當地的油紙傘工作者所言，油紙傘是日據時期由日本人引進瀰濃。」

　　朋友邱先生說：「我在日本時曾問日本導遊這個問題，但得到否定的答案，理由是瀰濃傘自古即有塗油，日本紙傘原本沒塗油。」

　　埔農回答：
　　埔農小時候，家鄉人都是使用家鄉自有師傅製作的素面

竹骨油紙傘。在台灣，製作油紙傘原本是到處都有，只是瀰濃人將油紙傘保存下來，為了吸引顧客，並加以藝術美化。現在是很難找出台灣在16世紀前即有製作紙傘的証據，但肯定不是日本傳來的。早期導演林福地先生曾在瀰濃拍攝一部「星星知我心」連續劇，在日本播放後，日本人對於劇中所用的紙傘非常欣賞，認為有收藏價值，遂向台灣下了大筆訂單採購，才將瀰濃油紙傘打出知名度。

可惡的是，現在竟有假漢人、假華人的台灣聞達文史學者，以中國式壓霸的虛妄思維，編造「八十餘年前日據時代由美濃人林阿貴、吳振興延請中國泉州師父前來傳授技藝」的謊言；另有一位則說是「廣東梅縣一名製傘師傅渡海來台，落腳於高雄美濃定居，故而將技術傳入美濃，亦使美濃紙傘播種生根」。真是亂七八糟，17、18世紀的很多台灣人畫像裡早就有台灣紙傘。

台灣紙傘原本骨架是由浸泡過樟腦油的竹材做成，傘面是使用loug-ah（紙桑；paper mulberry）樹皮碾薄的loug-ah樹皮布或堅韌的loug-ah樹皮紙，用loug-ah樹脂黏製而成，整體台灣紙傘堅固、耐用、不沾水又防蟲蛀。清據時期被迫漢化，文書用紙改為唐山紙，另因為loug-ah（紙桑）多數被挖除，清據末期瀰濃紙傘才改用唐山式紙張，為了防水就塗上柿子油或桐油。後來引進洋傘，油紙傘逐漸被取代。瀰濃的製油紙傘達人，將傘面發展成為一塊創意彩繪的畫布，表現藝術質感，藉以吸引顧客，並為台灣紙傘留下這遺產。

第三章
台灣聞達人士沉迷於假華人的毒癮真要台灣的命

（台灣受虐症候群「重症斯德哥爾摩症候群」仍在烈焰延燒）

第一節　台灣文史學者披著中國的腐臭屍皮招搖

　　2017年6月24日，許先生說：「一位台灣聞達文史學者，今天在報紙專欄倡言：『台灣建國的國號應該保留中華二字，也不致影響台灣獨立自主。』、『應該以中華台灣共和國或中華台灣民主國為台灣之國名。』還說『你中有我，我中有你』自鳴得意，這再次令我傻眼又傷心。」

　　埔農說：

　　這位台灣聞達文史學者自認，也幾乎被公認是有台灣意識。但他就如其他台灣聞達文史學者一樣，深陷假漢人、假華人的毒癮中而不能自拔。他們自以為愛台灣，實際上，他們的言行卻是仍在配合中國壓霸集團繼續洗腦台灣住民，潛藏著將台灣送給中國的禍根。

　　台灣是一個被長期侵略、蹂躪的國家，72年前的台灣人並沒有唐山人後裔，台灣人不是所謂的華人，更不是所謂的中國人（埔農已列舉過無數的史實證據）。多數台灣人會誤以為自己可能是唐山人後裔，完全是受「中國壓霸集團以狂妄之妒恨心態偽造的文書」以及「所謂台灣士紳認盜作祖後虛構的小說」所迷惑。台灣人為何必須死皮賴臉的非要沾上「中華」二字不可？

　　埔農曾多次在報紙上以大版面懸賞1百萬元，請台灣聞達人士（尤其文史學者）出來反駁埔農所指出的史實證據，並沒有人敢吭一聲。一些好意提出心中疑惑者，埔農也都已證明，他們是受中國式之偽造文書所迷惑才產生錯誤的認知。

　　埔農也曾多次書呈這位台灣聞達文史學者，舉證說明他認盜作祖的錯誤想法。起初他還能道歉，並承認自己證據不足，後來卻也因為擔憂受到權勢在握者的排擠，擔心危及自己的現有地位，拒絕繼續看進一步的史實證據。甚至在埔農指出「他的DNA鑑定顯示他並無所謂唐山人或華人之遺傳基因」後，雖啞口無言，卻仍悍然拂袖而去，繼續堅持裝作是假漢人、假華人。

　　事實上，沉迷於中國式之假漢人、假華人虛妄思維的台灣政客、聞達人士（尤其台灣文史學者），自己盲目走向深淵，還拖累台灣這土地和人民，才是將台灣往中國虎口送的罪魁禍首！因為這些人無論在學校教育或社會教化都掌握了

十足影響力，連累多數台灣人至今仍然不瞭解眞正的台灣史實、文明和文化，也還在跟著誤以爲自己是唐山人或漢人移民的後裔、誤以爲自己是華人。這景況，在外國人看來，事實上就是我們台灣人自己要把國家送給中國，實在令埔農傷心又深感蒙羞，更覺得自己努力不夠而愧對祖先。

埔農知道，早先這位台灣聞達文史學者是有在看埔農的臉書發文，若這位先生有見到此文，敬請來埔農臉書提出反駁，埔農除了感激，也會更尊敬這位先生。

朋友Kho 問：「那個人是誰？」

埔農回答：

您大概還沒仔細看今天的報紙。沒關係的，不一定要明白指出這位先生是誰，因爲這位先生僅是眾多呆奴化台灣聞達人士中的一位，而且算是稍有良知的一位。埔農不願顯得太殘忍，也爲了避免被誤以爲是針對個人，所以不指名道姓。

王兄說：「這位教授是假漢儒眞台灣心啦！」

埔農說：

是的，他可算是好人。而在這世界上，尤其在台灣，不少事情常常是被耳目閉塞的所謂好人害慘了！

　　張兄說：「民視台灣學堂節目由兩位台灣聞達文史
大教授搭檔主持，在這之前他們就有主持過《台灣望春
風》，其內容大致相同，他們在節目中依然論述自己的
祖先來自唐山。他們的節目普遍受台灣人歡迎，影響
所及，恐怕台灣人是會更無法辨別自己的身份真相了
……」

　　埔農說：

　　他們是典型漢化過深、沉迷於中國式虛妄之所謂高級、
寧願選擇認盜作祖的台灣聞達文史學者。埔農曾多次非常誠
懇並禮貌地請求他們看看埔農的舉證說明，但他們「斯德哥
爾摩症候群」的精神中毒實在太深，都拒絕審視，不肯面對
這些事實證據。不少台灣聞達人士或台灣文史學者甚至說，
他們已明白絕大多數台灣人都純粹是原住民，但他們例外，
他們仍堅信自己是所謂「高級」漢人或華人的後代（其中有
些人做了DNA檢測，已證實完全是台灣原住民的遺傳基因，
一點所謂漢人或華人的血緣也沒有）。埔農無奈，只好請他
們把所謂的族譜拿出來讓埔農查看，若埔農舉不出其誤謬之
處，照樣給付1百萬元，也並沒有人敢吭一聲。《台灣人被
洗腦後的迷惑與解惑》、《台灣古今真相》序中也言明「任
何讀者若能舉出實證，證明本書內容，有那一項埔農的說明
中，所舉出之證據是錯誤的，或書中有那一部分是偽造的，
敬請向前衛出版社提出，埔農保證奉上書款的百倍金額答

謝」。但他們假漢人、假華人當上癮了，自以為高級，全都
視若無睹。既然明知120年前並沒有唐山人後裔留在台灣，
DNA的科學檢驗也證實並沒有任何一點所謂漢人或華人的血
緣，這些台灣聞達人士卻仍然不承認自己是台灣原住民，除
了「重症『斯德哥爾摩症候群』」，埔農實在想不出任何還
有可能的其他原因！

　　依精神分析看來，台灣聞達文史學者之堅持清據時期有
唐山人子孫在台灣，心理上其實是在為他們自己的認盜作祖
強辯，根據的卻是「台灣假漢人所謂士紳的虛構小說」以及
「蔣幫中國壓霸集團為洗腦台灣人而偽造的所謂教科書」。
即使不談科學證據，埔農所舉出的史實文件，台灣文史學者
應該都是很熟悉的，他們還能視若無睹，以「不屑理會」或
「你算什麼東西」回應埔農的苦苦勸說，更不惜把全體台灣
人拖下水，埔農除了目瞪口呆，還萬分痛心。

　　事實上，深陷「重症斯德哥爾摩症候群（台灣受虐症候
群）」心理扭曲的台灣聞達文史學者，是造成今日「台灣人
的悲哀」普遍化之元兇！不少台灣人到現在還「誤以為自己
是唐山人或所謂華人後代」，台灣聞達文史學者必須負最大
的責任。

　　野兄說：「你2017年10月25日回答張兄的發文，說
『民視台灣學堂節目兩位台灣聞達文史教授「斯德哥爾
摩症候群」的精神中毒實在太深，才會認盜作祖』，我

一看即知他們是誰。但你文中的回答實在過於簡要，能不能請你詳細說明清楚？因為他們無論在學校教育或社會教化上都掌握了十足影響力，多數台灣人至今還會誤以為自己是漢人或華人後裔，以致如此這般忍受中國壓霸集團的肆虐和蹂躪。這完全是遭受沉迷於假華人虛妄思維的台灣政客、聞達人士以及台灣文史學者（尤其是他們兩位）之連累所致，你若能再舉證說明清楚一些，相信大家會更容易清楚明白。」

埔農說：

謝謝野兄，野兄說的極是。埔農之所以不願指名道姓，是為了避免被誤以為是針對個人。其實，就個人人格而言，他們兩位可說是好人，可惜就和其他台灣聞達的文史學者一樣，除了「斯德哥爾摩症候群」的心理障礙外，他們的基礎學識，都是72年來由蔣幫壓霸集團特意堆砌起來的，缺乏追查細節的邏輯訓練。他們很輕易憑單一的「初步得知」，就據以想像而認為，所以很容易受騙。這兩位教授對台灣史的認知，就和其他台灣聞達的文史學者一樣，都是被「蔣幫中國壓霸集團帶來專門偽造歷史、洗腦台灣人的黃典權等人」牽著鼻子走。

在這世界上，尤其在台灣，公平、真相和正義常是被耳目閉塞的所謂好人害慘了！尤其是耳目閉塞的所謂聞達好人。

　　二十多年來，埔農持續禮貌、懇切的請求這兩位教授看一看埔農所蒐集的有關台灣歷史文獻之證據、聽一聽埔農的說明，由於埔農是一個鄉野俗人，兩位教授不肯理會。幾年前，埔農就曾拜託幾位不會鄙視埔農的前輩，代為請他們當面讀埔農的簡要舉證說明信。兩位教授才不得不面對，但竟然說：「您讓我們知道原來許多自以為是漢人的人，其實是平埔後代。您貢獻極大！至感敬佩！不過，我及學界的諸多朋友們認為，你並不能因此就推出一個『全稱命題』，說所有台灣人都是漢化的原住民，沒有移民或移民極少。我及學界的諸多朋友們都相信我們是早期唐山人的後裔。」還是繼續裝作假漢人、假華人。說來也真是悲哀，這完全是「斯德哥爾摩症候群」的心理扭曲。他們的意思是說「即使全部台灣普羅大眾都是漢化的原住民，台灣聞達人士仍是覺得自己不一樣，台灣聞達人士仍然要當個「所謂『高級』的『所謂漢人或華人』！」事實上，埔農曾看過其中一位教授的DNA鑑定，顯示他並無所謂唐山人或華人的遺傳基因。埔農也曾請兩位教授去申請祖先日據時期戶籍資料，若其祖先真自認是（還不一定是）唐山人後裔，必被註記為清國人。另外，既然這兩位教授這麼自我堅持是「所謂的漢人或華人」，埔農就懇請他們把「祖先來自福建同安」（兩位教授就都是說祖先來自福建同安）」的證據（所謂的族譜亦可）出示給埔農查對（因為埔農合理地懷疑，兩位教授的虛妄認知，若不是因為祖先曾是勾結唐山人滿官的所謂台灣士紳假漢人、假

唐山人，就是兩位教授被「蔣幫中國壓霸集團帶來專門偽造歷史、洗腦台灣人的黃典權等人」所誘導而造成的蒙蔽），可惜兩位教授都是以「不屑理會」當作回應。所以埔農僅能就兩位教授長期以來自己公開宣稱所謂「祖先來自唐山」的所謂資料，舉出真正的史實證據來詳細說明，指出其謬誤之處。

這兩位教授共同的論述依據是：「以台北盆地為例，在17世紀原本有3000多人（平埔族），此後漸多閩南人移入，到18世紀中已增至10來萬人，怎麼不是移墾社會？」

事實是：

清國據台，對所控制區域的台灣平地人口執行強制漢化政策，又怕控制區人口會與未控制區人口連絡，掀起反抗，遂於康熙二十三年（1684年）下了嚴酷刑罰的所謂封山令。在其所控制區域外圍，學鄭成功集團據台時期的防衛用「挖溝推土」方式，挖築所謂的「土牛」、「土牛溝」做為防衛。「土牛、土牛溝」間隘口設有監視用的防守崗哨。在繪製輿圖時，把「土牛、土牛溝」與崗哨連成一線，初時是使用紅筆在輿圖上畫線標示清國邊界，稱「土牛紅線」。其後雖亦使用其他顏色，但習慣仍稱紅線（紅色警戒線）。由於駐守隘口的清兵稱隘勇，所以後來也稱「隘勇線」。

清國據台，「強制漢化」的執行，是由「台灣縣」、「台灣府」（今台南市溪南地區）先開始，逐漸往南、北延

伸，再往東擴張。所達之地，台灣平地人口先被稱為「生番」；強制漢化後被稱為「熟番漢化民」。「土牛紅線」原是區隔所謂的「生番」（尚未受到掌控、未受強制漢化）與「熟番漢化民」的封山令前線，「土牛紅線」外是「生番」。所以隨著更多生番的被強制漢化，這「土牛紅線」就持續往南、往北、往東移。這「土牛紅線」正是台灣沒有唐山人移墾的證據。

　　原來的「土牛紅線」僅畫入嘉南平原（當時清國有效勢力所及）在內，下圖是隨著強制漢化的擴展，在1722年、

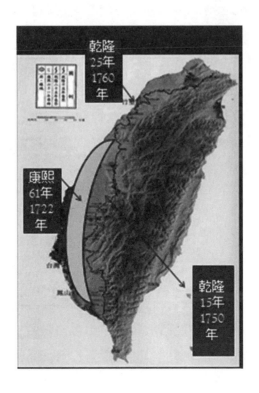

1750年、1760年重畫的所謂國界線（狂妄自大的所謂華人向來稱其邊界為「番界」）。

　　兩位教授所說的「台北盆地在17世紀原本僅有3000多人」正是初期台北盆地被迫強制漢化的人口。荷蘭人據台時期，依其記載，僅大台南地區的Formosans人口就至少有20萬人，土地面積相當的台北盆地卻僅有3000多人，可能嗎？

　　難道兩位教授真的堅持要別人相信「當時台北盆地僅有3000多人」？請看「台灣府志」（蔣志）卷七：清廷派來強大駐軍，歷經3年的1686年，諸羅縣（行政區是今之嘉義以北，包括今之基隆、台北）人口統計，民口數7853人（已漢化），番口數4516人（漢化中），這嘉義以北至基隆一大片土地內的12,369人，很顯然只是指已受清廷掌控的諸羅縣人口，兩位教授怎麼會認定那是全部人口數？

　　至於兩位教授的「台北盆地到18世紀中已增至10來萬人」，請看清國官方台灣行政區域人口密度統計：清據之初，由於行政掌控區域的擴大，所謂的人口密度（已被強制漢化的漢化民人口數）降至約7人／平方公里。此後人口密度持續遞增，至1756年時，人口密度約達99人／平方公里，而至1795年時，人口密度更高達約164人／平方公里。請比較上圖的清國國界，明眼人一看即知，人口密度的下降是清國掌控區域的擴大，但一時漢化民人口數還沒增加。人口密度的遞增，是已漢化民口數與漢化中番口數的持續增加。難道兩位教授在明知有嚴刑峻罰「渡台禁令」下，仍堅持這是

漢人移墾所致？

　　再看1730年，亦即雍正8年，5月24日，南澳總兵許良彬的奏摺說：「台灣番社新舊歸化內附戶口，不下貳、參萬社，每社男婦老幼多至壹、貳百人，少亦不外數十眾。」依此奏摺，光是當時已接受管轄的台灣人（Paccanians）就至少有60萬人，而且當時清國的管轄僅及於雲、嘉、南、高地區，尚未接受管轄的台灣人又有多少呢？乾隆21年（1756年）喀爾吉善奏摺稱台灣住有「土著流寓并社番，男女老少計660,147人」。土著指已被漢化的台灣人；流寓是受官方聘用來台的唐山人臨時人口；社番指接受管轄，但尚未漢化的台灣平地族人（尚未受到管轄的平地族人則未計入，山地居民是因封山令而被忽視）。流寓是臨時人口，包括契約唐山人工匠；以及為生產特定農產品供應中國而特許入台的短期農作物契作人員（暵商），都是持短期「照身票」渡台，工作結束即必須返回唐山。這時已又經過26年，請仔細想想，扣除自然人口增加率，這些從唐山來的流寓人口能有幾人？何況他們又都必須工作結束後遣返！這就是兩位教授口中的18世紀之台灣人口證據，那有提到什麼移民？

　　而且雍正年間（1723-1735）才將彰化縣與淡水廳從諸羅縣中分離出來，於嘉慶十六年（1811）淡水廳（從今之台中至基隆）漢化民人口數僅記載有215,000人。至光緒十九年（1893），單台北府淡水縣（包括今之新台北市與台北市）漢化民人口數就已是408,000人。在嚴刑峻罰的「渡台禁令」

下，增加出來的又是唐山人移入？清醒一點吧！

　　再說，迷糊的台灣人之認盜作祖源頭，福佬語系都在中國福建泉州、漳州以及鄰近的幾個鄉里，尤其是所謂的「福建同安」（兩位教授就都是說祖先來自福建同安，兩位教授真的認為只是巧合？），客家語系也都說是來自汀州等三、四個地方。不必說「渡台禁令」了，單若這些地方在17、8世紀於50年內大舉外移50多萬人，多數必成空城。這是驚人的歷史大事，所謂的中國怎麼可能全無記載？這些地方所記載的僅有零星的渡台人數，全都是奉派赴台任職，是官兵、工匠、賒商以及專職強制漢化的教員、教官和訓導，均3年內遣返。「移民屯墾」的說詞有這麼多的矛盾，只要是頭腦清楚的人，根本不必翻查史實證據，有誰會相信這種騙局？頭殼壞了嗎？

　　再說，清國有嚴刑峻罰的「渡台禁令」，只要是讀過真實歷史文獻的人，若非身陷嚴重的「斯德哥爾摩症候群」心理扭曲，有誰會相信有這麼多偷渡者？更何況，偷渡者不能入籍，而且疏忽或包庇的官員被查獲必遭殺頭，除了極少數漏網的所謂「羅漢腳」，心理清明的人有誰會相信清據時期有唐山人留在台灣還結婚生子女？台灣聞達的文史學者，都是被「蔣幫中國壓霸集團帶來專門偽造歷史、洗腦台灣人的黃典權等人」牽著鼻子走而不自知。

　　現在就依這兩位教授自己已公開的資料，分別舉證說

明：

　　戴教授家族世居的三芝，台灣語原稱Kaggi Lach。1697年首度有唐山人滿官到達此地，因爲此地有漁港，Kaggi Lach語音又近似Quey Lang，就寫下「小雞籠社」，到1895年都還一直是「小雞籠社」（1875年改寫爲「小基隆社」）。清國據台時期，已漢化地區的地名早就不稱「社」了，既然到1895年都還一直是番社，戴教授的祖先又怎麼可能不是台灣番呢？

　　另外，戴教授自己就說：「世居三芝，母親屬汀州永定客家系統，是過年去掃墓（是陪墓，不稱掃墓），不是清明時掃墓，祖先牌位都放在公厝。」「過年陪墓、祖先牌位放在公厝」正是台灣人（Formosans；Paccanians）保有的習俗，不論是被漢化成所謂的福佬語系或客家語系的台灣人，只要是比較念舊的，到現在都還是於過年時陪墓；於過年前的大寒時節「坌風水」（整理先人墳墓）；在陰曆9月9日祭祖（現在所謂的重陽節，台灣語稱Limgout。早期的商曆還記載有台灣語Limgout節的稱呼，有所謂的漢人把Limgout寫作臨高，後來竟演變成所謂的漢人在重陽節要登高了，眞是可笑！）。戴教授怎麼連這些都不知道呢？竟然還說「母親屬汀州永定客家系統」！

　　再說，清國是稱台灣熟番漢化民爲「土著」，1895年日本從滿清接收台灣戶籍文書，把「土著」改稱「本島人」。1905年後才依所使用語言別做「廣、福、熟、生」註記，

「廣」、「福」的註記是由原「熟番」註記而來，「熟」、「生」的註記原本是由原「生番」註記而來；暫時居留的唐山移工或商人註記為「清」。所以，請戴教授趕快去申請貴父母或祖父母的日據時期戶籍資料（現在還可以申請得到），真相立即大白。

再請問，於嚴刑峻罰的「渡台禁令」下，戴教授父母雙方的祖先是如何到台灣定居的？偷渡嗎？如果是偷渡的話，又如何入籍？買通唐山滿官嗎？如果是買通唐山滿官，那為何又敢四處張揚？而且唐山滿官最長三年調換一任，不被繼任官員呈報而遭殺頭嗎？（繼任官員呈報前任疏失的例子不勝枚舉）只有唐山滿官明知「這是依冠姓請『譜匠』偽造的亂認唐山祖」（所謂士紳改姓、重新改認唐山祖的很多）才會被默許，然而戶籍記載仍舊是「漢化民熟番」！任何人不服，均可拿出自以為的所謂證據來對質。

再請看《大清律例》第二百二十五條：「一切、官員及軍人等，如有私自出海經商者，或移往外洋海島者，應照交通反叛律處斬立決。府縣官員通同舞弊，或知情不舉者，皆斬立決。僅屬失察者，免死，革職永不敘用。道員或同品官員失察者，降三品調用。督撫大員失察者，降兩級留任，如能於事後拿獲正犯明正典刑者，得免議。」請問，1894年以前，有誰見過那一個唐山滿官，可以如此大膽違抗「大清律令」？

　　Miss Lee問：「我記得我媽浪重視九九重陽，一定
要回祖厝拜祖先，還要拜地基主，這是不是和台灣平埔
特有習俗有關？」

　　埔農：
　　陰曆9月9日祭祖並不只是所謂的平埔傳統習俗，是全體
台灣人（Paccanians）的固有傳統。歷經72年中國壓霸集團
和台灣假漢人、假華人聞達士紳的洗腦，有一大部分的台灣
人已拋諸腦後！

　　至於李教授，李教授說：「我個人的祖先，我父系祖先
五代前確實從福建同安移民而來，先祖父還留有他阿祖的原
居地地址；我的母系祖先中，先祖母的阿公，則是從漳州
來，是清朝的武官，1895年還曾經回原居地去過；家母的祖
母，則是16歲才從漳州移民到台灣，我小時候還見過她。所
以，以我個人的情形，我雖有西拉雅族血統，但我無需否定
也有閩南血統。我知道許多台灣人也是如此。」
　　李教授所認知的「父系祖先五代前確實從福建同安移民
而來」以及「先祖母的阿公，則是從漳州來，是清朝的武
官」，即表示貴祖母全家是在清國官兵名冊內（不在日本人
所稱「本島人」的漢化民熟番戶籍名冊內），則貴祖父和貴
祖母在日據時期必被註明是「清國人」。請李教授趕快去申
請貴祖父和貴祖母的日據時期戶籍資料，真假立辨。

　　如李教授所認知，「先祖母的阿公，1895年還曾經回原居地去過」，則很顯然，貴祖母的阿公是當時所謂的台灣士紳。1895年日本自清國接受台灣這清國手中的贓物，是有一些台灣熟番（本島人），自認是高級假唐山人，不願和其他同胞一起被稱為番，隨著清國派台人員前往唐山（如林維源、丘逢甲等人），當發現所謂漢人的野蠻實情後，覺得唐山地區不適合生活，他們多數都再申請返台。「貴祖母的阿公1895年還曾經回去過」，表示貴祖母的阿公是屬於這批人。另外，若貴祖母的阿公真是清國武官，必沒有「本島人離境證明」是無法再入境的，除非他是以「苦力（gcoolie、coolie）」的外籍移工或商人身份來到台灣暫時居留。但是，外籍移工是另外造冊管理，臨時居留的商人也是註記為「清」，都是不可能變成台灣本島人的！去申請貴祖母的阿公之日據時期戶籍資料，也是真假立辨！

　　另外，李教授說「家母的祖母，則是16歲才從漳州移民到台灣，我小時候還見過她」，則按時間推算，是日本據台前後。如果是日本據台前來到台灣，是在清國的「流寓」名冊內，也是必被註明是「清國人」。請李教授趕快去申請貴外曾祖母的日據時期戶籍資料，也是真假立辨。若貴外曾祖母是日本據台後才來到台灣，則是「外籍移工」，更不可能變成台灣本島人了，去申請貴外曾祖母的日據時期戶籍資料，還是真相立即大白！

　　還有，兩位教授不是一直將「強制冠姓時只稱唐山伯

公，沒有提到唐山嬤」的「有唐山公沒唐山嬤」曲解爲「唐山移民都是男人，沒有女子」嗎？怎麼這時又自己說出「家母的祖母，是16歲才從漳州移民到台灣」這相矛盾的話柄？

　　事實上，因爲清國「強制冠姓時只寫姓氏來源的所謂唐山伯公」，於是就有不少人故意立自己的祖母牌位加以否認，並丟棄「所謂的唐山伯公」。爲了避免被「以違抗入罪」，不得已，仍是加上所被迫的唐山冠姓，但也註明是被迫冠唐山姓的化番，以便子孫記得是「有台灣嬤、無唐山公」才是事實。「有唐山公、無唐山嬤」原是早期見了所謂「某姓伯公廟」的自嘲用語，卻被台灣文史學者曲解，用去做爲「認盜作祖」的藉口！

　　下面這張照片，就是最有名的道卡斯部落竹塹七姓化番，在被迫冠唐山姓後，聯合製作「祖母碑牌」放進清國官方建築的所謂「七姓伯公廟」，並把清國「封」的所謂「番福地」故意由右向左橫寫爲「采田福地」（把直立的「番福地」之「番」字拆離即成「采田」），再註明是台灣，以便後代記得「所謂唐山伯公不是自己的祖先」。「竹塹七姓化番」都還知道「所謂番嬤才是自己的祖先」、「所謂的唐山伯公並非事實」，所以早把「所謂的唐山伯公」丟棄，怎麼李教授就故意忘了？

更何況，李教授家族世居麻豆，麻豆是台灣少數自古一
直維持原台灣地名發音的地方？麻豆（麻荳社）能長久以來
一直維持原地名不變，顯示麻豆一地，遭受清國官員、教官
的蹂躪、摧殘較少，受到清國官員、教官的注目也比較少。
既然台灣其他地方都已證明絕不可能有唐山來的移民，麻豆
會有唐山移民的可能性就更低了。

如果兩位教授再不肯清醒，仍堅持祖先確實從中國福建
同安移民而來，那就請兩位教授把家族的詳細族譜記載出示

給埔農查證，埔農相信一定可以給兩位教授更直接的證據，
證明兩位教授的家族眞是誤認盜爲祖了。

　　兩位教授是台灣文史專門學者，埔農則一直是做自然科
學工作，兩位教授在台灣文史方面擁有的實證資料必定比埔
農多，除非兩位教授對自己的認知也欠信心，否則不應該會
拒絕與埔農對質。當然，也許兩位教授以「高級華人」的姿
態，是不願放下身段面對一個鄉野凡夫的道地台灣人也說不
定，那埔農就暫時無話可說了。

　　若依「個人」而言，埔農是應該很尊敬兩位教授；然而
以身爲台灣人而言，埔農就不得不對兩位教授苛責。因爲兩
位教授聞達於台灣學術界和政界，在學校教育和社會教化都
掌握了十足影響力。尤其兩位教授自稱愛台灣、具台灣意
識，普遍受到台灣人敬重，風吹草偃，兩位教授因耳目閉塞
所作的「認盜作祖」論述，實在是「今日多數台灣人還在誤
以爲自己是漢人移民後裔、誤以爲自己是華人」的主因。這
景況，簡直就如同我們台灣人自己要把國家送給中國一樣，
難道兩位教授的責任不夠重大嗎？可辭其咎嗎？

　　事實上，如果兩位教授能先行覺醒，可望打開重新追查
台灣歷史眞相的風氣，連帶會讓其他台灣文史學者和政治人
士也能清醒，則兩位教授就轉爲救星，台灣國家和民族靈魂
即可盡早得到解脫，台灣的前途也才會有希望。這就是埔農
拖著病體殘身，仍不惜逆耳忠言的原因。若有朋友與兩位教
授熟識，懇請轉達兩位教授，請求兩位教授來和埔農辯解，

要質疑、反駁或謾罵均可，只請求留給埔農進一步舉證回答的時間和空間。如此，是功德一件，更是台灣有幸。願天佑台灣！

如果兩位教授執意不肯清醒，既無法強辯，也不敢去所謂中國的流亡屍皮之所謂法院告埔農誹謗，仍一心一意羨慕中國式的虛妄思維，自甘「認盜作祖」，卻利用自己在學、政上的既得利益和名位，繼續幫助中國壓霸集團奴化台灣人，則請兩位教授撫心自問，這該當何罪！

Miss Chung 於2017年7月19日傳來發文：「台灣教授協會在中華民國跟巴拿馬斷交之後 1 個多月的今天，發了 1 篇聲明稿，把台灣和中華民國流亡政府混為一談。聲明稿底下有劉先生留言：『跟巴拿馬所謂斷交的是Republic of China的中國流亡政府，而不是尚未建國的台灣。說的更精確一點，巴拿馬自以前（大清帝國時期）到現在，從來就是跟所謂的『中國』建交，以前從未斷交過，差別只在於其所承認的中國政府是哪一個中國政府罷了。希望台灣教授協會不會連『國家與政府』、『國家承認與政府承認』、『是ROC還是台灣』都搞不清楚了。台灣尚未自決建國，千萬別以為把ROC給改個說法就當作是台灣已經建國完成了，就像我改稱台灣教授協會為『教協』也不會改變真正的貴協會是一樣的道理。』

　　台灣教授協會還像義正嚴詞的貼了2位『專家』說法來合理化他們的認知，說：『中國在外交上全力打壓台灣，為的是防止兩個中國或一中一台、乃至台灣獨立的出現。這是針對台灣的國格主張而來，目的在防止其獲得任何國際承認。這不會因為切割中華民國與台灣，而有性質上的改變』

　　台灣教授協會到底怎麼會錯亂成這樣？把中華民國當成自己，而且還是一個主權獨立的國家。台灣教授協會辦過非常多深化台灣本土意識的講座與活動，讓更多人有機會接觸這些在中華民國教育下不曾有的東西，但這不表示台灣教授協會的問題就不存在了。不管是台灣教授協會成立宣言還是今天的聲明稿，都把中華民國體制跟中國國民黨完美切割，好像台灣現在會這樣都只是中國國民黨的問題、好像『中華民國』只是一個無關緊要的名稱一樣。

　　既然這樣，我想問4個最基本的問題。

　　如果中華民國等於台灣又已經是一個主權獨立的國家了，那請問這個國家是什麼時候、在哪成立、由什麼人成立、那些人的國家認同又是什麼？

　　把這個將台灣原有的語言、風俗、文化給幾乎消滅殆盡，並且準備把這塊土地送進中國虎口的中國國民黨最大玩偶『中華民國』當成是自己，而且還說是一個主權獨立的『國家』，還說得出『感念土地的孕育栽

培』，這‧是‧在‧說‧什‧麼‧鬼‧話‧啊？

　　到底爲什麼，這些明明有比多數人還要多資源的教授們，總是這麼輕易地就把這個該死的中華民國跟台灣畫上等號啊？

　　如果眞的感念土地的孕育栽培，就更應該保護這片土地，把該死的中華民國給消滅，並且建立眞正屬於自己的國家，這才是眞的感念，好嗎？」

　　埔農說：

　　Miss Chung是眞知灼見，這樣年輕就有此清明洞察力，埔農佩服。這些人都是聞達人士，口說有台灣意識，實則漢化過深，自以爲僞裝成所謂的華人很高級，這是重症「斯德哥爾摩症候群」的精神疾病。「台灣教授協會」既然自己都承認「中國在外交上全力打壓台灣，不會因爲『切割中華民國與台灣』而有性質上的任何改變」，那「台灣教授協會硬要用等號把中華民國和台灣連在一起」的用意又在那裡？「台灣等於中華民國」絕不是事實，也不合邏輯，更有忽視台灣，甚至於消滅台灣的意圖，因爲「『中華民國流亡政府』來自所謂的中國，屬於所謂的中國」眾所周知。這還是台灣教授組成的協會呢！台灣聞達人士這種輕忽心態，以及假漢人、假華人的虛妄迷思，正是現在把台灣置於危險境況的罪魁禍首。在外國人看來，簡直就是我們的台灣聞達人士自己要把國家送給所謂的中國。

　　2017年12月2日朋友吉木兄問：「我記得1970年以前，中華人民共和國從未注意過所謂的尖閣群島，也根本就不知道台灣有釣魚台列島這名稱，所謂的中國卻在1992年開始妄言說也有釣魚台列島的權利，要爭奪釣魚台列島的主權。中國近十幾年來一直侵略南海、試圖奪取釣魚台列島，侵略南海已得逞一半以上，奪取釣魚台列島則仍在進行中。中國侵略南海的無恥和壓霸，在《台灣古今真相》中有詳述；釣魚台列島這情事，在《台灣受虐症候群下冊》中是有提到，但訴說的僅是當時情況。台灣歷史你有較深入的瞭解，可不可以詳細說明一下？因為我很關心，又有不少迷惑。」

　　埔農回覆：

　　1971、1972年埔農還在念大學時，見保釣運動如火如荼，感嘆台灣人的心智被蒙蔽而導致方向錯誤，就蒐集了很多史實證據，函請台灣關心釣魚台列島的人士：「應先明瞭真相後再做正確的發言或行動，以免落入中國壓霸集團的圈套。釣魚台列島自古即是台灣屬地，幾千年來一直有台灣人（Paccanians）在當地活動。釣魚台列島的被日本佔有，是先前被蔣幫中國壓霸集團出賣才發生的。現在除了是戰略要地，更在周圍海域發現豐富的石油蘊藏量。於是，所謂的中國就開始覬覦釣魚台列島，也才陰謀策劃『保釣』這件事。請台灣人士務必要瞭解所謂華人、中國人的奸詐、狡

猾和邪惡，暫時不要隨中國壓霸集團起舞，以免落入所謂華
人、中國人的圈套。台灣人士應該做的是，大力向各國列舉
史實證據、說明真相，嚴正述明『釣魚台列島主權在台灣
（Paccan）無可置疑；所謂的中華民國流亡政府或中國無權
置喙』，以杜絕中華人民共和國將來染指的可能」。1971年
時美國尚未正式將釣魚台列島和與那國島轉手給日本，埔農
希望台灣聞達人士能大力向美國堅持「釣魚台列島和與那國
島是不可以交給所謂的中華民國流亡政府掌管，但希望美國
能繼續託管；如果美國一定要卸除責任和義務，至少在移交
日本時，必須言明『也是暫時託管』性質」。當時不但沒人
理會，更被罵背祖忘宗。埔農不氣餒，改以台灣歷史學者為
陳情對象，本以為台灣歷史學者會較清楚史實真相，就容易
理解。結果還是都「不予理會」。埔農當時就傷心難平。

2004年後，每次看到所謂的「保釣」議題，以及中華人
民共和國的爭奪台灣釣魚台列島，台灣聞達人士（尤其歷史
學者）又默不作聲，埔農就心絞痛發作一次，近幾年無奈久
了，才漸漸麻痺。現在既然吉木兄提起，埔農就再詳細解說
釣魚台列島的古今真相，讓朋友們清楚明白。

釣魚台列島包括釣魚台島（台灣語稱Diau-i Da-ah；日
本稱魚釣島）、南島、北島、東北島（中國人謊稱的黃尾
嶼；日本稱久場島）、東島（中國人謊稱的赤尾嶼、赤坎
嶼；日本稱大正島），是台灣陸棚的延伸，自古即是台灣

（Paccan）的附屬島嶼，也一直有台灣漁民在此島活動。

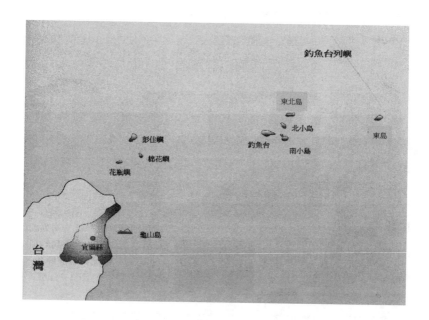

　　1884年，日本福岡人古賀辰四郎於探險期間到達Diau-i Da-ah（釣魚台），其後以「和洋島」之名向日本內務省申請，要求將該列島劃入國界，並請求承認其個人所有權。但是這請求在1885年被外務卿井上馨駁回，井上馨批道：「此島嶼近清國之境，較之前番勘察已畢之大東島方圓甚小，且清國已命其島名（其實是唐山滿官依台灣語音Diau-i Da-ah，用其家鄉既有地名的近音寫作「釣魚台」）。近日清國報紙等，風傳我政府欲佔台灣近旁之清國所屬島嶼云云，對我國心懷猜疑，我國已屢遭清政府之警示。此時若公然驟施立國標諸策，則易爲清國所疑。竊以爲目下可暫使其實地勘察，細報港灣之形狀及有無開發土地、物產之望，建立國標、開發諸事可留待他日。」當時原函如下：

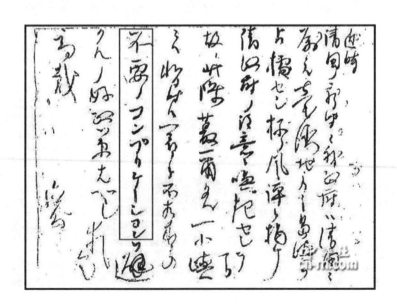

　　日本在1885年駁回古賀辰四郎的申請，其實是因為日本政府另有算計。日本政府早就覬覦台灣，當時正在籌劃挑釁清國以謀取台灣，不願於時機未成熟前就引起疑慮。

　　1894年中日甲午戰爭爆發，日本在戰爭節節勝利之際，日本內閣就於1895年1月14日（其實戰爭還在劇烈進行中）通過決議，將「和洋島（Diau-i Da-ah；日本官方稱魚釣島）」和周邊島嶼劃入日本版圖，編入屬沖繩縣八重山郡。滿清帝國甲午戰敗，割讓臺灣給日本，那時候日本並沒有要求包括釣魚台列島，因為釣魚台列島在之前已被偷偷劃入日本版圖。

　　1900年，日本博物學家黑岩恒，將英國海軍調查艦Samarang艦長Edward Belcher於1845年首次用來稱呼南島和北島的「Pinnacle Islands」（意思是教堂尖頂狀的島）依語意譯成日文，稱「尖頭諸嶼」。後又把魚釣島、久場島（東北島）、久米赤島（東島，1930年日本官方改稱大正島）合併一齊命名為「尖閣列島」。同年，日本政府將尖閣列島的魚釣島（釣魚台）、南小島、北小島及久場島等四個島嶼無償租給古賀辰四郎，主要經營魚乾及鳥羽、貝類、珊瑚、玳瑁等產品，並種植芭蕉、甘蔗、甘藷等農作物。1909年11月古賀辰四郎還曾因此獲得當時日本政府頒贈勳章。

　　1919年，一批中國福建漁民在釣魚台旁擱淺，由經過的石垣村人玉代勢孫伴救起，隔年中國駐長崎總領事馮冕向玉代勢孫伴發出感謝狀，註明是「日本帝國沖繩縣八重山郡尖

閣列島內和洋島」。照相本如下：

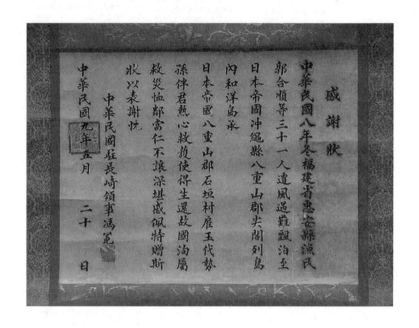

在1932年，日本政府將這四個島嶼的產權正式賣給古賀辰四郎之子古賀善次。到了1940年，古賀善次由於無力維持島上的事業，才放棄所謂尖閣諸島上的設施，並永久離開釣魚台列島。美國政府自1955年起將東島（中國人謊稱的赤尾嶼，日本稱大正島）、東北島（中國人謊稱的黃尾嶼，日本稱久場島）使用爲美國海空軍炸射訓練的場地，分別與沖繩政府及登記的所有人古賀善次簽訂租賃契約，支付古賀善次租金，沖繩政府則對古賀善次徵收土地稅。但是，自1940年至1970年，台灣漁船業者又一直在釣魚台（Diau-i Da-ah；日

本稱魚釣島）設有補給站。

　　二戰末期，蔣介石覬覦台灣之富庶和進步，意在搜括。在美國答應讓他暫時代為佔領台灣時，蔣介石拒絕他認為是負擔的釣魚台列島和與那國島，釣魚台列島和與那國島遂由美國一併託管。蔣幫的所謂中華民國流亡政府竟要接管遠在1600公里外，位居太平洋西邊海空要道的所謂「太平島」（Itu Aba Island），並利用太平島劃出U形線，虛構南海疆域以夜郎自大。1951年的二戰後的舊金山對日本和約中，日本已聲明放棄台灣、澎湖等不法取得之領土。依國際法慣例，日本聲明放棄的當然包括蘭嶼、火燒島、龜山島、釣魚台列島和與那國島等附屬島嶼，當時以蔣介石為首的據台蔣幫壓霸集團仍然不要接管釣魚台列島和與那國島，美國才依《舊金山和平條約》第三條予以託管，美軍遂於1953年12月25日公告「尖閣諸島（釣魚台列島）在沖繩政府管轄之內」。1970年8月31日，沖繩地方政府立法局在美國方面的監督下，開始草擬「關於申請尖閣列島領土防衛的決定」；在1970年9月10日美日開協調會議，言明美國於二戰後佔領的琉球群島管轄權（包括尖閣諸島和與那國島）將要移交日本。直到此時，不論是所謂的中華民國或中華人民共和國對此都沒有表示異議。於是，在1971年6月11日，美國與日本簽署「歸還沖繩協定」，寫明「沖繩將歸還日本」，其中就包括尖閣諸島（釣魚台列島）和與那國島。在這段時間，心靈清明的台灣人還被所謂的中華民國流亡政府拘禁在台灣島

內，既發不出聲音，美、日兩國也沒有想到應該要照會台灣人，聽一聽台灣人的聲音；台灣聞達人士則沉迷於假華人、假中國人的虛妄，無視於台灣人的歷史尊嚴和祖先領土的完整。美國於1972年正式將沖繩歸還日本時，才一併將釣魚台列島和與那國島轉手給日本。

1965年10月，由所謂的中華民國國防研究院與中國地理學研究所合編出版之世界地圖集第一冊東亞諸國中，認定釣魚台列島是「尖閣群島」，還加上羅馬字母拼音「Senkaku Gunto」的日語讀音，釣魚台島則寫是日本稱呼的「魚釣島」，東北島和東島也分別寫上日本稱呼的「久場島」如「大正島」，並都印有日語讀音的羅馬字母拼音。

1965年11月，所謂的中華民國台灣省政府編印之「台灣省地方自治誌要」，將台灣最北端界定為彭佳嶼，而釣魚台列島距彭佳嶼東北約有150公里遠。1968年10月印行的所謂「中華民國年鑑」，也以彭佳嶼為台灣的最北端，極東為綿花嶼。1970年以前，所謂的中華民國國立編譯館編印之國民中學地理教科書，都是將釣魚台列島劃為沖繩群島的一部分，名稱也是用日本使用的尖閣群島、魚釣島、南小島、北小島、久場島、大正島等。在1970年以前，所謂的中華民國和中華人民共和國都承認所謂的尖閣諸島為日本帝國沖繩縣的領土。中華人民共和國政府甚至沒有「釣魚台列島」這名稱的任何記錄，中華人民共和國政府官方刊物也記載「尖閣諸島為日本領地」。事實上，1945年至1969年佔據台灣的所

謂中華民國政府及中華人民共和國的多種官方地圖（包括軍用地圖在內），都是以「日本尖閣諸島」稱台灣的釣魚台列島。

1968年，聯合國亞洲遠東經濟委員會（ECAFE）的探測報告指出，釣魚台列島附屬海域的石油蘊藏量十分豐富，估計可達1000億桶，中國就開始覬覦釣魚台列島。於是，在1970年底，中華人民共和國政府先指示潛伏台灣的徵信新聞報（中國時報的前身）派遣記者僱船登上釣魚台列島實地查看，再利用港澳留美學生，藉口1970年7、8月間有台灣漁民遭日本軍艦驅離，誘拐台灣留美學生參與串連，在美國各地發起所謂保衛釣魚台的示威活動，抗議「美日私相授受，侵犯所謂中國的釣魚台領土」，以1971年4月10日的華府大遊行最引人注目。

其實，日本海上保安廳在此之前，一直是以日本本土爲巡邏區域。管轄沖繩周邊海域的保安廳第11管區，是1972年5月15日美國交還沖繩之同一天才設立的，1970年那來的日本軍艦驅離台灣漁民？事實上，日本海上保安廳和台灣漁船的衝突，是始自聯合國2004年的「200海哩經濟海域」約定。日本是聯合國會員國之一，當然樂於執行200海哩經濟海域的規範，當時受到最大影響的是台灣近海漁民。1971年以前，台灣漁民一直都有在釣魚台島活動，1972年至2004年台灣漁民原本都還可在與那國島和釣魚台列嶼12海哩外捕魚，但從2004年實行經濟海域規範後，日本才堅持獨占這良

好漁場，不讓台灣漁民在這些海域捕魚。1970年的「有台灣漁民遭日本軍艦驅離」，純粹是中華人民共和國潛伏台灣的人員所捏造，以便中國的港澳留美學生誘拐台灣留學生加入所謂保衛釣魚台之示威活動，以及潛伏台灣的中國人師生藉以唆使台灣學生參與，所以就用「7、8月間」模糊帶過。

在中國共產黨（1971年10月25日正式被承認爲中華人民共和國）潛伏台灣的台灣大學教師陳鼓應和王曉波之主導與煽動下，1971年4月12日，台灣大學僑生社團「香港德明校友會」率先貼出大字報「釣魚台是我們（？）的」，台大論壇社接著於13日，在當時台大校門口的農經系館（洞洞館）掛出「中國的土地（？）可以征服，不可以斷送」、「中國的人民可以殺戮，不可以低頭」的巨幅抗議布條。14、15日兩天，僑生社團率先赴美、日使館抗議，打破學生活動不得逾越校園的蔣幫禁忌。潛伏台灣的所謂僑生再誘導台大各學生社團於16日聯合舉辦所謂「保釣座談會」，決議籌組「台大保衛釣魚台委員會」。於是，6月17日台灣學生也正式踏出校園，到美日大使館示威抗議。這可謂是228屠殺事件後，台灣學生的第一次示威活動。潛伏台灣的僑生再透過《科學月刊》聯絡網動員，各校紛紛成立「保釣行動委員會」。由於是用「保衛中國領土」的訴求，並不違反「中華民國流亡政府」一向仰賴的所謂「中國民族主義」意識形態，所以中國國民黨起初是睜一隻眼閉一隻眼。當時臺灣還處於戒嚴時期，台灣剛相繼發生自由中國雜誌被停刊以及雷

震案，連具有批判精神的非政論刊物《文星雜誌》也被迫停刊。因為自從228屠殺事件後，台灣社會一直沒有過、也從來沒有人敢集結表達異議，中國國民黨的所謂流亡政府不久即開始起疑，「原來很乖的學生怎麼會突然搞示威遊行」，於是想到「背後應該有共匪在煽動」。1973年2月，中國國民黨的所謂流亡政府決定動手鎮壓，於是由警備總部出面，用涉嫌「為匪宣傳」的罪名，以「散播、聆聽留美學者王浩、陳省身參訪大陸後感想的錄音帶」為由，逮捕主導煽動的台灣大學教師陳鼓應、王曉波（都是所謂的中國人）、學生黃道琳、錢永祥（僑生）等人，調查局則另外前往其他學校逮捕周一回、宋秩銘等學生，所謂的「保釣運動」才就此平息。

1971年10月25日，當國際上決定承認中國境內的中華人民共和國為合法政府之同時，就由中華人民共和國正式取代了非法的「中華民國流亡政府」在聯合國之席位。1990年代，唯利是圖的台灣廠商協助中國逐步建立起基礎經濟後，中華人民共和國逐漸崛起，也才公然藉口有資格接收中華民國的任何所有權，開始準備侵略南海以及奪取釣魚台列島，但還不敢行動。中國近十年來國力日益強盛，就一直肆無忌憚的侵略南海，也試圖以行動奪取釣魚台列島。侵略南海已得逞一半以上，奪取釣魚台列島則仍在進行中。

期間，在台中國壓霸集團以及台灣假漢人、假華人，配

合中華人民共和國，舉出幾個似是而非的所謂「中國人比日本人早發現釣魚台列島」之事！說「鄭和下西洋時（1405年至1433年間）的《順風相送》、李鼎元（1800年）的《使琉球記》、齊鯤和費錫章（1808年）的《續琉球國志略》、沈復（1808年隨從）的《中山歷記》（即《浮生六記》）都有記載曾經過、見到過所謂的釣魚台（嶼）」，誆言中國人發現釣魚台比日本古賀辰四郎的1884年早得多，所以中國比日本更有權利佔有台灣的釣魚台列島。台灣聞達人士也隨之起舞。這全是所謂漢人、華人江湖術士的詐騙手法，是「先遮掩真相，再移花接木」的伎倆，更是「中國厚黑學」一貫的無恥、壓霸行徑。

1. 在所謂漢人、華人的活動區到處有釣魚台，只要水岸邊見到可蹲坐的小台地就會被稱作「釣魚台」；見到水中有可蹲坐的小土石就稱作「釣魚嶼」。以上所謂的釣魚台（嶼），事實上都是所謂中國近海的沿岸小島礁。以下再分別舉證分析。

2. 鄭和下西洋7次，不是從南京三漢河中保村的寶船廠開船從龍江關出水，就是由蘇州瀏家港（瀏河鎮）經吳淞口進揚子江。是使用吃水深的遠洋大船，當然必須先往東出海，再沿深水航道向南行船。鄭和率領的船隊，習慣上都是往南先到福建長樂的太平港或廣東廣州的港口整補，並聘用熟稔南洋和西洋航行的舟師導航。

　　《順風相送》的指南針導航紀錄是：「大武放洋，用甲
寅針七更船，取烏丘，用甲寅並甲卯針；北風東涌開洋，
用甲卯取彭家山。用甲寅及單卯取釣魚嶼；正南風，梅花
開洋，用乙辰，取小琉球；用單乙，取釣魚嶼南邊；用卯
針，取赤坎嶼；廣東往磨六甲：南亭門放洋，用坤未針
（217.5°），五更船取烏頭山；用單坤針（西南225°），十三
更取七洲洋；坤未 （217.5°）針， 七更船平獨豬山；……
乾亥（322.5°）針五更船平昆宋嶼；單亥針（330°）五更船
取前嶼；乾（315°）針五更取五嶼；沿山使取磨六甲（麻六
甲）。」

　　這「大武放洋，用甲寅針七更船，取烏丘；用甲寅並甲
卯針；北風東涌開洋，用甲卯取彭家山；用甲寅及單卯取釣
魚嶼，正南風，梅花開洋；用乙辰，取小琉球；用單乙，取
釣魚嶼南邊；用卯針，取赤坎嶼」，就是遠洋大船從揚子江
出海口往東到深水航道必經之航路。請看，「自烏丘至赤坎
嶼」都未提及「行幾更船」，表示很快經過；而「大武放
洋取烏丘」及「南亭門放洋至取五嶼」都特別提到「行幾更
船」，表示是遠距離航行，必須記錄「幾更船」以估算行
程。所以這「彭家山、釣魚嶼、小琉球、赤坎嶼」，都是從
揚子江口出海後的近海島嶼。抵達深水航道後就一直往南到
廣東或福建的大港口整補，並聘用舟師。真正前往南洋、西
洋的出發地都是廣東和福建的這幾個港口。所以，鄭和下西
洋的船隊，再來就是持續往西南航行了（廣東往磨六甲：南

亭門放洋，用坤未針）。既然鄭和下西洋是先要到廣東或福
建的大港口整補和聘用舟師，怎麼可能會一開始就往東北方
的遠洋繞道呢？請參考當時的羅盤：磁軸和地軸有11.5度的
偏向夾角，磁北極偏向加拿大。即是，在亞洲、太平洋地
區，辨認地理方向時，須依順時針方向將羅盤偏轉11.5度才
正確。

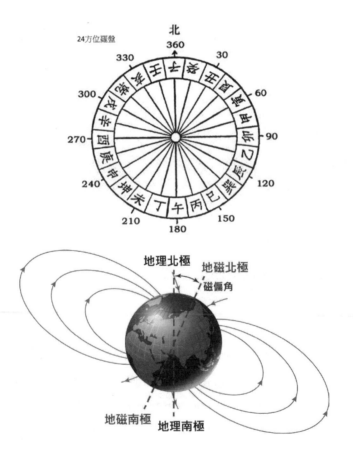

　　更何況，鄭和7次下西洋，依其記述以及所繪航海圖，經崇明島南邊的揚子江出海後，都是立即往南，穿過浙江海岸和舟山群島之間，一路緊貼著浙江、福建沿岸往南航行；經廣東、海南島（口），還是緊貼著越南沿岸直到抵達西、南洋交接處。那來的看到台灣釣魚台列島了？

　　以下是鄭和航海圖中，從起程到西、南洋交接處的分段截錄圖。（原圖是連續的長卷）

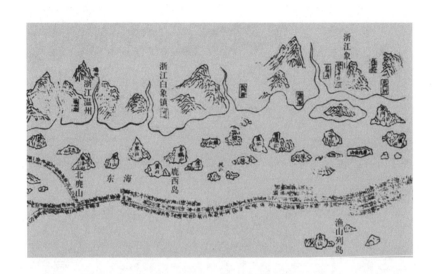

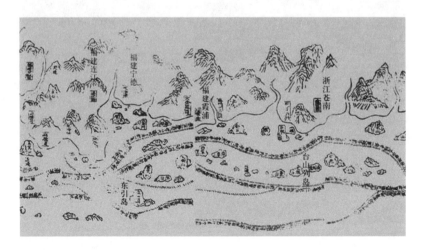

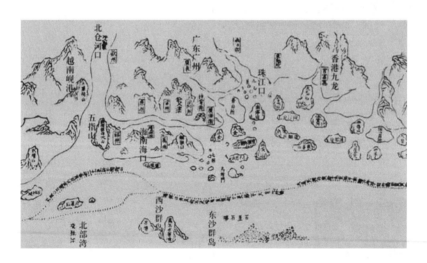

3. 李鼎元（1800年）《使琉球記》記載：「（五月）初
   九日庚寅，晴，卯刻見彭家山，山列三峰，東高而西
   下，計自開洋行船十六更矣。由山北過船。辰刻，轉
   丁未風，用單乙針（由磁北極往右轉105度），行十
   更船（丁未風是西南風，和行進的東南向〈單乙針〉
   是近乎垂直的側風，所以行船的速度很慢）。申正，
   見釣魚台，三峰離立如筆架，皆石骨。入夜，星影橫
   斜，月光破碎，海面盡作火焰浮沉出沒……舟人稟：
   『祭黑水溝』。按汪舟次《雜錄》，過黑水溝投生羊
   豕以祭，且威以兵。今開洋已三日，莫知溝所？琉球
   伙長云：『伊等往來，不知有黑溝，但望見釣魚台，

即酧神以祭海。』隨令投生羊、豕，焚帛、奠酒以祭
……初十日辛卯，晴，丁未風，仍用單乙針，東方黑
雲蔽日，水面白鳥無數。計彭家山至此，行船十四
更。辰正，見赤尾嶼，嶼方而赤，東西凸而中凹，凹
中又有小峰二，船從山北過。……十一日壬辰，陰，
丁未風，仍用單乙針。計赤尾嶼至此，行十四更船，
午刻見姑米山，山共八嶺，嶺各一、二峰，或斷、或
續。舟中人歡聲沸海……。」

　　齊鯤和費錫章（1808年副使）《續琉球國志略》記載：
「……閏五月十三，天明見釣魚台，從山南過，仍辰卯針，
行舟二更，午劇見赤尾嶼。又行船四更五，過溝祭海。……
閏五月十五日，雞鳴回西南風，仍辰卯針。黎明見姑米山，
船行九更五，從山南過。仍辰卯針，行船三更五，至馬齒山
下椗，日入風微，起椗收篷，順風蕩漾。閏五月十六日，行
一更三，至那霸港外下椗。」

　　沈復《中山歷記》（即《浮生六記》，沈復是1808年的
隨從人員）‧海國記：「……，十三日辰刻，見釣魚台，形
如筆架。遙祭黑水溝，遂叩禱於天後。忽見白燕大如鷗，繞
檣而飛，是日即轉風。十四日早，隱隱見姑米山，入琉球界
矣。」

12方位羅盤

　　所謂的黑溝、黑水溝，是指西太平洋邊緣的往南寒冷親潮洋流，和往北的溫暖黑潮洋流逆向擾動，形成一條南由巴士海峽以西，穿過台灣海峽中線，往東北方向延伸至日本九州鹿兒島縣西方海域之旋渦洶湧的險惡海線。以上三者皆述說，過釣魚台，再行船6至7更才接近黑水溝。而且因為畏懼所謂黑溝或黑水溝的險惡海象，所以「但望見釣魚台，即酬神以祭海」或「見赤尾嶼，又行船四更五，過溝祭海」。都顯示三者所說的釣魚台，是靠近清國沿海的小島，離東方的黑水溝還很遠。而台灣東北端現在的所謂釣魚台是由黑水溝

再往東方300公里，怎麼會和唐山近海的釣魚台有任何牽連呢？

　　溫暖的黑潮洋流抵達南台灣，衝擊出西支流進入台灣海峽。西支流再於台灣北端匯入黑潮主流。由於經由台灣海峽的支流較窄小，海床較高，洋流上升力轉為動能，加上海峽兩邊地形的限縮壓力，以及黑潮主洋流在台灣北端和海峽支流會合時的拉力，以及使得通過台灣海峽的這段所謂黑水溝，其漩渦與狂浪更是險惡中的最險惡。也因此，明末以前的唐山船隻只要靠近這段所謂黑水溝，幾乎無一能倖免於被渦流和狂浪所吞沒。所以，直到16世紀，唐山人從來就不知東方海上有Paccan（台灣）這一國度，更不用說台灣東北端有所謂的釣魚台列島了！更何況，台灣的所謂釣魚台（Diau-i Da-ah）是連續山體，那來的「三峰離立、形如筆架、皆石骨」？

　　以下是往南的寒冷親潮洋流和往北的溫暖黑潮洋流逆向擾動圖：

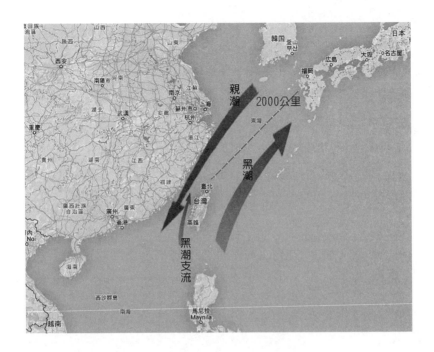

4. 李鼎元（1800年）的《使琉球記》和齊鯤、費錫章
   （1808年）的《續琉球國志略》（沈復是隨從人
   員），都說起程後即是往東南的方向行船（12方位羅
   盤單乙針即24方位羅盤辰卯針，即正東往南偏15度
   方向），經過釣魚台、赤尾嶼，再持續一路往東南直
   行。這是從揚子江口往那霸的航線，根本不可能經
   過Diau-i Da-ah（現在台灣的所謂釣魚台）。再對照
   《順風相送》中所述「鄭和下西洋的船隊一出海，
   過烏丘，即很快經過彭家山、釣魚嶼而抵達赤坎嶼
   （赤尾嶼）。然後再往南偏西，前往廣東」，更證明

　　這彭家山、釣魚嶼或釣魚台、赤坎嶼或赤尾嶼，根本
就是自揚子江出海口，往東南到外海的深水航道所必
經之近海島嶼而已。經比對《順風相送》、《使琉球
記》、《續琉球國志略》，顯示清、明兩國放洋出使
琉球或南洋、西洋，都是從揚子江口出外海。

　　下圖是現今自揚子江出海口，往東偏南到外海的深水航
道所必經之近海各小島嶼的位置圖。

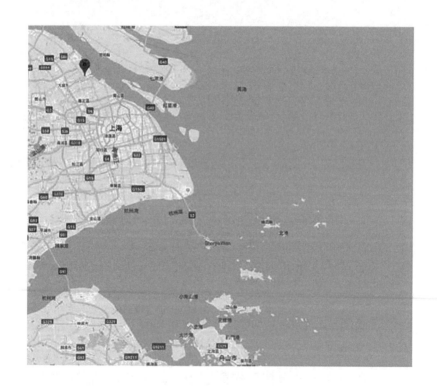

　　這裡的「小琉球、彭家山、釣魚嶼或釣魚台、赤坎嶼或

赤尾嶼」是古名稱，由於清帝國官方不再使用此航道，也未曾有其他記錄，再歷經200年的淤積和變遷，島名已更動多次而不復聽聞。甚至於，明帝國時期的福建沿海也有「小琉球、彭加山、釣魚嶼（山）、赤嶼」。只是，在福建沿海由北往南，是先到所謂的「赤嶼」，經過所謂的「釣魚嶼（山）」，然後才到「彭加（家）山」。但是，現在同樣也是沒有人記得這些舊名稱了！再加上3百多年的泥沙淤積，福建當時沿海的諸島嶼，只剩「担嶼」這名稱還留在黃歧半島的北岸；「東引山」的「東引」，則是被改用到偏南的現在所謂「東引島（鄉）」。

下圖是鄭若曾1561年所著《籌海圖編》之「沿海山沙圖」福建八與福建七，標明福建近海的眾多小島嶼。請看各小島由北往南的順序。

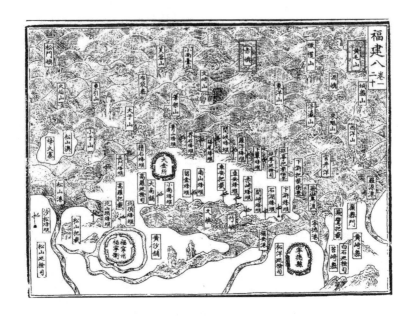

　　李先生（應該是歷史學者）留言質疑：「算你厲
害，但我就有一張也是「《籌海圖編》的「沿海山沙

圖」之一，就不是你所說的『福建沿海由北注南，是先
到所謂的赤嶼，經過所謂的釣魚嶼（山），然後才到彭
加（家）山』，看你怎麼解釋！」

　　埔農回答：

　　唉！這張圖埔農也有。請看左下角的「西南福建梅花所
開洋順風七日可到琉球」的註腳，顯示這不是地圖，是兩張
由近海在船上觀察「福建梅花所」和「琉球那霸」的併合
圖。而且，從右邊併入的這「由近海觀察琉球那霸」小圖，
是以由西轉向南的方向併入。所以，原本朝西面海的「琉球
那霸港」就變成是朝向南方了。

　　如果先生有仔細看清楚，就不難發現，在未併入那「琉
球那霸港」小圖前的海上福建近海觀察圖，是由福建梅花所
出海繞過「雞籠嶼（山）」，行船至「釣魚嶼」東邊時，面
向福建沿岸（面向西方）觀察時所繪出。加上「彭加（家）
山」本來就比較靠近福建沿岸，所以「雞籠嶼（山）」就在
「釣魚嶼」左前方；「彭加（家）山」看起來是在較遠的前
方；而「小琉球（小洋嶼）」就再更左前方了。」

　　為了免得先生再有懷疑，埔農就拿出《文淵閣欽定四庫
全書》的另一張「琉球那霸港併入福建沿岸地圖」讓先生看
個清楚。

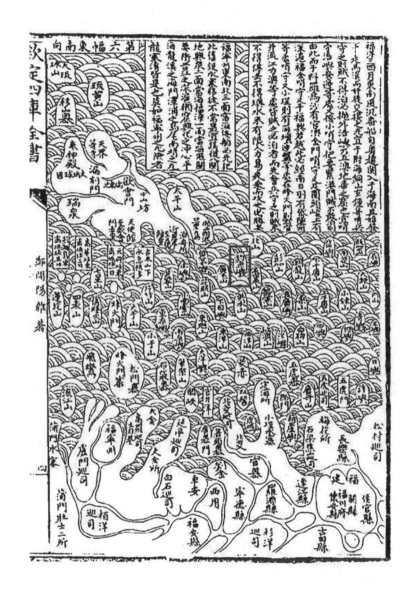

　　下圖標示的，即是鄭和下西洋以及李鼎元（1800年）、
齊鯤和費錫章（1808年）出使琉球那霸的航線，那來經過台

灣的所謂釣魚台列島？

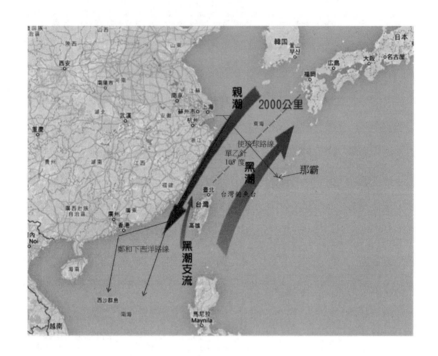

5. 不必說「事實上在1970年以前，中華人民共和國根本
   不知道台灣的所謂釣魚台」了，即使真的見過台灣的
   所謂釣魚台，以前看到過現在就可以佔有嗎？「看到
   就要搶；見過就想佔有」？現在中國的侵略南海、霸
   凌南海，就同樣是這種壓霸、無恥的「中國厚黑學」
   習性。

講到「釣魚嶼、小琉球、赤坎嶼」，埔農不由得想到一

些「台灣聞達文史學者盲目跟隨中國壓霸集團指鹿爲馬」
的齷齪事。現在台灣的所謂釣魚台，台灣語原是Diau-i Da-
ah，上面還留有許多凱達格蘭部落祖先的遺跡，包括座標石
柱、蛇形雕刻、龜形雕刻、千年蛇紋圖騰、祭天壇、祭海平
台，還有被視爲聖樹的「山橄欖」。林勝義先生指出：「日
據時期以前凱達格蘭部落每12年都必定會到Diau-i Da-ah島
上祭祖。」是派台的唐山人滿官，以其家鄉名稱的諧音，把
Diau-i Da-ah寫成「釣魚台」。這些事台灣聞達文史學者不知
道也就算了，卻還將唐山沿海的黃尾嶼、黃麻嶼、黃毛山、
黃毛嶼；赤尾嶼、赤坎嶼等等，用來胡亂指稱釣魚台列島的
兩個島嶼（東北島、東島，日本人稱久場島、大正島），更
也隨著中國壓霸集團，把1755年才被改稱台灣「小琉球」的
台灣Lamey島說成是「鄭和下西洋曾到過台灣」的證據，眞
是亂七八糟。

　　連屏東縣政府編的1995年小學鄉土教材都有寫：「小琉
球原稱『沙碼基』（更早是稱『Lamey；拉美』）。康熙年
間朱一貴事件後，該島被畫爲禁地。清乾隆二十年（1755
年）時，因這孤島好像一個浮在水面的球，面積又小，才被
稱爲『小琉球』。1920年日本人設立琉球鄉」。難道台灣聞
達文史學者連這些都不知道？1755年才有的台灣「小琉球」
名稱，又怎麼會和15世紀鄭和下西洋經過的小琉球扯上關係
呢？

　　事實上，是荷蘭據台時期的唐山人垂涎Lamey土地肥

沃，物產豐富，景色優美，四周有環海屏障，離台灣本島又近，是一不可多得的福地，企圖獨佔，就把害死荷蘭船員的事件栽贓給Lamey人，騙說Lamey居民素來蠻橫，並誘使荷蘭人展開報復，導致村莊被毀，Lamey居民全數被放逐。一部份Lamey人甚至被送到印尼Batavia，最後幾乎都死在那裡。荷蘭人事後才發現，原來Lamey人和台灣人沒有任何不同，也是溫和又善良，容易受到欺負。連素來狠心的荷蘭繼任傳教士Robertus Junius，後來也不得不爲Lamey人抱屈，但已無法挽回（《*The Formosan Encounter*》Vol.II, P.1-150、P.238）。清國侵台初期，唐山人全數被驅離台灣，有些台灣人重新移居這島嶼，新居住人口才稱這島嶼爲Samaki（沙碼基）。後來派台的唐山人滿官，1755年又以其家鄉名稱將Samaki（沙碼基）改名作「小琉球」。

　　以上就是所謂的中國人，把奸詐、狡猾、壓霸、無恥之「中國厚黑學」表現得淋漓盡致的實況例子。
　　再請看下面這張19世紀德國人繪製的南台灣地圖，所謂的小琉球仍指明是「Lambay Insel」。

　　2004年1月，陳水扁率領的執政團隊，在「潛台中國壓霸集團和台灣假華人配合中國」的慫恿下，才將釣魚台列島登記為中華民國所有，寫下「屬頭城鎮大溪里，地籍測量與土地登記包括釣魚台、赤尾嶼、黃尾嶼、北小島、黃小島共5個島嶼，總面積612.18公頃」。這「赤尾嶼、黃尾嶼、黃小島」，就是被中華人民共和國政府牽著鼻子走，才自打嘴巴的名稱。請看看台灣聞達人士被中國壓霸集團呆奴化到了什麼地步！

　　2004年以後，日本海上保安廳的軍艦，在彭佳嶼和釣魚台間海域中線的附近定期巡邏時，偶爾會仗勢驅趕台灣漁船，於是就會再有中國政府指示港澳人士和潛伏台灣的人員，蓄意煽動進一步衝突，妄想漁翁得利。

　　台灣人當然必須記得，並誓言將來復國之後，一定要取回釣魚台列島。但是，在這時候切忌落入「精煉厚黑學」的中國人圈套，免得被賣了還必須幫敵人數自己的賣身錢！台灣人必須明白，釣魚台列島的被日本佔有，是先前被蔣幫中國壓霸集團出賣才發生的。另外，懇請心靈清明的台灣人，別忘了自己兄弟姊妹的Yonaguni（與那國島），「與那國島」本來就是台灣（Paccan）的一部分，而且比釣魚台列島更靠近台灣本島。12,967年前因彗星撞擊地球引起大規模火山爆發和地震，現今台灣東部外海的一大片Paccan土地才沉入海底。Yonaguni是當時所留下來的一小部分，島上的居住人口到現在仍然是說著原台灣語（Paccanian）。

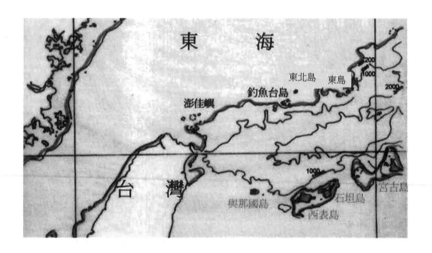

第二節　台灣政客的「斯德哥爾摩症候群」

柯文哲兩次在中國複誦中國的虎姑婆用語「兩岸（國）一家親」、「兩岸（國）命運共同體」，又說「『兩岸（國）一家親』總比『一家仇』好吧」。有三位朋友來找埔農，對這柯文哲事件舒發感慨：（以下是埔農記錄，有任何爭議的法律責任由埔農承擔）

曾阿淡說：「柯文哲終於也難逃『名位、權勢令人腐化』的詛咒。他食髓知味，為了抓取更上一層的名位和權勢，已不惜賣祖求榮。」

曾吉木說：「真虧埔農你曾送了《原台灣人身份認知辨悟》和《台灣人被洗腦後的迷惑與解惑》這兩本書給柯文哲，他還是選擇了當假漢人、假華人或甚至於假中國人，自以為高級，或要藉以爬上更高級。真是白白浪費那兩本書！」

埔農說：「柯文哲是埔農年輕時認識的，已有30年未再見過面。書出版時，是柯文哲答應會抽空讀才送他的，這是對『台灣人全面覺醒之希望』的投資，投資就要有『收穫或浪費都可能』的心理準備，尤其是這種小獨木舟對抗巨浪之事。埔農並不後悔，因為埔農只能盡力而為，若計較效果，早就氣餒而做不下去了。」

曾吉木說：「柯文哲說來說去不離『一家』，會不會是他父親或祖父曾到中國留下了私生子？」

　　洪全示說：「不可能的，柯文哲的父親和祖父一生從未離開過台灣，又一直受到中國壓霸集團的監視和迫害，那來的私生子留在中國？」

　　曾阿淡說：「那柯文哲是『認賊作父』或『認盜作祖』了，所以才會表示和中國爲『一家』。」

　　曾吉木說：「是的，除了『名位、權勢令人腐化』外，最主要還是因爲台灣聞達人士多數漢化過深，身陷名利至上的中國式虛妄思維，學起了『中國厚黑學』，一旦爬上高位，在他們心目中，人格、祖先算什麼！」

　　曾阿淡說：「也許柯文哲是受『中國壓霸集團爲洗腦台灣人而僞造、編纂的所謂標準歷史教科書』以及『早期因漢化深而轉性貪婪，寧願認盜作祖的所謂台灣士紳虛構之小說』所影響，再被呆奴化的台灣文史學者誤導，遂和不少的台灣人一樣，誤以爲自己有漢人或華人血緣，誤以爲自己是唐山人或所謂中國人的後代。」

　　洪全示說：「這可能性也不高，因爲柯文哲自認很聰明、智商高，善於愼思明辨，『120年前有唐山人或所謂中國人之後代在台灣』的騙術破綻百出，也許騙得過別人，但騙不了柯文哲的。更何況，柯文哲是醫學專家，台灣驗DNA很發達，有沒有漢人或華人血緣，驗血很快就能查清楚，這已經是非常彆扭的理由了！」

　　曾阿淡說：「所以，賴清德爲了垂涎『更高級』，也大言『親中愛台』。」

曾吉木說：「眞是無可救藥的呆奴！中國部署1500枚飛彈瞄準台灣，包括東風16型導彈，搭載有敏銳的子母彈頭，可同時分別射出大批個個都有導航能力的分散彈頭，讓防空武器防不勝防；也具有裝塡核子武器和生化武器彈頭的能力。中國一方面加緊對台灣進行統戰、威脅、餌釣，一方面揚言要隨時血洗台灣。看見處心積慮要置台灣於死地這樣兇殘的壓霸土匪，若是一般腦筋稍微清楚的普通人，避之唯恐不及，即使窮途末路，也不可能會痟想親近它，何況是自以爲高級或看似高級的聞達人士呢！在這情況下，台灣怎麼會是中國的命運共同體呢？台灣是狂妄中國貪婪的肥肉，他吃不到就要砸毀。難道這些台灣聞達人士沒有聽過『中國虎姑婆』的故事嗎？『共同體』、『一家親』只是老虎要騙小孩開門的『我是你姑婆』之催眠騙術，也是誘殺獵物的陷阱。另外，既然是『親中』，早晚必害死台灣，又怎麼可能扯上『愛台』呢？」

朋友Kho說：「只有建國才能談高級啦！」

埔農回答：

是可以這麼說，但以原台灣人（Paccanians）的心靈智慧看，既爲人，並無級別可言。只要是人，只有靈性智慧充滿的程度才是值得認識。

Kho說：「嗯嗯，我相信在靈性上面人是沒有級別的每個人都有潛力。不過依照發揮出的潛力多寡在表相上還是會看起來有級別。」

埔農回答：

是的，在單一表相上是會看似有級別。但人是多面向的綜合體，也是社會性的份子。社會分工合作，任一身份之人都同等重要。於權勢盛行的現代社會中，許多人誤以為最常見狂妄又不知感恩的權貴、巨賈、顯達等是重要人物。事實上，若有一天，沒有了謙虛、平凡、務實的農民，饑荒浩劫立現；缺了樸實的工人，立即斷絕生活用品的供應，狂妄又不知感恩的權貴、巨賈、顯達根本無法存活。相對之下，若有一天，這些權貴、巨賈、顯達同時從世上消失，人類並無可損失，謙虛、樸素之普羅大眾的生活並不會有任何改變。而且，人類少了權貴、巨賈、顯達的狂妄、權謀和爭鬥，那世人才真可得安樂。更何況，這些權貴、巨賈、顯達的貪婪成就，正是現代人類不理性消耗不可再生資源、破壞自然和毒害環境的肇始者；這些人也是占消耗、破壞和毒害人類生活條件的大宗。到底那類型人才是真實的重要人物？實在值得深思。

曾阿淡繼續說：「即使台灣被披上那腐臭的所謂中華民國流亡政府之『屍皮』，還是有不少國家善待台灣，台灣聞

達人士爲什麼不親這些國家，反而要親『視台灣爲獵物，處心積慮要打死台灣』的中國？眞是視死如歸嗎？」

曾吉木說：「不，這些台灣聞達人士不是『視死如歸』，是『視名位、權勢和眼前私利如歸』。因爲沉迷於假漢人、假華人的毒癮中，戒毒太痛苦了，又染上『名位、權勢令人腐化』的詛咒，也學會了『中國厚黑學』，所以才會不顧一切的咬住中國之誘餌。」

洪全示說：「其實柯文哲、賴清德就和其他沉迷於假漢人、假華人毒癮中的台灣聞達人士一樣，他們都是所謂的『聰明人』。他們看準了『台灣是施行西方流行的（以權貴、顯達佔優勢）之民主制度』，不少台灣人也已被洗腦至『誤以爲自己是唐山人或所謂華人後代』的地步，要騙多數一般台灣人很容易；諂媚中國可自抬身價，又能獲取本土賣台人士以及在台、吃台、亂台之『中國壓霸集團』的青睞，有助於他們求取更上一層的名位和權勢，當然要『視名位、權勢、眼前私利如歸』了！」

埔農說：「所以，這些台灣聞達人士口中的所謂『愛台』，是愛在台灣的名位、權勢和既得利益，同時也要向中國諂媚，認爲得到中國青睞有助他們抬高身價，有利抓取更上層的名位和權勢。但是，這種吊詭的瞎話，事實上只能騙騙3歲小孩或是呆奴化過深而身陷於假漢人、假華人毒癮中的人。」

曾吉木說：「所以，賴清德很快發現苗頭不對，趕快擠

出『我是指像朋友的親，不是像夫妻或家人的親』以及『台灣和中國是兩個不同的國家』、『一人一家代，公嬤隨人栽』，用來開脫其過度呆奴化的說詞。」

洪全示說：「但柯文哲就沒那麼圓滑了，還是一頭往死穴裡鑽。柯文哲自以為聰明，想用『親比仇好』來化妝那已鄙陋的嘴臉。但柯文哲沒認清的是，你不記仇，想『以親報虐』，他中國肯定仍然是張牙舞爪，吃你吃定了，本性難移啊！現在柯文哲的言行（賴清德也是，但較滑溜，已做些掩飾和修正），根本就是為了討好惡勢力，要強押受暴虐者（台灣百姓）去給施暴虐者（中國壓霸集團）送作堆，讓施虐者可以理直氣壯地公然繼續施暴受虐者。而且，這受暴虐者（台灣百姓）才是他真正的家人或親人啊，那還像人嗎？這該當何罪？」

劉教授留言：「把柯文哲和賴清德兩人對中共統治階級的『言論中透露的態度』等同看待，是缺乏科學分析基礎的。」

埔農說：

柯文哲和賴清德是不能完全等同看待，只是因為柯文哲和賴清德的這些讕言妄語出現在同一時段，友人就同時討論。埔農無法理解的是，既然愛台，又要如何親中？又為何不親有意善待台灣的其他國家？如果也要親其他有意善待台

灣的國家，那為何須強調要親一直揚言吞噬台灣、被各國視
為猛獸的中國？若是痴想用「以親報虐」讓中國心軟，可能
嗎？軟土會被中國深掘啊！歷史為鑑，所謂的中國一向妒恨
又壓霸成性，不是對鄰國鯨吞蠶食就是以鄰為壑。所謂之中
國須等嘗到自作自受的苦楚，才會消其囂張氣焰的。

　　劉教授說：「既然賴清德明確主張台獨，主張一邊
　一國，這種立場已經是目前中共強硬不接受的，他講
　『親中』甚至『愛中』，中共都認為是『瘋話』，咱自
　己反而當真嗎？」

　　埔農回答：
　　問題不在於埔農或友人是否當真，問題是在於，台灣聞
達人士這樣的公開言語，會影響台灣普羅大眾的思想；更會
誤導國際人士，進而產生對台灣百姓心向的錯誤認知。既然
明知中國都認為是「瘋話」，台灣聞達人士對媒體宣揚這樣
的口號，其用意又在那裡？除了諂媚中國、迎合本土賣台人
士以及企圖獲取「在台中國壓霸集團」的青睞，埔農想不出
賴清德口中的「親中愛台」還有任何其他意義！

　　劉教授說：「反而，咱應該對台獨立場明確的人
　給予支持，那句『親中』是在戲弄中國黨走狗議員的
　回應，之後，他繼續在媒體訪問中，宣示兩岸是國與

國的關係，如此還對『親中』起雞母皮就太沒有幽默感
了！」

埔農說：

不是埔農沒有幽默感，而是那句「親中」對「台灣普羅
大眾的心性」以及「國際人士對台灣心向的認知」造成誤
導之傷害太大了。尤其是身爲台灣聞達人士中之主要聞達
者，動見觀瞻，其影響不可謂不大。若是沒有條件的眞「愛
台」，除了口說「台獨立場」，會避免有任何會傷害台灣的
言行，也要看清中國壓霸集團的陰狠手段，更應該不會拿台
灣的尊嚴和前途開玩笑。台灣聞達人士這種輕忽心態，以及
假漢人、假華人的虛妄迷思，正是現在把台灣置於危險境況
的罪魁禍首，在外國人看來，事實上就是我們台灣人自己要
把國家送給所謂的中國。

曾阿淡繼續說：「其實，不論是柯文哲、賴清德或其他
台灣聞達人士，都是因漢化過深，身陷名利至上的中國式虛
妄思維，學會了『中國厚黑學』，又在『名位、私利、權勢
令人腐化』的侵蝕下，『賣祖求榮』已成了台灣聞達人士貪
求更上一層名位和權勢的手段，『台灣百姓』則僅是台灣聞
達人士用來繼續往上爬的墊腳石而已。」

埔農說：「這是今日台灣人的悲哀中之最大者！」

2017年9月2日朋友邱先生留言：「我早在2012年閱讀你所著《台灣受虐症候群下冊》，就在P.117-125看到了中國國民黨當年如何對所謂的『國發院』土地進行奪產，馬英九、蔡正元和元利建設如何官商勾結，如何無法無天，如何貪瀆、分贓的詳情細節。卻直到最近幾日，才由『不當黨產處理委員會』翻出舊帳，『不當黨產處理委員會』竟還是沒進入情況，僅在「是否賤賣」打轉，看來這些台灣聞達人士不但當年迷迷糊糊，到現在竟然連《台灣受虐症候群下冊》中所列的證據資料也一無所知，真不知道這些台灣聞達人士居其位所為何事！」

埔農說：

《台灣受虐症候群下冊》P.117-125關於2005年4月至5月馬英九、蔡正元和元利建設的齷齪骯髒事（在陳水扁率領民進黨連任的執政下），其實都是膽大妄為的馬英九、蔡正元和元利建設自己曝露給報章媒體的，埔農只是收集資料加以分析而已。當年雖然是陳水扁執政，但情治和司法系統都是蔣幫中國壓霸集團一手訓練和掌控的人，表面上的民主政治他們根本視如糞土，馬英九、蔡正元和元利建設有恃無恐，還得意洋洋，所以言語之間缺少戒心，只要拼湊其蛛絲馬跡，他們在幹什麼齷齪事一覽無遺。只是，台灣聞達人士因身陷「台灣受虐症候群（重症斯德哥爾摩症候群）」的心理

疾患中，所以未能明察，甚至表現出一付無可奈何的態度。

　　當時就有朋友好意提醒說：「你這樣指名道姓，又大膽披露其詭計內容，不怕他們指揮檢警系統抓你啊？」埔農回答：「台灣雖然僅是表面上的民主化，檢警系統抓埔農總是要送交司法系統定罪吧，埔農所言都是事實，而且是他們自己透露的證據，上了法庭答辯，他們的馬腳會更是藏不住，自取其辱而已。他們並非智障，不會做這種傻事。何況情治和司法系統都是他們養過的人，他們有恃無恐，是一種『你知道了又能怎樣』的態度，他們才不想把事情鬧大呢！所以，請放心。」

　　至於「台灣聞達人士居其位所為何事」，他們深陷假漢人、假華人的毒癮中不能自拔。這些台灣聞達人士雖然口說有台灣意識，但仍深陷「斯德哥爾摩症候群」的扭曲心理之中。這種「被呆奴化」的心思，對眼前已解禁的史實證據都能視若無睹，當然也不可能看清楚這批蔣幫中國壓霸集團的伎倆。這些台灣聞達人士習於以中國為中心的虛妄，既已得名位，寧願選擇羨慕中國式的壓霸思維，更不可能理會「台灣受虐症候群」和「被呆奴化」的問題了，他們怎麼會想到要看《台灣受虐症候群》這些書呢！

　　2017年9月19日朋友曾先生留言：「葉兄在臉書貼文，問大家對賴清德的急於宣佈『2018年軍公教將加薪3%』有何看法，未見你就你的理解表達看法。我很想

知道你是如何看待此事。」

埔農回答：

葉兄的臉書貼文埔農有看，埔農沒表達意見，是因為要清楚表達看法需要從源頭分析再加以解釋，這必然會出現過大的篇幅，在葉兄的臉書上長篇大論，埔農覺得不好意思。既然曾兄有意瞭解埔農對此事的觀察和理解，埔農就詳細解說。

賴清德在擔任立委時，原本是台灣聞達人士中比較清明且具智慧的一位，歷經兩任掌握地方實權的台南市長職位，也沾染上現實台灣政客「為求騰達必須轉灣、向勢力（即使是惡勢力）妥協」的習性。2017年9月8日賴清德接任行政院長，四處交誼了3天，於9月12日正式上班的首日，第一次主持行政院會時，賴清德就急於撤回前任剛送到立法院的2018年中央政府總預算案。急於撤回總預算案，竟是因為賴清德急著要宣佈「2018年軍公教將加薪3%」。賴清德可以暫時放著引發勞資雙困境之「一例一休的延伸條款」不管，卻非要急著宣佈「2018年軍公教加薪3%」不可，這到底是何算計？

先看「賴清德的急於宣佈『2018年軍公教加薪3%』」：

行政院人事行政總處剛在今（2017）年7月表示：「就相關經濟指標及我國財政狀況進行評估後，建議調薪必須慎重。」最後由時任行政院長的林全拍板定案，明年（2018

年）軍公教不調薪。賴清德一上任就急著下令「2018年軍公教將加薪3%」，除了是從國庫每年拿180億元佈施恩澤，收買特定的所謂有力族群（愛吵、會鬧的有糖吃；壓霸的得逞），更是故意要打臉前院長和舊行政院團隊，以彰顯其「天降英明」的神威。賴清德的行政團隊（主計長朱澤民）自己就大言承認，是要「力拚有感的掌聲」。問題是，賴清德認為「有力族群」的掌聲才有感，因而只是在力拚一小部分養尊處優之惡勢力的掌聲！

　　賴清德說：「這180億元可由應該會增加的證券交易稅支應，不會有任何問題的。」不會有任何問題？這完全是睜眼說瞎話！任何人都應該知道，政府所多出的任一筆開銷，都必然會排擠其他應有建設的必須支出。何況在政府財政窘困的今天，政府有何能力讓賴清德以散財童子的姿態去「贏得一部分特定人士的掌聲」？

　　依監察院2016年7月6日公布的一份政府債務調查報告，當時中央政府的累積債務就已高達5兆2,769億元，舉債瀕臨法定上限，若再加上地方政府的負債，兩者合計高達6兆220億元。單這筆債務，若依照每年編列600億元償還，就需88年才能還清。其實，這還不包括17兆7,400億餘元的潛藏負債。中央政府與地方政府的潛藏負債，以勞保的潛藏負債為最大宗，達8兆8,000億元，其次為舊制軍公教人員退休金的潛藏負債，軍公教的潛藏負債8兆1,367億元。然而，所有在職及退休軍公教人員僅約勞工人數的十分之一，潛藏債務

卻相近，可見舊軍公教退撫制度負擔之重。按照監察院的算法，每年編列600億元償還，需383年才能還清所有的政府債務，爲了贏得一部分特定人士的掌聲，可以長期踐踏台灣人嗎？

賴清德說：「是希望透過軍公教加薪，來帶動民營企業也爲員工調薪。」這根本是把全體國人當笨蛋的笑話。民營企業是將本求利，事業有超過預計盈餘或需才孔急才會加薪。政府若認爲經濟指標已眞的好轉、應該要提高國內職工所得，有效的作法唯有提升「基本工資」。

賴清德說：「透過軍公教加薪，能帶動民間消費、推升內需型經濟成長，讓台灣從此從低薪環境中走出來。」這更是中國式厚黑學的虛妄藉口。民間消費主要來自廣大的基層民眾，大多數的基層民眾生活拮据，基本收入沒有增加，何來能力提高消費？單方面的軍公教加薪，讓社會階級的鴻溝加大、加深，製造社會不安。軍公教加薪3%，其基層人員其實獲利不大，高階人員才是實質上的主要受益者。高階軍官和高階公教人員（尤其是退休人士）已是台灣社會的優渥階層，多數養尊處優，現時的加薪僅是錦上添花，他們貪得無饜，當然拍手叫好，但不見得會心存感激。賴清德的「收買有力族群」作法必然會失望。

台灣職工的薪資已近20年未漲，賴清德卻僅關心軍公教有6年未加薪，這是望高不看低的狂妄姿態。更何況，高階軍官和高階公教人員並不是眞的六年未調薪，因爲透過職等

上的與時晉級，高階軍公教相對於廣大職工是每年有實質上的加薪，「絕非6年來都領同樣的薪水或退休金」，較之廣大基層職工，他們已是得政府獨厚的一群。

　　就軍人而言，低階軍官和士兵為國家流血流汗，雖看似沒有高階軍官的「決策與領導」來得重要，「決策與領導」的養成是應該有較高的薪給，但低階軍官和士兵是軍隊的基石，只有腳踏實地的貢獻。在前面衝鋒陷陣的是他們，沒有高階軍官常見之虛浮、妄為或甚至於叛國的問題。低階軍官和士兵的薪俸實在不應和高階軍官有過大的差距。基層軍官和士兵的低薪建立不起軍人的職業尊嚴，現在台灣的募兵情況，出現低階軍官和士兵不足的窘境，這才是必須急於改進的重點。大家何不仔細瞧瞧，現在唯恐台灣不亂的，不正是這些在台灣養尊處優的退休高階軍公教人員，尤其是退休的高階軍官！而「2018年軍公教加薪3%」的最大受益者，卻正是這批不知對台灣感恩的退休高階軍公教人員。

　　再看賴清德對「一例一休延伸條款」的原本認識：

　　2017年4月2日，賴清德出席《新新聞》30週年社慶活動，做專題演講「台灣的新十年」，賴清德回應提問時表示：「一例一休政策當初訂下條文時思考不是那麼周延、調查沒有這麼深入。有問題反應上來，那麼中央就應該調整。」顯然，對於「一例一休延伸條款」造成勞資雙方的困擾與難過，未高升前的賴清德是很清楚的，但為什麼賴清德

貴爲行政院長之後，卻可以暫時放著引發勞資雙困境之「一例一休的延伸條款」不管，非急著宣佈「2018年軍公教加薪3%」不可？

　　賴清德原本是身懷理想的台灣人，選上立委後躋身台灣聞達人士之列，受同儕氣勢影響，有了也是大人物的架勢。尤其當上台南市長，擁有施展個人風格的領域，著手修正過往地方首長的政客陋習，表現清新，贏得不少讚聲。顧影自憐，才眞的自以爲高級起來了，並開始爲更上一層樓做「食西瓜偎大爿」的政治算計，也才喊出「親中愛台」的「政治騙術」口號。既坐上行政院長高位，實權在握，「萬人之上」已確定，「一人之下」可就是名義與現實的拉鋸了，前途不可限量。於是，在對自己「高度」的期許下，「食西瓜偎大爿」的政治算計就更成了思維與政策的圭臬。勞務職工雖是人口的極大多數，然而都是樸實且認定台灣這塊土地是唯一依靠的人，可欺又易安撫。高階軍公教人員雖是極少數，但養尊處優，容易斤斤計較，不易安撫，且經常以附敵威脅，賴清德以爲收買會有效，要成就個人神話，當然認定賄賂高階軍公教人員是條捷徑。

　　原本是身懷理想的賴清德，避免不了假漢人、假華人之蠱惑，又在政治圈虛妄的中國式壓霸思維污染下，其清明的心靈最後仍走向「望高不看低」的腐化，實在可惜，也是悲哀。

　　週休二日的決定本是好事，著眼於職工大眾應有足夠的時間和家人相處、休閒或進修，以改善生活品質。不知是那位民進黨的台灣政客，假漢人、假華人當久了，「中國式浮誇」中毒過深，自創「一例一休」這個名詞，並延伸一些自以為是的條款，自鳴得意。「週休二日」這美意，卻在「一例一休」的虛浮條款下，成了製造騷亂的惡法。

　　所謂「一例一休」的新修勞基法，規定雇主僱用勞工從事工作，每7日應有1日之休息日，1日為例假日；認可業主實施8週彈性工時，每8週之例假及休息日至少應有16日；加班出勤，工作時間在2小時以內者，其工資按平日每小時工資額另再給1／3以上；工作時間在2小時至8小時者，按平日每小時工資額再給2／3以上；工作時間在8小時至12小時者，按平日每小時工資額再給1又2／3以上。另休息日工作時間及工資之計算，4小時以內者，以4小時計；逾4小時至8小時以內者，以8小時計；逾8小時至12小時以內者，以12小時計；一日工時至多為10小時，例假日如非因同法第40條所列天災、事變或突發事件等「一例一休」所列特殊原因，致使勞工有繼續工作之必要時，即使勞工同意亦不得使勞工出勤。

　　「偶而有一次一日之內工作超過10小時」即是違法？很多工作項目是無法說停就停的。例如：追蹤與偵查、病人的照顧與手術、實驗過程、各種危難搶救、工程灌模、搶修機器設備、履行合約、爭取訂單等等，不勝枚舉。既然知道必

須認可某些業別的彈性工時，為何又要祭出「不得連續工作7天；1日工時不得超過10小時」這閉門造車、刁難業者的強制規定。事實上，職工進入這些必須認可彈性工時的業別時，就應該已有接受「偶而必須超時工作」的心理準備。重要的是，需要確實執行應有的休假日數。例如，德國現有的低工時是值得羨慕和期待，但可別忘了，德國有寬闊的勞資協商空間，資方可在履行緊迫訂單時先請員工增加上班時日，過後再補休假；遇不景氣時可讓員工先行休假（不是所謂的「無薪假」），日後再補回應上班日數。另外，有時職工為了安排自己有特殊需要的長假，想先連續工作7天，在台灣現行勞基法的硬性規定下，也變成是「不可能的任務」了！還有，在現時的低薪環境，有的家庭有不得不之額外經濟負擔，會請求給予增加工作量或代班的機會以度難關，這硬性規定的勞基法就如又補上一刀。

　　新修勞基法對於休息時日加班出勤的加班費計算，更是製造混亂和困擾。加班費的計算，看是要按平日每小時工資加計1／2或加計1倍，簡單明白。「2小時以內加計1／3；2小時至8小時加計2／3；8小時至12小時加計1又2／3；休息日工作，4小時以內以4小時計，逾4小時至8小時以內以8小時計，逾8小時至12小時以內以12小時計」的規定真是把「台灣聞達人士之中國式虛妄思維」的慘況表露無遺，是誇張的凌虐勞資雙方。

　　試想，如果不是非常賺錢的業者，遇有非加班不可的8

小時工作，為了成本考量，為了避免累進又加計的加班費，是不是就會把8小時的加班工作，拆成「1人每日4小時分2個休息日加勤上班」或「2人同一休息日加勤上班4小時」？職工休息日上工，除了不得休息及擾亂生活安排的困擾外，上班的交通也是一大麻煩，既已放棄假日應有的休息或生活安排，又來到了工作地點，何不就讓我一次做完？又何必一次搔擾兩人？

　　另外，「休息日工作，4小時內以4小時計」是合理的，因為既已出勤，1小時或4小時工作所造成的困擾其實相差不大，但「休息日4小時至8小時內以8小時計」就邪惡了。為了避免累進的加班費和溢時工資的累進又加倍，正常4小時30分的工作，業主會期待職工4小時趕完；而正常4小時的工作稍有遲疑，就可能超過4小時，這是徒增勞資嫌隙和糾紛而已。

　　以上情況，埔農一個鄉野俗人都能輕易理解，位高權重的台灣聞達人士會看不出來？這種事簡明易懂，也無關意識形態，立法院有那麼多自以為高級的立法委員，還是照案通過！如此這般的結果，如果不是台灣聞達人士中了「中國壓霸集團施放的呆奴化之毒」過深，何以致此？

　　賴清德原本是清楚之人，明白「訂下一例一休條文時沒用心思考、沒深入調查，應該立即調整」，但貴為行政院長之後，迷戀成就個人神話就另有算計，心急的是「趕快收買台灣亂源的高階軍公教人員」，只要少數高階軍公教人員不

再來亂，賴清德就可以順利神化了。樸實的勞務大眾容易安撫，受立即影響的企業主又是極少數，可以放著慢慢觀察再做定奪。這就是「假漢人、假華人」當久了必然養成的「中國式虛妄思維」，而且越聞達越難以收歛，實在悲哀。

今年（2017）第18號泰利颱風於9月13日持續往北轉向，對台灣的威脅已大大降低。行政院長賴清德到基隆視察防汛與水利工程時，就放心高論：「過去台南市曾是全國最易淹水的地方，我已擔任7年台南市長，久病成良醫。依我的經驗來看，水利署提出的綜合型治水計畫是有效的，不論是堤防加高、河川疏濬、滯洪池建置或是截流，皆根據地方特性以不同的方法治水，成效甚佳。」埔農看了真是啼笑皆非。台南地區在一個月前才剛大淹水呢！

綜觀台南地區的大淹水，每次若不是由於曾文水庫、烏山頭水庫、白河水庫（尤其曾文水庫）在颱風過後，無風無雨，但溪河水位還過高時大量洩洪，就是在雨勢正強，溪河水位已高漲時，水庫也大量洩洪所造成。

水庫的功能包括蓄水和防洪，這是小學生就讀過的。如今在台灣，水庫的功能都僅用在蓄水，防洪功能過去是被中國壓霸侵略者用來當作懲治台灣人的工具，被呆奴化的台灣聞達人士和學者卻無人能知曉、無人能看清楚！這些台灣聞達人士和學者到底怎麼了？賴清德掌理台南市政時，埔農曾多次寫信呈請賴清德重視水庫的防洪功能，詳述水庫防洪功

能應該有的操作模式，不要再放任蔣幫壓霸集團讓水庫製造洪水災害的惡習持續下去（後來埔農把世界上「水庫蓄水和防洪操作的標準模式寫進《原台灣人身份認知辨悟》最後一節」）。無奈賴清德也已假漢人、假華人當上癮了，就和其他台灣聞達人士一樣，心中充斥的是中國式的虛妄高級，「望高不看低」，對鄉野小民的懇切呼喚不屑一顧，才使得「台南地區的水庫除了蓄水也是製造水災的猛獸」維持到今天。

世界上每一個水庫都一樣，水庫建造完成後，除了要計算水庫蓄水量，第一件工作就是下大雨時，需依時雨量計算水庫進水時間和進水量（即時進水量加延遲進水時間的延遲進水量）。再需監測並記錄水庫之不同出水速量到達下游各段河道時，水位上升與水位消退的速度和時間，以及河道的安全承受量，計算出水庫之安全放流速量，做為豪雨要來時，調解水量以避免水災的依據。每一個水庫的集水區和下游河道的情況都不相同，所以各水庫都會有自己的一套安全數據，但原則是相同的。

世界上水庫蓄水和防洪的共同安全原則是：當氣象預報降雨時間和降雨量時，就要計算預測進水量。預測進水量減去水庫達到安全滿水位前的可繼續儲備容量，即為預測溢水量。此時需立即依先前所測得的安全放流數據，配合大雨前的預測所剩時間，開始慢慢排放預測溢水量之半量，期盼大雨來臨之前排放完畢。愈接近大雨來臨時，氣象局會再修正

預報降雨量，這時要隨之修正繼續排放的速度和水量。預先僅做排放一半預測溢水量的流速，是爲預防預報降雨量不準（實際降雨量不足）時可保障水庫的安全蓄水量。大雨來臨前的12至24小時，雨量預報應該都已很準確，若大雨來臨前的預報降雨量仍有溢水量，即可在安全放流速量之內排放尚未放完的溢水量。大雨降下前的數小時內（依先前測得的水位消退速度和時間），必須停止水庫放流，以避免因排水河道漲滿而造成下游地區雨水的排泄困難。另因爲水庫集水區的降雨量常與下游地區降雨量不同，大雨降下時，若下游地區降雨量是在安全範圍內，則可依水位上升與水位消退的速度、時間及河道的安全承受量，再隨時適度放流水庫尚未排放完的溢水量，並確保平地有宣洩雨水的空間。若持續進水量低於先前預測值，就增加存庫量，減少排放量。只有在水庫已達滿水位時，才由每座水庫爲了壩體安全都設計有的溢洪道，進多少雨水就同時溢流多少水量。只有在故意關閉溢洪道的情況下，才會危及壩體安全。這是兼顧水庫蓄水與防洪功能的共同準則，不論雨量多少，水庫均可將蓄水和防洪的功能做最大的發揮。除非管理者是輕忽或有其他陰謀與特殊目的，水庫絕不會有全速洩洪這種事。

　　以上是放諸世界皆準的水庫蓄水和防洪原則。只要經過解釋、說明，一般人都輕易可以瞭解。埔農於賴清德在台南主政的近7年來，多次電話、寫信，說明台南地區一再淹水的內情，而且道理就這麼簡單，容易明瞭，一直沒人理睬。

埔農心想，在台灣受虐症候群心理障礙下，他們不理會鄉野凡夫，是可理解，埔農甚至厚著臉皮懇請一位與賴清德親近的有力人士向賴清德報告，賴清德是接了電話，回答竟是：「可寫信到市民信箱，那裡有專人負責回覆。」連續多次去信說明，還是有如石沈大海，無聲無息。這就是台灣聞達人士「假漢人、假華人當久了」，必然養成「我位高、官大、學問大，你算什麼東西」的心態，是沾染「中國式虛妄思維」所造成。

　　台南地區在一個月前，才又因曾文水庫於尼莎颱風過後，河道還滿水位時就洩洪而剛大淹水。賴清德得意高升行政院長後5天，今年（2017）第18號泰利颱風於9月13持續往北轉向，對台灣的威脅已大大降低。賴清德到基隆視察防汛與水利工程時，就放心高論：「我擔任7年台南市長，久病成良醫，不論是堤防加高、河川疏濬、滯洪池建置或是截流，皆根據地方特性以不同的方法治水，成效甚佳。」這種無視台南地區才剛大淹水之事實的大放厥詞，真是令人難以置信。

　　2017年10月13日曾先生留言：「你一直掀賴清德的底，卻對民進黨其他政客的呆奴化言行隻字未提，對賴清德有失公平。昨日（2017年10月12日）蔡英文以台灣人賦予的總統之職宣布，今年仍由宋楚瑜擔任代表她出席亞太經濟合作會議（ＡＰＥＣ）的領袖會議。

　　宋楚瑜直接下手或至少牽涉『禁歌』、『禁出版』、『禁台灣語文節目』、『1976年禁用台灣之名參加國際奧林匹克運動會』、『1979年1月余登發橋頭事件』、『1979年12月美麗島雜誌社事件』、『1980年2月28日林義雄家祖孫命案』、『1981年3月以中華台北為名參加國際奧林匹克運動會』、『1981年7月誘殺陳文成事件』、『1989年4月不管死活逮捕鄭南榕』、『1989年9月余登發命案』等等；1988年宋楚瑜還侵吞了四億四千萬元至他的私人帳戶內，並匯了一億四千萬元暗藏在美國。宋楚瑜既是蔣幫中國壓霸集團鎮壓台灣的殺手，又是掠奪者。去年蔡英文派宋楚瑜代表台灣出席亞太經濟合作會議的領袖會議，已經讓我心痛得心臟病發作，昨天更讓我心痛得幾乎吐血。

　　去年宋楚瑜不但行前刻意發表『兩岸一中，反對台獨（台灣復國）』的言論，羞辱民進黨『台灣是主權獨立的國家』之說詞，還自組中國隊代表台灣，把台灣政府中國化（帶去一堆親民黨成員，親民黨一向自稱是蔣幫中國壓霸集團的正宗繼承人）。在2016年秋會時間11月20日晚間舉行的國際記者會上，對於記者問『和日本首相安倍晉三會面，有無交換條件』時，宋楚瑜竟然以『老子沒有答應過任何事』回答。『老子』是所謂的華人黑幫老大，對其手下（視為龜兒子、龜孫子）訓斥時的慣用語。宋楚瑜那在台灣已熄滅的壓霸、囂張氣焰，

竟然是由台灣人所託付的台灣呆奴政客加以重新點燃，心靈清明的台灣人真是情何以堪！蔡英文等台灣聞達政客可以縱容宋楚瑜這樣囂張，台灣人民可以就這樣忍受嗎？

事實上，1952年奧運會主辦國芬蘭要求台灣代表隊掛著的『中華民國流亡政府』名牌必須改為『台灣（Taiwan）』或『福爾摩沙（Formosa）』；1960年羅馬奧運更強制將台灣代表隊正名為『台灣』；1964年東京奧運會也是要求台灣代表隊使用『台灣』為名；1968年墨西哥城奧運會台灣代表隊雖然號稱『中華民國』，但選手身上的制服仍必須標示『台灣』。1976年蒙特婁奧運會，由於中華民國流亡政府已被聯合國判定為逃亡的非法幫派組織，加拿大要求台灣代表隊繼續用『台灣』的正名，蔣經國和宋楚瑜不接受，在蔣經國和宋楚瑜的指使下，台灣退出該屆奧運會。這是最後一次奧運會主辦國要求台灣代表隊使用『台灣』的正確名稱。是於1981年3月23日，所謂的中華奧林匹克委員會奉蔣經國和宋楚瑜的命令，去瑞士洛桑與國際奧林匹克委員會協商後才簽訂所謂的協議，採用『中華台北』的名稱代表台灣，但國際上各國仍是稱我們為『台灣』，我們自己卻不珍惜。以前是中國國民黨這非法的難民幫派組織在控制台灣，自1981年起在國際上一直把我們『台灣』稱為『中華台北』，我們只得忍氣吞聲。但現在民進黨

已被台灣人賦予二次執政，卻仍自己高掛『中華台北』在丟人現眼，相信有不少台灣人會和我一樣死不瞑目。

1992年蔡英文出席GATT（WTO前身）的入會談判，自稱『中華台北』，地位被視為等同所謂中國的香港或澳門（可歸入中國），未見她覺得有何不妥；1999年民進黨台灣前途決議文更把台灣和中華民國劃上等號。這樣一來，非但奧運會不再要求台灣使用『台灣』或『福爾摩沙』的正確名義，聯合國組織也曾要用『中華台北』稱台灣（2758號決議），但於2007年被美、日、澳、紐、加等國抗議成功，廢除2758號決議文，聯合國組織已不再使用『中華台北』稱呼台灣，民進黨卻還是在國際上自稱『中華台北』！

你說，賴清德有比蔡英文或其他台灣人政客更呆奴化、更要害死台灣嗎？」

埔農回答：

曾兄所言非常正確且觀察深入，埔農完全明白。不是埔農特意拿賴清德出來論斷，是朋友們對賴清德爬上行政院長高位後的突兀言行，有所疑慮而詢問埔農，埔農才將觀察所得加以分析，用來回覆而已。其實賴清德是台灣聞達人士中比較清明且具智慧的一位，埔農原本對他保有期待。只是在政治圈虛妄的中國式壓霸思維污染下，賴清德仍免不了受「假漢人、假華人自以為高級」之虛榮蠱惑，其清明的心靈

最後仍走向「望高不看低」的腐化，甚且跟著認盜作祖，實在可惜，也是悲哀。

　　至於蔡英文和其他台灣聞達人士、民進黨政客，埔農以前已著墨不少，再談也是重複而已，所以就沒多作敘述。

第三節　台灣聞達人士的認盜作祖害慘台灣

　　台北舉辦國際大學運動會，這位呆奴化較晚卻呆奴化得更徹底的柯文哲，竟然向全世界宣稱「Chinese Taipei（中華台北）是一個狹長的島嶼」。被質疑時，竟以「中國厚黑學」的姿態，臉不紅氣不喘地說：「是不得不遵守國際大學運動會總會的命令」。事實上，國際大學運動會總會發佈的官方訊息是「2017年國際大學運動會將於8月19日在台灣台北（Taipei, Taiwan）舉行」，並沒有使用Chinese Taipei一詞。Chinese Taipei（中華台北）的意思是中國的台北或是中國人的台北，柯文哲為了認盜作祖、迎合中國，更是惡意加碼說「Chinese Taipei（中華台北）是一個狹長的島嶼」。滿腦子「中國厚黑學」又自以為高級，真是可惡至極又恬不知恥。

　　2017年8月19日晚上國際大學運動會於台北舉行開幕式時，一群以退伍高階軍官為主的中國人和少數假中國人，

藉口反年金改革，前往開幕式門口鬧場。狂暴襲擊，阻止各國選手進場，擊打各國運動員等待進場位置的玻璃加以恐嚇、襲擊維持秩序警察，並投擲煙霧彈。導致各國運動員不敢進場、不能進場，開幕式呈現僅有舉旗手繞場而不見選手的尷尬畫面，世界媒體爭相播出，蓄意讓台灣蒙羞。堂堂台北市警察局局長邱豐光竟說：「警方的戒備滴水不漏，沒有抗議群眾突破封鎖線，也沒有煙霧彈。選手沒有入場，是因群眾的汽笛聲太吵，選手會怕才不要入場。」假中國人李來希則立即表示：「看見了我們退休、退伍軍警抗爭的力道沒！」，被批「丟臉、無恥」，李來希隨即將投擲煙霧彈一事，栽贓給僅曾在白天出現過的陳儀庭（事實上，投擲煙霧彈的現行犯立即躲回在現場等待的遊覽車，目擊者錄了影，也同時已向警方報了案），更改稱「我只是去參加，其他的我都不知道」，卻又以「此行抗議必會沒完沒了，接下來還有閉幕式」繼續恐嚇和威脅。

　　事實上，這次作亂的召集人退役少將黃冬輝、退役上尉黃正忠等人，早在一個月前即已計劃8月19日要率眾到世大運開幕式門口狂暴襲擊，並早已公開揚言「要讓台灣丟臉」。此次這些中國人和少數假中國人的狂暴惡行之所以能得逞，顯然是和「警方以及情治單位的蓄意縱容」脫不了關係！

　　警方才剛要依現場民眾之錄影拘提涉嫌丟擲煙霧罐的退役少校陳進添、出第一拳毆警的海軍陸戰隊退役上校顏才

仁、出第二拳毆警的海軍陸戰隊退役中校李彧彬；也準備要傳喚召集人退役少將的黃冬輝等人的同時，多次和國防大學前校長退役空軍上將夏瀛洲到中國參加愛中國活動、唱中國國歌、說國軍共軍都是中國軍、聆聽習近平訓話的中國人退役中將吳斯懷卻說：「退役軍人（後改稱所謂的八百壯士）不會去世大運鬧場、沒有參加。」於是，現場總召集人退役上尉黃正忠立即附和長官說：「我們只是『在為中華隊加油』，我們沒鬧場，打警察的不是顏才仁，顏才仁是被群眾推向前才碰到警察而已，警方私下向我說『煙霧彈也不是我們放的，擲煙霧彈的犯人已被警察抓到』」。就如當年中國國民黨黨軍裡，以軍官、將領名義作威作福之軍中洪幫、青幫等黑道惡勢力組織，他們把在所謂中國的政權玩垮了，逃亡到台灣，現在還執意摧毀台灣。台灣各中國人掌控的新聞媒體，更是直接連線報導這些中國人和假中國人壓霸、無恥並遮羞的胡言亂語。

這些中國人和假中國人盡是心狠手辣又睜眼說瞎話，還連續演出不間斷，無一不是中國厚黑學的高手！

　　朋友黃先生試圖安慰埔農說：「雖然有壓霸、無恥的中國人和台灣假中國人在台北世大運暴力鬧場，羞辱台灣，但由於到場暴力襲擊的全都是早年中國國民黨黨軍的軍官，加上台灣參賽選手的優秀表現，更讓台灣發光、發熱。」

另有朋友說：「全世界的國家都知道，鬧場事件丟臉的是這些所謂中華民國人，是支持共產黨的中國人。身為台灣人，應該覺得很驕傲，因為台灣選手很爭氣，台灣人民主素養很高尚。台灣人民對暴力襲擊事件表現出的只是鄙視、譴責和依法處理，更加讓各國選手看到台灣人與中國人的不同和道德水準的高低，一定會對台灣的好做免費宣傳！」

埔農說：

埔農可不敢相信各國選手都看到「台灣和中國不同」或「台灣人與中國人的不同」，也看不見所謂的讓台灣發光、發熱。因為台灣聞達人士都偽裝是假華人自以為高級，而且自稱台灣是Chinese Taipei（中華台北，意思是中國的台北或是中國人的台北），還說Chinese Taipei（中華台北）是一個狹長的島嶼，各國代表團和記者看到的全是Chinese，都以為是身處中國了！不清楚台灣情況的國際人士根本看不到台灣、聽不到台灣；清楚台灣情況的國際人士則是更看不起台灣了。

張先生說：「而且，世界運動會的傳統，各國選手拿到獎牌，都會手持自己國家的國旗繞場，接受觀眾歡呼，這場在台灣舉辦的世界大學運動會，唯獨台灣自己的得獎選手，卻是空手繞場。原本1960年的羅馬奧運、

1964年的東京奧運、1968年的墨西哥奧運，台灣代表團
都是掛上台灣之名，那時台灣選手出場的名牌和大會公
報、文件上都被稱為台灣。自1981年至今，台灣代表團
卻都自稱是Chinese Taipei、中華台北。長期的忍氣吞
聲，台灣人恐怕早就習慣了，也好像感覺無所謂。不
過，過去都是在別人場域受辱，這次是台灣在自己的土
地上主辦，卻唯獨台灣自己的得獎選手是空手繞場。我
很憂心，經過這場台北世界大學運動會，不清楚台灣情
況的國際人士真的更看不到台灣、聽不到台灣；清楚台
灣情況的國際人士則真的會更忽視台灣、更看不起台灣
了。

埔農說：

關於台灣得獎選手在台北世界大學運動會空手繞場這一
點，埔農倒是有不同的感受。埔農不知道台灣代表團團本部
通令教練與選手不要持旗繞場的用心是如何，但看到拿下世
大運100公尺短跑金牌的楊俊瀚、勇奪男子標槍金牌的鄭兆
村、贏得100公尺跨欄銀牌的陳奎儒等台灣選手空手繞場，
埔農是感覺欣慰多過羞辱的。

台灣得獎選手不空手繞場，難道要手持中華民國流亡政
府的齒輪旗（非台灣旗）繞場展示？流亡政府的齒輪旗是早
被禁止，即使出現了埔農更覺得心痛。而台灣聞達人士仍深
陷「台灣受虐症候群」（重症「斯德哥爾摩症候群」）的心

理障礙中，偽裝成假漢人、假華人，羨慕虛妄的中國式壓霸思維、鄙視自己的身份和出身而不悔。在這種情況下，台灣聞達人士是不可能准許台灣選手拿出台灣旗的。有人說「至少可拿大專體育總會的會旗繞場」，但大專體育總會的會旗還是變種的齒輪旗啊！變種齒輪旗的出現，一樣令人覺得是無比的羞辱。

台灣得獎選手在台北世界大學運動會空手繞場，與各國得獎選手高舉自己國家的國旗繞場形成強烈對比，正是向各界表示，台灣是一個被侵略的國家，台灣還沒有自己的國家，埔農對這些表現優越的台灣選手心存感謝。

2017年8月23日永山應樹先生（日本友人）問：「台灣朋友們，我想請教一下。台灣民意基金會日前發表的民調結果發現，高達41.6%的台灣人喜歡用『中華台北』來代表台灣或中華民國。這是為甚麼？是因為很多台灣人認為『中華台北』的『中華』指中華民國？而很多台灣人也真的認了流亡的所謂中華民國？還是有甚麼其他理由？」

埔農回答：
主要是因為台灣聞達人士都是歷經72年中國式洗腦教育長大的所謂「優秀」學生，自小接受洗腦教化，是全心全意認真學習才能脫穎而出。是死背中國壓霸集團的偽造文書；

死記少數早期奴化之假漢人士紳以小說形式虛構的人和事，隨之陷入「台灣受虐症候群（重症斯德哥爾摩症候群）」的深淵，即使在多數台灣史實證據已被攤開的今日，這些台灣聞達人士仍禁不住虛榮誘惑，寧願認盜作祖，偽裝為假漢人、假華人而自以為高級，風行草偃，誤導了眾多台灣人，使得不少台灣人受連累而輕易誤以為自己是唐山人或漢人後裔。這是今日台灣人的國家認同模糊且混亂，以及台灣處境險惡的根本原由。心理清明的台灣人是絕不會承認所謂中華民國的流亡政府，更是厭惡所謂的「中華台北」。所以，這些認盜作祖，偽裝為假漢人、假華人的台灣聞達人士（尤其台灣人的所謂台灣歷史學者），仍是不應該被輕易諒解！為了被奴化的虛榮而拒絕清醒之台灣聞達人士，已成為台灣人想要覺醒、台灣想要回復完整自主國度的最大阻礙。

　　1971年以前「中華民國流亡政府」之所以能出席聯合國，是因為當時國際上多數國家不承認中華人民共和國是合法政權，為填補代表中國境內人民在聯合國的空缺，才讓非法的所謂「中華民國流亡政府」暫時在聯合國占一席之地。當國際上決定承認中國境內的中華人民共和國為合法政府之同時，「中華民國流亡政府」就失去了所有非法或合法的名義了，當然連帶也被國際奧林匹克運動會除名。蔣經國和宋楚瑜為了深化「台灣受虐症候群（重症斯德哥爾摩症候群）」的精神之毒以及台灣人民的呆奴化，所謂的「中華台北」才被創造出來的。

　　台灣聞達人士因為偽裝假漢人、假華人久了，也沾染上中國厚黑學。現在的台灣聞達人士卻說「使用『Chinese Taipei（中華台北）』之名稱是不得已的，是要讓台灣能發聲、發光，是為了讓世界能看見台灣」。真是笑話！「Chinese Taipei（中華台北）」意思是「中國人的台北」或「中國的台北」，能讓台灣發什麼聲、發什麼光？只有使得台灣更隱晦、更喪失國際地位而已；不清楚台灣情況的國際人士更看不到台灣、聽不到台灣，清楚台灣情況的國際人士則更看不起台灣了。台灣自稱「Chinese Taipei（中華台北）」，在外國人看來，等於就是我們台灣人自己要把國家送給中國。

　　現在世上的主要國家都已不承認所謂的「中華民國流亡政府」，若是真的具台灣意識，應該是立即堅持以「台灣」、「福爾摩沙；Formosa」或「Paccan」的名稱參加任何國際活動（使用「Paccan」本名最正確，也最能和所謂的中國清楚切割。只是，台灣聞達人士可能連台灣本名「Paccan」都不知道，但至少應該曉得國際上本來稱我們是「Formosa」吧！）。台灣人公共事務協會（Formosan Association for Public Affairs, FAPA）是一個促進國際關注台灣議題、推動臺灣人自主權的海外組織，今天民進黨能夠在台灣形成氣候，其實是來自「台灣人公共事務協會」這些人士的支持和栽培，難道今天的民進黨政治人物不知道「台灣人公共事務協會」使用的自稱是「Formosa；福爾摩沙」？

民進黨政治人物再怎麼呆奴化，至少也應該還知道，國際上現在都稱我們是台灣，台灣聞達人士連台灣之名都可以捨棄，真是可悲又可惡！

使用「台灣」、「福爾摩沙；Formosa」或「Paccan」的正名，遭受中國打壓就應該做最劇烈的抗爭，讓國際媒體爭相報導，才是真的「能讓台灣發聲、發光，讓世界能看見真正的台灣」。埔農請問台灣聞達人士，使用「Chinese Taipei（中華台北）」這麼多年，台灣除了無盡的羞辱和笑話，到底得到過什麼？來自中國的壓霸打壓又何曾有稍減過？自稱Chinese Taipei（中華台北）只是讓中國的打壓更理直氣壯而已！國際上現在都稱我們是台灣，台灣聞達人士卻自稱Chinese Taipei（中華台北），真是罪大惡極，台灣聞達人士到底知不知羞恥啊？

　　彰兄引述一位知名台灣歷史學者的論述說：「但是，我發現一段流傳的『顛覆性說法』，是由知名歷史學者提出，他說：『16世紀葡萄牙船員遠眺一個島嶼，讚嘆為福爾摩沙（Formosa），葡萄牙人認知中的福爾摩沙，指的是沖繩而不是臺灣。』」

　　埔農回答：

這位知名台灣歷史學者埔農認識，他發表的論述埔農大多有看過。他是一個好人，可惜就和其他台灣聞達的文

史學者一樣，這位台灣知名學者的基礎學識也是由蔣幫壓霸集團特意堆砌起來的，缺乏追查細節的邏輯訓練。他們很容易僅憑單一的「初步得知」，就據以想像而發表似是而非的推論。這位知名台灣歷史學者的「亂點福爾摩沙（Formosa）」，其實還是小事，其他台灣聞達文史學者的迷戀中國式虛妄思維、認盜作祖，才是將台灣帶到今日危殆景況的罪魁禍首。

埔農在此僅就這位學者的此篇論文，舉出實情加以說明，指出其迷思並釐清真相：

1. 他說：「當時臺灣缺少可以停泊大型船隻的港口（harbor）。」

16世紀時臺灣有很多優良港口，這位知名台灣歷史學者不太可能不知道，應該是他太專注於自己的突發奇想，為了強要自圓這「奇想」，繼而硬穿鑿附會，才會做這種論述。16世紀時，臺灣可以停泊大型船隻的優良港口多著呢！自北往南至少有Quey Lang（雞籠、基隆）、Tamsuy（指的是現在新北市的淡水，北淡水。淡水（Tamsuy）是臺灣語（Paccanian）的音譯，與漢文淡水的意思無關。南淡水位於現在的屏東，南淡水後來被分成上淡水和下淡水）、Bangka（台北市艋舺）、Oijlaukan（禾寮港；Amsterdams Polder ofte Orakan，Oijlaukan在Bay of Tayouan（台灣海灣，即鹿耳海，後稱倒風內海）的東岸，今下營）、Takao（打狗港，今高雄港）。只是在歷經2百多年後，Tamsuy（淡水）、

Bangka（艋舺）兩港口逐漸淤塞；Oijlaukan（禾寮港）和 Bay of Tayouan（鹿耳海；倒風內海）則因為淤積加上陸浮，現在已經變成一片陸地。

2. 他說：「1630 年代荷蘭人 Johannes Vingboons 繪製的臺灣暨澎湖群島地圖。可看到魍港這個重要門戶。」

當時臺灣的重要交易港口是大港，是在Bay of Tayouan 南出口的鹿耳門外海不遠處，位於今之台南北門區南端，現在地名還在。魍港的重要性差得遠了。另外，這鹿耳門是當時Bay of Tayouan兩個出海口的南出海口，現在的台灣文史學者，大都盲目跟著「蔣幫中國壓霸集團帶來台灣專門竄改台灣史實的黃典權」胡亂在台南土城指認鹿耳門！

3. 他說：「葡萄牙人記載的福爾摩沙是西北東南向，長度約 100 公里；臺灣則為東北西南向，長度約400公里，由此可見葡萄牙人認知中的福爾摩沙，地指沖繩而不是臺灣。」

他忘了葡萄牙人是僅初次由海上藉觀察估計距離。而且葡萄牙人長時間盤踞的澳門，就在台灣西南方不遠（以當時葡萄牙人遠洋航行的經驗看，是很近），葡萄牙人從未有說過「他們認錯了，或別人認錯了」。而且，葡萄牙人於16世紀初次抵達Paccan時，是發現這種他們夢想卻不可得的人間樂園，才用Formosa來稱呼，並以恭敬之心不敢騷擾。葡萄牙人當時稱Paccan為Formosa，並不是指台灣的地表景色，是稱讚台灣人（Paccanians）的「靈性智慧」社會。沖繩並

無這「靈性智慧」的社會文化。而且，即使以地表景色之美而言，沖繩也比台灣（Paccan）差多了。

另外，葡萄牙人、西班牙人、荷蘭人早就有和沖繩及日本進行貿易，會把臺灣和沖繩搞混嗎？關於當時繪圖形狀和距離的粗略，看他們繪製的地圖就明白了。

下圖是這位學者的自己取用的當時地圖，就是把臺灣的長度畫成僅寬度的1又3分之2。

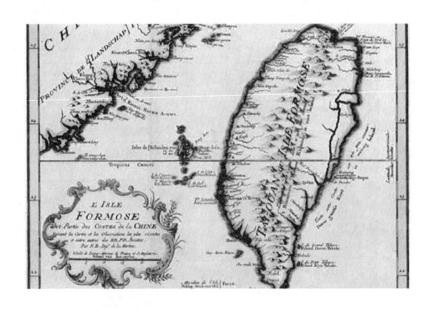

再看下圖，這也是這位學者自己取用的當時地圖。關於當時繪製地圖的形狀和距離的誤差，看他們當時把臺灣和菲律賓同時畫在內的這張繪製地圖就明白了。不但形狀、方向差異很大，把福建東岸畫成近乎面向南海，若把這地圖逆時

針轉60度才比較正確，則這地圖所呈現的台灣正是葡萄牙人所謂的西北東南向。還有，這地圖也把近乎平行的台灣西岸和福建東岸畫成三角形，同時把澎湖（Pescadores）畫到緊鄰唐山（所謂的China）沿岸；還把400公里寬的巴士海峽縮短到200公里，更把呂宋島往西移了超過400公里。16世紀時，海上距離估計之誤差這麼大，有什麼好驚訝的。而且，台灣正確的形狀方位幾乎是正南北向，並不是這位學者所說的東北西南向！

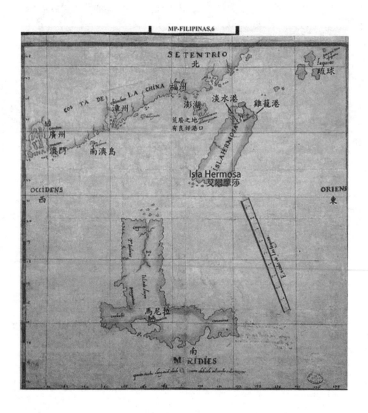

Kho說：「只有願意跟這塊島嶼同生共死的人才是台灣的主人，不符合這條件的人都不能說是台灣的主人。明明就在台灣卻認為自己是中國人而且還跟敵人合作的那就是叛徒 叛徒就該滾出台灣。即使有原住民身份的也是一樣。站穩這樣的立場我們才能破解『併吞／投降勢力利用來分化台灣人』的詭計。」

埔農回答：

72年前的台灣人都是原住民！只是很多人都被蔣幫中國壓霸集團洗腦而忘了自己是誰。

Kho說：「埔農先生，也許如你所言，我們台灣人都是原住民，不過那些自認為是正港原住民的人，聽到這話可能會很生氣的。」

埔農回答：

這實在很無奈，因為台灣人120至330年前及72年來被重複洗腦兩次，台灣人被中國壓霸集團硬生生撕裂成所謂的山地、福佬、客家三個群體，一些所謂的福佬、客家社群又因深度呆奴化而自以為是漢人或華人後裔，認盜作祖自以為高級，有的人甚至歧視這些一直堅守台灣人（Paccanians）本份之族人，長期支撐台灣人尊嚴的所謂山區人口當然憤慨。這種「劣幣驅逐良幣」的現象，是台灣人最大的悲哀，也是

台灣人各式各樣的悲哀之源頭！

　　張小姐說：「民進黨政府繼續使用『中華台北』這
名牌是不得已的，中國在國際上持續打壓台灣，各國基
於利益妥協的考量，沒法堅持支持台灣，所以台灣只得
忍辱負重，勉強使用『中華台北』這鬼畫符。」

　　埔農回答：

　　不，這不是事實！「台灣教授協會」自己都承認「中國
在外交上全力打壓台灣，不會因為『切割中華民國與台灣』
而有性質上的改變」。既然明知「台灣是不是披上這所謂
『中華民國流亡政府』的屍皮，在現時的國際活動上，對台
灣並不會有有不一樣的待遇」，那「硬要拿『中華民國流亡政
府』這屍皮來掩蓋台灣」的用意又在那裡？

　　2017年9月26日賴清德在立法院宣示台獨主張，說「自
己是主張台灣獨立的政治工作者」、「台灣是主權獨立的國
家」，在台灣與中國關係中扮演重要角色的美國政府，卻表
現得毫不在意，只差沒拍手叫好而已。

　　美國國務院對賴清德那「台灣是主權獨立的國家」之說
法，不願發表意見，之後就立即將美國國務院官方網頁的所
謂「中華民國流亡政府」「齒輪旗」撤下。究其原因，不外
乎「一個中國政策指的是中國只有一個合法政府，並未牽涉
到台灣本身」以及「台灣本來就不屬於所謂的中國，中華民

國流亡政府已被聯合國判定爲從中國逃亡的非法幫派組織，若『台灣』眞是主權獨立的國家，那這所謂中華民國流亡政府的『齒輪旗』也就沒有任何可以存在的正當性了」。中國垂涎台灣的藉口是台灣聞達人士「認盜作祖」；中國在國際上持續打壓台灣，世界各主要民主國家無可奈何，是由於台灣政客身上披著「中華民國流亡政府」這張腐臭的屍皮。

更何況，錯誤的認知和僞造的東西用久了，會產生「劣幣驅逐良幣」的現象。例如：高雄大埤湖被清國唐山人滿官寫爲大貝湖；1963年才遭蔣介石父子改名爲所謂的「澄清湖」。原本水質清澈的大埤湖湖水，自從被改名爲「澄清湖」後，至今再也沒有澄清過。而現在99.9%的台灣人，卻已經僅知道高雄有一個湖水不澄清的「澄清湖」，不再記得高雄曾經有一個水質清澈的大埤湖或大貝湖。這就是錯誤的認知和僞造的東西用久了，就會在腦中定型化，久了之後，就難以回復眞相了。大家何不想想，現在要大家回憶起「台灣人都是原住民，與所謂的漢人或華人一點關係也沒有」已經很難了，再經台灣聞達人士的持續僞裝成所謂的假漢人、假華人，加上台灣政客的宣稱「台灣就是中華民國」，台灣人要明白自己的史實眞相會越來越沒希望了；國際上要瞭台灣所遭受的委屈也就越來越不可能了！

所以，使用「中華台北」這認盜作祖的名稱，或披上「中華民國流亡政府」這腐臭屍皮當外衣，不只讓台灣走不出去，更遲早會害死台灣。

　　台灣聞達人士之所以寧願認盜作祖，僞裝成所謂的假漢
人、假華人，是由於深陷「斯德哥爾摩症候群」的心理扭
曲，羨慕中國式的虛妄思維而自以爲高級的結果。而台灣政
客之所以緊抱「中華台北」和「中華民國流亡政府」不放，
除了也是深陷「斯德哥爾摩症候群」的心理扭曲外，更是因
爲台灣政客在這「中華民國流亡政府」屍皮下已搶有既得利
益，他們覺得這屍皮雖然腐臭，但對其既得利益還暫時有如
保護傘的作用。若丟棄「中華民國流亡政府」這腐臭的屍
皮，台灣政客害怕對其既得利益會造成任何不確定的衝擊。
台灣聞達人士和政客這種假漢人、假華人的虛妄迷思，以及
貪婪既得利益的心態，正是現在把台灣置於危險境況的罪魁
禍首。在外國人看來，簡直就是我們台灣人自己要把國家送
給所謂的中國。

　　也就是這種「斯德哥爾摩症候群」扭曲成的心理病態，
還導致台灣聞達人士和政客不由自主的鄙夷原台灣文明和文
化，才令多數國際學者（除了一些考古專家）看不見台灣。
例如，美國麻省理工學院的Douglas L. T. Rohde教授和其研
究團隊，以現在世上人類基因做研究，利用電腦計算，分析
人類基因關連性，得出「台灣人是現今生活在地球上之人類
的共同祖先」這改寫世界史觀的重要結論，Rohde卻一反學
術論文的常態，在其導讀的摘要裡，僅述說他爲什麼認爲現
代人類應該是有共同的祖先，以及他和他的團隊得出世界各
地現代人祖先出現的年代，並沒有在摘要裡就介紹「共同祖

先來自台灣」這最重要的研究結果。

　　台灣在世界性運動賽事自稱是Chinese Taipei（中華台北），國際人士根本看不到台灣、聽不到台灣；加上台灣披著叛逃自所謂中國之非法幫派組織的屍皮外衣、高掛這叛逃自所謂中國之非法幫派組織的旗幟，國際人士更看不起台灣了！台灣自稱「中華台北」又披著「中華民國流亡政府」這腐臭屍皮當外衣，除了引來所謂中國無盡的羞辱、打壓和虎視眈眈，台灣到底何曾得到過什麼？

　　另一方面，即使台灣真的因為恢復正名（Taiwan；Formosa；Paccan）而不能參加國際奧林匹克運動會或不能出席亞太經濟合作會議（APEC）的領袖會議，台灣並沒有任何實質的損失。台灣運動隊伍不能參加國際奧林匹克運動會，就高聲抗議，更能讓各國聽到台灣的不平之鳴。體育賽事重在交流，沒有中國參與的賽會，中國根本無從打壓。台灣總統因堅持台灣之名卻被亞太經濟合作會議（APEC）的領袖會議排拒門外，以缺席抗議更讓各國看見台灣人的堅守尊嚴和不屈服之精神，何況各國領導人在APEC年會的露臉，僅是站上展示台的表演性質，實質經濟合作還是在於國與國的互利商討和斟酌。而且，隨便派個非政府人士代表台灣參與領袖會議，都比宋楚瑜強。若就埔農個人而言，即使真的餓壞了也不會去認盜作祖。蔡英文和她的民進黨執政團隊，竟然兩度派任一個「中國人」（宋楚瑜），充當「台灣領袖」，出席亞太經濟合作會議（APEC）的領袖會議，根

本是蓄意想氣死心靈清明的台灣人！

　　台灣在世界性運動賽事或政經活動，自稱是Chinese Taipei（中華台北），國際人士根本看不到台灣、聽不到台灣；加上台灣披著叛逃自中國之非法幫派組織的屍皮外衣、高掛這叛逃自所謂中國之非法幫派組織的旗幟，國際人士更看不起台灣了！

　　台灣何不看看今日的圖博（Tibet；中國所謂西藏）。圖博人並未認盜作祖，只是「親中愛圖博」而已，就慘遭蹂躪而失去了國家，淪落為難民。另一方面，流亡的圖博政府，失去土地，在國際上也沒有政治和經濟地位可言，圖博的流亡政府和領袖卻得到世界各主要民主國家的尊敬與禮遇，就是因為圖博人士表現出的是「尊嚴和不屈服之民族精神」，台灣人不應該深思與檢討嗎？

　　事實上，台灣聞達人士（包括柯文哲、賴清德和蔡英文）都知道，「Chinese Taipei（中華台北）」、「ROC（中華民國流亡政府）」和「齒輪旗」是不可拿來充飢的毒蘋果，卻因貪戀眼前看似穩定的既得名位和利益，不惜與「中國壓霸集團」這豺狼共舞，遂狠心欲將台灣這土地和人民帶往萬劫不復的地獄。然後以「使用『中華台北』這名牌是不得已的」欺騙國人，還胡說什麼「台灣只得忍辱負重」。以下就是「台灣無需不得已、不必忍辱負重」的例子：

　　醫師公會全聯會秘書長王必勝日前代表「台灣醫師

會（Taiwan Medical Association）」參加在美國芝加哥舉行的世界醫師會（WMA）2017年會，所謂中國的醫師會今年再度以「一個中國政策」爲由，要求台灣醫師會更名爲「Chinese Taipei Medical Association（中華台北醫師會）」，且威脅說「若台灣醫師會不改名，就不同意世界醫師會（WMA）2021年的年會在北京舉辦」。但台灣醫師會出席代表強調「台灣就是台灣」，堅持「台灣醫師會與所謂的中國無關，更與所謂的『一個中國政策』無關」，這席話得到全場的掌聲，會後各國醫師會的代表也紛紛向台灣醫師會表達支持。對此，蔡英文於2017年10月17日還向醫師公會全國聯合會理監事、核心幹部及各縣市醫師公會理事長表示：「今年代表台灣在WMA大會醫師會議上的積極發言，堅持『台灣』正名，並確保台灣繼續參與國際醫療事務的空間，國人都相當感謝。」可見，台灣聞達人士（包括柯文哲、賴清德和蔡英文）都知道，「台灣」正名並非不可爲，是以假華人的姿態「乞求壓霸中國摸頭」而不爲也！

　　事實上，於2000年以前，台灣醫師會在世界醫師會，都是被蔣幫中國壓霸集團掛上「Chinese Medical Association Taipei（中華台北醫師會）」的名牌，經常被誤以爲是屬於所謂中國的地方團體。是直到2004年的世界醫師會年會，經過台灣醫師會的據理力爭，世界醫師會才正式通過更名爲「Taiwan Medical Association（台灣醫師會）」，並一直使用至今。其實，今（2017）年4月在非洲尙比亞召開的世界

醫師會協調會（Council meeting），所謂的中國就曾要求台灣醫師會（Taiwan Medical Association）改回過去的名稱而遭到拒斥。

所以，台灣聞達人士（包括柯文哲、賴清德和蔡英文）都知道，只要台灣不披掛「中華民國流亡政府」這屍皮當外衣，任何非政府組織都會讓台灣參加的；只要台灣人表明「台灣人都是原住民，絕非所謂的漢人或華人，台灣與所謂的中國一點關係也沒有」、「所謂的中國可以隨時領回逃難來台之『中華民國』這流亡殭屍的餘孽」，世界各主要國家也都會接納「台灣是一個主權國家」。是台灣聞達人士深陷「斯德哥爾摩症候群」的心理扭曲，又貪戀眼前看似穩定的既得名位和利益，不惜與「所謂中國這豺狼」共舞，才將台灣這土地和人民帶往萬劫不復的地獄。

魏先生留言：「世界醫師會（WMA）是民間組織，自稱台灣是較容易獲得國際人士支持，遇到政府組織的國際場合就無可奈何了！」

埔農回答：

不！這不是事實！我國自稱台灣並非不可為。各種國際賽事也都是非政府的民間組織，再說，世界醫師會（WMA）的成員也都是各自代表自己的國家。其他國際政治活動也許受到中國的操弄更為明顯，我國堅持台灣正名可

能會比較困難，但也僅止於「比較困難」而已。大家看看民
進黨執政期間，台灣政客何時曾經承認自己是「台灣原住
民」過？又何時曾堅持以「台灣就是台灣，台灣不是所謂的
中華民國，台灣與所謂的中國無關，更與所謂的『一個中國
政策』一點關係也沒有」向世界各種國際活動大力抗議過？
所以，是台灣政客欲「乞求壓霸中國摸頭」而不為！

　　蔡教授說：「美國獨立戰爭期間，美國人托馬斯‧
潘恩（Thomas Paine，來自英國）於1776年1月出版的
《Common Sense》（《常識》）一書中寫下警世名
言：『如果美國人（美國獨立前的移民99%是來自英
國）自認是英國人，美國獨立這件事在外國人眼中會
是叛逆，沒有一個國家會同情美國。』托馬斯‧潘恩
（Thomas Paine）當年的警語，用於現在的台灣，正是
百分之百的貼切。台灣若自認是中華民國，台灣人若自
認是華人或中國人，則任何國家對中國想要侵略台灣這
件事就缺乏正當理由干涉，因所謂的中華民國來自所謂
的中國，這是眾所周知的事。可是，台灣學校仍在對學
生做「台灣是中國的一部分」之奴化洗腦教育；台灣聞
達人士（尤其是台灣政客）仍在自認是華人，並向國際
宣稱台灣是中華民國。這完全是準備把台灣出賣給中國
的言行，這些台灣聞達人士（尤其是台灣政客）實在可
悲又可惡！」

埔農說：

是的，托馬斯‧潘恩（Thomas Paine）當年於《常識》一書中對美國人提出的警語，就如同在警告今天的台灣人一般。托馬斯‧潘恩（Thomas Paine）事實上是來自英國的移民，18世紀的他都看得出國家認同出現迷糊時的危機。托馬斯‧潘恩和多數美國聞達人士一樣，呼籲所有美國人必須團結一致抗拒英國的威脅，讓英國知難而退，也才有今日的美國能存在下來。然而，台灣聞達人士（尤其是台灣政客）事實上並非所謂漢人、華人或中國人的後裔，卻因漢化過深而沉迷於中國的「厚黑學」，羨慕中國式虛妄的所謂高級，寧願選擇認盜作祖，這不但是耳目閉塞，更是重症的「斯德哥爾摩症候群」。

托馬斯‧潘恩在《常識》一書中強調：「英國覬覦殖民地的動機是利益而不是情誼。如果把英國比作是父母，那英國此刻就連豺狼和野蠻人都不如，因為『豺狼尚且不食其子，野蠻人也不和親屬作戰』我們如果與英國保持理不斷的聯繫，將會遭到的危害和損失是不勝枚舉的。北美的真正利益在於避開歐洲的各種紛爭，如果美國依附於英國而變成英國政治上的小籌碼，美國就永遠不能置身於英國和各國的紛爭之外。附屬於英國之下，只會被英國拉進混亂的國際事務之中，對美國的利益和安全皆構成不利影響。一旦英國和任何外國之間爆發糾紛或戰爭，美國由於與英國的附屬關係，必定會遭到嚴重的傷害，甚至毀滅。」這些警語用於現在的

台灣，仍然是百分之百的貼切。更何況，台灣人事實上並非所謂漢人、華人或中國人的後裔。

20世紀美國哲學家悉尼‧胡克（Sidney Hook，在為《常識》一書再版所寫的序文中，就明白指出：「潘恩之所以盡全力投入這場美國建國行動，並不是僅出自於做為一個美國人的為了美國利益而已，而是基於做為一個自由人和身為一個世界公民應有的認識。潘恩堅信，他為美國所做的努力，就同時是在為世界上所有被奴役者的爭自由而努力。」今天的台灣聞達人士（尤其是台灣政客）卻連240年前就應有的「常識」都沒有！

其實更可悲的是，台灣人根本都是原住民，不是所謂的漢人、華人或中國人的後裔，台灣聞達人士（尤其是台灣政客）卻自以為高級地選擇認盜作祖。台灣聞達人士更迷戀眼前一時的權勢、名位和既得利益，服於中國的利誘和壓迫，視死如歸的一口咬住中國的陷阱誘餌，並不惜將台灣送入所謂中國的虎口，做為他們向所謂之中國朝貢以乞求取青睞的牲禮。這是世界各主要民主國家看不起台灣政客的原因，也是各主要民主國家雖然同情台灣和台灣人，卻無法坦然地堅定支持台灣的主要無奈。台灣聞達人士（尤其是台灣政客和文史學者）的台灣人心靈和精神，已因漢化過深而蕩然無存，其言行更是罪大惡極！

洪先生說：「川普總統於2017年9月19日在聯合國

大會發表演講，強調他的政府以結果論而非意識形態為指導原則，他的外交政策是『有原則的現實主義，根植於共享的目標、利益與價值觀』。不過究竟這種『以利益與價值觀為導向的現實主義』將如何反應在他的台海政策上？上星期，在華盛頓一場關於美台關係的論壇中（由GTI主辦），包括出席的眾議員德桑提斯，以及許多熟悉台海問題的學者專家，不斷重複強調「美台共有的民主和自由價值」是重要的關鍵。但也有研究國際政治的學者從現實主義的角度，分析川普政府是否可能為了取得中國在朝鮮核武問題上的合作而把台灣做為交易籌碼。不知你的看法如何？」

埔農說：

台灣的危殆以及可能被當作各國與中國交易的籌碼，全都是因為台灣的聞達人士出現「斯德哥爾摩症候群」，認盜作祖，深陷假漢人、假華人的毒癮中自以為高級，更自甘穿上所謂「中華民國流亡政府」這僵屍的屍皮外衣，沉迷於名利雙收。大家想想看，這「中華民國流亡政府」僵屍本是來自所謂的中國，如此情形，國際人士即使有心支持台灣，又能怎麼樣？在所謂中國的壓霸垂涎下，要不是台灣居戰略上的重要地理位置，深受各國關注，台灣是可能早已被當作交易籌碼而犧牲掉了，台灣人更可能早已血肉橫飛。

想到這些台灣聞達人士，自己傾慕中國式的壓霸和虛

妄思維，自以為高級，卻把全體台灣人推向那所謂的「華人」、「中國人」的火坑，台灣聞達人士已成為今日多數台灣人無法覺醒的罪魁，更是陷台灣人於今日之羞辱和危殆的禍首！

　　2017年9月20日友人黃先生問：「柯文哲似乎視台北市警察局局長邱豐光為親密戰友或愛將！一群退休高階軍官前往世界大學運動會開幕式門口鬧場，狂暴襲擊，阻止各國選手進場，開幕式呈現僅有舉旗手繞場而不見選手的尷尬畫面，世界媒體爭相播出，讓台灣蒙羞，電視還實況轉播，邱豐光身為市警局長竟睜眼說瞎話：『警方的戒備滴水不漏，沒有抗議群眾突破封鎖線，也沒有煙霧彈。選手沒有入場，是因群眾的汽笛聲太吵，選手會怕才不要入場。』邱豐光身為市警局長如此顢頇，這在正常國家早被撤職查辦了，柯文哲卻力挺到底，連邱豐光被調任警政署副署長這種好事（並未受到懲處），只因被調離身邊，柯文哲就不捨與不甘形於色。柯文哲現在雖然為了追求聞達光環，不惜認盜作祖，但以他之聰明伶俐，怎麼會有這種警扭的表現？真是奇怪！」

　　埔農回答：
　　一點也不奇怪。退休高階軍官前往世大運開幕式門口狂

暴鬧場，鬧出世界級笑話，柯文哲當場呆住了，卻謊稱是「因爲手機被國安局屏蔽，打不出電話」，對照柯文哲，邱豐光是傻住了才會睜眼說瞎話。一個呆了；另一個傻了，也都出現譫妄的胡言亂語，呆、傻同病相憐，自然相惜、相挺，這並不奇怪。

　　黃先生又問：「就柯文哲和賴清德這兩位政壇紅星相比，你的看法又是如何？」

　　埔農回答：

　　柯文哲和賴清德這兩人雖然都是從小歷經蔣幫壓霸集團中國式教化的用功學子，都有假漢人、假華人的虛妄思維，也都是醫師羨慕聞達光環而從政，但二者的性格特質和轉變過程並不相同。柯文哲聰明、直爽，是被中國壓霸集團呆奴化較晚，但很快被光環沖昏了頭，近來被中國壓霸集團呆奴化得更徹底；賴清德原本較具智慧和清明，但在現有政治染缸內，仍避免不了被污染。賴清德因迷戀成就個人神話，也學會「爲求騰達必須轉彎、和勢力（即使是惡勢力）妥協」的習性。這樣性格特質和轉變過程都完全不同的兩種人，實在難以直接比較，只能各別分析。關於對賴清德的觀察和瞭解，前面已經有解說，以下就來仔細觀察柯文哲最近的言行並加以瞭解：

　　台北市長柯文哲2017年9月12日接受《壹電視》專訪，

談到雙城論壇以及世大運與中國交流的過程，遭質疑和上海市長應勇的致詞，不約而同提到「兩岸一家親」、「兩岸命運共同體」等言論，是不是事先「套好招」，透過複誦「兩岸一家親」、「兩岸命運共同體」的通關密語，再加碼說出「床頭吵床尾和」，迎合中國統戰策略的「打擊右派，拉攏中間派」，冀望透過諂媚中國以獲取兩岸事務話語權，就把台灣立場和地位丟棄時，柯文哲說：「『床頭吵床尾和』是脫稿演出，其餘一五新觀點、兩岸一家親，事先都有報備給國安會，國安會已讀不回，沒表示任何意見。放他一人到對岸對付阿共仔，等到他出事後再攻擊，讓他很傷心。」又說：「回來飛機一落地，艙門還沒開，手機打開line看到陸委會的發言，眼淚差點掉出來。」；「國安會、陸委會都放我一人處理，出事再攻擊我。」一度哽咽說很傷心。對此，陸委會、國安會立刻出來嚴詞否認，說：「柯文哲說謊，已讀不回必有記錄，請拿出來！」連周玉蔻都痛批「哽咽？真會演呀。」

　　事實證據揭曉，柯文哲是在6月9日接受中天電視專訪前，曾把將接受訪問的預備稿透過電子信箱傳送給總統府，這與雙城論壇的講稿並無關係。此後至7月2日舉行的「雙城論壇」，柯文哲沒再與國安會或總統府連絡過。柯文哲對此表示：「這我都知道，是由市長室主任蔡壁如分兩次送，希望這件事到此為止。」市議員梁文傑說：「柯的確傳了講稿給某個人看，但那個人並不是陸委會或國安會的人，更非總

統府。」所以，柯文哲是用移花接木的手法，把馬嘴對上牛頭，企圖自圓其說。

9月15日，台北市長柯文哲早上6點跑到關渡宮，感謝神明保佑世大運一切順利。記者問：「你這『雙城論壇的講稿有報備給國安會，國安會已讀不回』的指控很嚴重，你到底是把雙城論壇的講稿傳給了誰？」柯文哲回答：「我知道我沒有講謊話，這樣就好了。」被批評不誠實，柯文哲竟然臉皮厚到回答說：「我的問題就是太誠實了。」

2017年8月19日晚上國際大學運動會於台北舉行開幕式，被一群中國人和假中國人的退伍高階軍官，藉口反年金改革，前往開幕式門口鬧場，狂暴襲擊，阻止各國選手進場，擊打各國運動員等待進場位置的玻璃、襲擊維持秩序警察，並投擲煙霧彈恐嚇，導致各國運動員不敢進場、不能進場，開幕式呈現僅有舉旗手繞場而不見選手的尷尬畫面，柯文哲在世大運開幕典禮上反應不及，整個人傻住了。事後柯文哲居然說出「是因為總統在場，手機被屏蔽打不出電話」的謊言，立刻被國安局否認，況且當時柯文哲四周的在場人士之手機都是維持良好通訊狀態！

世大運的開幕、閉幕式，分別由總統蔡英文、副總統陳建仁出席一事，是早就決定好的事。柯文哲在8月18日拜會民進黨秘書長洪耀福時，沒想到柯文哲當場表示「希望陳建仁不要出席閉幕式」，因為中國對柯文哲提出「如果台灣副總統陳建仁不出席世大運閉幕式，中國隊就會參加」的條

件。柯文哲爲了討中國歡心，也爲了加戴中國光環，「喪權辱國」在所不惜，竟然眞的提出「爲了讓中國隊參加世大運閉幕式，希望副總統陳建仁不要來出席」的要求，總統府當然嚴詞斥拒。周玉蔻也批評說：「這根本就是要矮化台灣，柯文哲根本連問都不該問。」柯文哲在9月14日卻否認有此事，並以「是科幻小說讀太多」回應。

好一個精練了中國厚黑學的柯文哲！

柯文哲身邊的人說「這是民進黨的陰謀，爲了打壓柯文哲的氣勢，下次市長選舉民進黨就可以推出自己人取而代之」。筆名人渣文本的大學教師周偉航在《壹週刊》專欄中指出：「當柯文哲的想法和某些藍營人士同步的時候，就要小心了。中國國民黨之所以一敗再敗，鬧到土崩瓦解，就是因爲他們認定所有的批判聲音都只是對手的陰謀，不是自己眞有問題。但中國國民黨就是眞的本身有問題。同樣的，柯文哲現在也眞有一些問題，柯文哲不肯面對這些問題，反而把一切都推給『民進黨的陰謀』，柯文哲這樣想，和中國國民黨有什麼兩樣？」

　　楊先生留言：「人在官場，身不由己。這是他的官場現形記，爲了得到中國的支持，卻忘了他是土生土長的臺灣人，臺灣的歷史會對他的功過有所批判。」

　　埔農說：

　　「人在官場，身不由己」？不，不論是「認盜作祖」或「屈服於強勢中國的利誘和壓迫」，都是台灣聞達人士個人迷戀權勢、名位和既得利益所作的選擇，何來「身不由己」？至於臺灣歷史要對認盜作祖之台灣聞達人士的功過有所批判，其前提必須是多數台灣人已覺醒，承認自己是台灣原住民，和所謂的漢人、華人或中國人一點關係也沒有，明白中國人純粹是陰狠、壓霸的侵略者。否則，台灣連能苟安多久都令人不敢肯定，何敢奢望歷史會對這些台灣聞達人士認盜作祖之功過做正確的批判！

　　針對阿根廷選手在世大運閉幕式披齒輪旗繞場一事，柯文哲竟然公開大言：「我要跟中國講，這不干我們的事。」埔農一聽到這句話，胸口一陣疼痛，心中想到的是：「阿根廷選手在台灣辦世大運的場地披齒輪旗繞場，意識清楚的台灣人是不以為然，但又干中國何事？柯文哲為什麼需要向中國報告或澄清？中國是你柯文哲的老闆嗎？或者中國是你柯文哲的老爸？」另一方面，柯文哲以及其他台灣聞達人士不是都說「台灣辦世大運必須遵守奧運會模式，不准出現流亡政府的齒輪旗」嗎，那為何阿根廷選手在世大運就可以披齒輪旗繞場？又為何連奧運會並沒有禁止的「畫有台灣之旗幟」，也不能在台北世大運的場中出現？看到這裡，埔農瞭解到，柯文哲已經沒得救了！

　　2017年9月18日，記者針對綠營最近對他有些批評，鄭

寶清也連署民進黨2018年選舉不要再跟柯合作一事，問了柯文哲，柯文哲表示：「大家不要互相講狠話，我認識鄭寶清，鄭選桃園縣長時，我有去幫忙站台。」記者問：「那你是否認爲他現在忘恩負義、恩將仇報？」柯文哲說：「政治上不就都是這樣！」埔農會心一笑，因爲這「政治人物都是忘恩負義、恩將仇報」聽起來用於現在的柯文哲自己真是貼切。2014年不是多數的台灣人支持他打敗中國國民黨，才贏得台北市長之位的嗎？現在柯文哲又是如何的幫助中國壓霸集團在消遣台灣人所期待的台灣、蹂躪台灣人所依靠的台灣？柯文哲才是真正的「對養育他的台灣這塊土地忘恩負義、對支持他的台灣人恩將仇報」。柯文哲當政治人已近3年，自己說「政治上都是這樣」，等於直接承認他自己（現爲政治人）正是這樣「忘恩負義、恩將仇報」，只不過多了一點好像「他爲了飛黃騰達，也是不得不忘恩負義、恩將仇報」的「自我解嘲」語氣而已。

記得2015年1月柯文哲接受美國《外交政策》（Foreign Policy）雙月刊專訪時，就說出兩岸就是兩國關係，得到不少台灣主流民意的支持。然而好景不常，柯文哲嚐到被眾星拱月的甜蜜滋味後，開始思索在權勢、名位更上一層樓的可能，於是，就開始「認賊作父、認盜作祖」在所不惜了。柯文哲已從政治素人蛻變爲政治高手，無時無刻不在曝光及提升知名度，這位原本直來直往的聰明外科醫師，品嚐了兩年多名位、權勢和光環的滋味，中國厚黑學上癮，已成爲精明

的炒作政客，建立起「捨我其誰」的狂想。所謂「政治是高明的騙術」，短短幾年，柯文哲似乎已參透其中奧妙，並且實際操作，實質效果似乎也不錯，才會頻頻出招。

事實上，柯文哲、賴清德、蔡英文以及其他台灣聞達人士的虛妄言行，都是台灣受虐症候群（重症斯德哥爾摩症候群）之扭曲心理的表現。早期在蔣幫壓霸集團的肆虐下，台灣聞達人士（包括柯文哲和賴清德）認同了所謂的漢人、華人；現在柯文哲在強勢中國的利誘和壓迫下，認同了所謂的中國；賴清德則是見識了高階軍公教中國人和假中國人威嚇的惡勢力，也孝敬起高階軍公教人員，同樣是認同暴虐者的心理病態。而「高中國文課本的教材及其內容，文言文比率不論是維持在45至55%，或是35至45%」，則是進一步認同暴虐者祖先的過時虛妄文化，是台灣受虐症候群（重症斯德哥爾摩症候群）扭曲心理更深一層的延伸。前二者都把台灣人當白癡，後者是希望台灣人繼續當白癡。

如今一心一意和中國一家親的柯文哲，竟令台北市文化局協辦「中國新歌聲」的電視節目在台灣大學錄製，地點寫的不是「國立台灣大學」，而是「台北市台灣大學」。而且，中國的主辦單位透過電子信件、微信等通訊軟體交涉協辦事項，「交辦」台北市政府協助組織觀眾一千人，文化局局長鍾永豐承認說：「文化局是有提供民眾一千張免費門

票，另外曾付出18萬750元，協助台灣高中生街舞團體及麋先生樂團兩個表演團體參與「中國新歌聲」演出。」由於搭建舞台，學生無法使用運動場，甚且將台灣大學剛花了三千多萬元新翻修的草皮大舉破壞，台灣大學校方又默不作聲，2017年9月24日下午，有一些台大學生氣不過，跑到會場抗議。中華統一促進黨總裁白狼派兒子張瑋率領一批中國黑道成員，持球棒和甩棍對台大學生發起三波攻擊，很多目擊者紛紛幫忙打電話報警，一直未見警方到場。第二波攻擊時有台大學生被打到頭破血流，目擊民眾只好改打119求救。第三波攻擊後，主犯胡大剛等人搭乘白狼兒子張瑋的奧迪A8豪華轎車囂張地搖搖擺擺離去。此時救護車很快的趕到現場，但是再過了30分鐘還是沒有任何警察前來處理。最後警方真的到了，說他們花了40分鐘在找現場！一般而言，在台北市的精華地段，警力駐點密集，一經報案，3分鐘內就會有警察過來，何況台灣大學有駐校警，台大學生被黑道入侵攻擊，卻過了1個多小時警察才姍姍來到。由於現場民眾都是用手機打報案電話，手機留有記錄，事後警方不得不承認，在此攻擊事件之時，警方共接到52通求救的報案電話，看大家怎麼想！

　　中華統一促進黨是中國黑道竹聯幫分支出去登記的所謂政黨，由竹聯幫元老級人物「白狼」張安樂主持。竹聯幫「六堂一隊」（虎堂、地堂、忠堂、青堂、義堂、太極堂及捍衛隊）是竹聯幫主要的暴力攻擊武力，有如軍隊中的特種

部隊。此次台灣大學校園事件中，張安樂派出的26名成員均是在竹聯幫「六堂一隊」內具有堂主、副堂主、分會長等身份的幹部級人物。

再想想，柯文哲的台北市文化局竟然協助中國電視台錄製商業性娛樂節目，剛花三千多萬新翻修的運動場草皮被大舉破壞，台灣大學校方竟也不敢吭聲；案發現場是有駐校警的台灣大學，而且是有52通已說清楚案發地點的報案電話，警方竟敢大言「花了40分鐘在找現場」！

學校借場地給娛樂性商業節目使用已經很奇怪了，竟還是借給一直霸凌台灣的所謂中國。可否請那位台灣本土電視娛樂性商業節目的製作人，去嘗試申請台北市文化局的協辦與出經費補助，並向台灣大學商借田徑運動場，在學校上課期間，從事一星期的任意施工，加上連續一星期歡唱及旁邊攤販的吵鬧活動，看看台北市文化局和台灣大學會不會一樣的卑躬迎合？

事後「白狼」張安樂面對媒體囂張的說「打得好」！因各種罪案入獄多次，現在經營討債公司的中國人董念台，更在網路上要求朋友幫忙竊取警政署長陳家欽個人資料，協助找出陳家欽的住處地址、電話，以利他親自「登門拜訪」，威脅將對任何膽敢不禮讓中國壓霸集團的警政人員及其家屬進行攻擊。可笑的是，台灣警政署竟然對著媒體公開宣稱：「並不違法、不予評論。」竊取並散佈他人的個人不公開資料不違反「個人資料保護法」？威脅要傷害執法人員及其家

屬「不違法、不予評論」？台灣的執法竟然淪落至此地步！

　　陳先生留言：「學生被打，又能怎麼樣？當警察和
法院都不能保護；都無能維護他們的權益與安全時，難
道要組織團結，自備刀械武器與之對抗……這下子會演
變成什麼場景？」

埔農說：
　　所以，重要的是，台灣人要趕快清醒，認清楚自己的處
境，72年前的台灣人都純粹是原住民，和所謂的漢人、華人
或中國人一點關係也沒有，中國是壓霸侵略者。只要台灣人
不跟隨「沉迷於『假漢人、假華人』毒癮自以為高級的台灣
聞達人士」去認盜作祖，則所謂的中國有何藉口垂涎台灣？
所謂的中華統一促進黨等中國壓霸集團有何在台灣繼續肆虐
的餘地？

　　Chiu留言：「上級長官未下指令，警察不敢動！
（換局長好像也沒用？）」

埔農說：
　　換局長到底有沒有用現在還不太清楚，因為新局長才上
任幾天，基層警察的行動準則，還是遵行以前長官訂下的規
矩，長官規定「凡是牽涉到中國壓霸集團的事件都先不要動

或慢點動」，基層警察怎麼敢動？以後可持續觀察，便知分曉。

　　就在此同時，菲律賓總統杜特蒂（Rodrigo Duterte）在一場演講中，公開點名台灣是菲律賓毒品的來源國，菲國毒品都是來自台灣的黑道組織竹聯幫。侵台的中國人黑道組織不但肆虐台灣、蹂躪台灣，更讓台灣染上毒害世界各國的污名。

　　可笑的是，竹聯幫領袖張安樂竟宣稱竹聯幫從來不碰毒品，台灣媒體也如是加以報導。竹聯幫成員販毒眾所皆知，也因此紛紛陸續進出監獄。1984年，張安樂自己更因販毒被捕，在美國服刑十年。

　　令人髮指的是，1996年張安樂因惡名昭彰被台北地檢署依《組織犯罪防制條例》起訴，畏罪潛逃回中國。在中國受訓17年後，張安樂竟能在中國的安排下，疏通台灣司法，讓「白狼」張安樂於2013年6月29日再風光入境台灣，從事顛覆工作。入境當天先說是交保，但諸多罪名隨著交保一筆勾銷。撇開罪名一筆勾銷不談，有誰聽說過「捕獲畏罪潛逃的罪犯可立即交保的事」？

　　2017年9月28日《自由時報》記者報導：「據情治單位蒐報，隸屬中國國台辦旗下的「福建廈門對台辦」，是目前中國掌控台灣黑幫（竹聯和「白狼」張安樂的所謂中華統一

促進黨）之前哨基地；隱身其中的「外聯辦事處」，則是負責實際操控台灣黑幫的執行和經援單位。」

中國黑道竹聯幫及所謂的中華統一促進黨，剛在台灣犯下檢警口中的「殺人未遂」罪交保候傳，警方卻又立即准許他們於10月1日，為慶祝那隨時在羞辱台灣、威脅要血洗台灣之所謂中國的國慶而舉辦示威遊行，警方為了幾百名（號稱近千人）衣服印著中國國旗、雙手高舉中國國旗的中國特務，派出500名以上的警員保護他們，並封路配合、壯其聲勢，且禁止台灣人靠近。首領「白狼」張安樂更是以明星、政要的姿態，就在眾多警察護衛下，現場接受連線直播採訪，囂張地公開恐嚇：「台灣只剩下一個招牌（指所謂的中華民國流亡政府），我們不要再捍衛這個招牌，現在中華民國的招牌還可以存在，是靠中華人民共和國和共產黨，『今天你敢拆這個招牌，我就打你』！」隨後就於隊伍行進間，公然在大馬路上販賣毒品，這種囂張程度，世界各國的黑道組織都望塵莫及。更令人目瞪口呆的是，警方懾於中國特務的淫威，只見逮捕了購買毒品的陳偉銘，還是不敢進入示威隊伍追捕竹聯幫和所謂中華統一促進黨的中國毒販！陳偉銘除供認向中華統一促進黨徐驤黨部副主委呂家豪購買毒品，還供出呂發放一千元「走路工」動員他一起上街遊行。台灣警政署卻直到10月27日才在各方壓力下採取行動，一起逮捕中華統一促進黨涉販毒、暴力恐嚇和主持詐騙集團的主委、副主委及成員等九人。

　　就在滲透台灣的中國特務以遊行、示威、恐嚇加販毒之方式慶祝中國國慶的前一天（2017年9月30日），瑞典第二大城哥德堡（Göteborg／Gothenburg，Sweden），新納粹團體（NRM）」約1千人舉辦遊行，有約1萬名瑞典人同時走上街頭與之對抗，抗議新納粹主義的示威活動。新納粹團體（NRM）並未如中國特務在台灣的惡行般羞辱瑞典國格，更未計劃消滅瑞典，只因新納粹團體曾有暴力攻擊記錄，瑞典警方就對揮舞旗幟的新納粹團體噴灑辣椒水或催淚瓦斯，並現場逮捕有暴力嫌疑的示威者。看到現代文明國家這種保護國格、維護正義的作為，想想台灣今日的自虐和自殘，埔農禁不住流下兩行罕見的淚水。

　　台灣何以淪落至此「任人宰割」的地步！這4年多來，台灣到底發生了什麼事？到底中了什麼毒？

　　台灣人如果都能認清自己是台灣原住民，台灣人和所謂的漢人、華人或中國人一點關係也沒有，沒有認盜作祖，所謂的中國人既然純粹是難民以及侵略者，則台灣人會讓中國壓霸集團在台灣如此這般囂張嗎？中國又那來的藉口羞辱台灣、打壓台灣、威脅台灣、霸凌台灣？再想到多數台灣人今日會誤以為自己是漢人或華人後裔，以致如此這般忍受中國壓霸集團的肆虐和踐踏，完全是遭受沉迷於假華人虛妄思維而認盜作祖的台灣政客、聞達人士（尤其台灣文史學者）之連累所致（這些人無論在學校教育或社會教化上都掌握了十足影響力），埔農有時實在會氣憤難平。而且，這景況在外

國人看來，事實上就是我們台灣人自己要把國家送給中國，又實在令埔農傷心且深感蒙羞，更覺得自己努力不夠而愧對祖先。

台灣人啊，還要繼續相信那些沉迷於「假漢人、假華人」毒癮而自以為高級的台灣聞達人士嗎？所謂的華人或中國人一向精於「厚黑學」，一貫使用的是「中國虎姑婆」伎倆，以「我是你遠房姑婆或叔公」的詐術。騙取台灣人開門揖虎。台灣人再不趕快清醒，認清楚自己的處境，看清認盜作祖的下場，則終將免不了血肉橫飛！埔農在此引用南方客前輩介紹的一則美洲原住民（所謂印地安人）諺語：「Fool me once, shame on you. Fool me twice, shame on me.」。「第一次你愚弄我，是因為你無恥；我再第二次上當，則是因為我自己愚蠢而感到無地自容」，埔農與所有台灣人共勉之。

　　2017年9月28日、29日葉先生、蔡先生、陳先生說：「賴清德於2017年9月26日首次到立法院備詢時說了『我是主張台灣獨立的政治工作者』，又說『我們已是主權獨立國家，台灣的名字就叫做中華民國，不需另行宣佈獨立』，一方面拉攏台灣意識清明的台灣人，同時向台灣假華人示好。9月29日再到立法院備詢，會前受記者訪問卻表示『我非常希望後續立委對我的質詢，千萬不要再問我個人立場，否則我會陷入兩難』，上台時就一再迴避『台灣獨立』或『台灣是主權獨立的國

家』這兩句話，並從此不再講『主張台灣獨立』，這是
另一方面向中國人和台灣假中國人表示臣服。真是政治
撈仔！」

埔農說：

是的，埔農一聽賴清德說「我是主張台灣獨立的政治工
作者，我們已是主權獨立國家」，埔農就立即發覺「賴清德
也已經深陷『斯德哥爾摩症候群』而難以救治了」，真是悲
哀。賴清德本是聰明之人，又是經過邏輯思考訓練的醫師，
若不是由於「斯德哥爾摩症候群」的重度心理扭曲，怎麼會
說出「我主張台灣獨立，我們已是主權獨立國家」這麼不
合邏輯的言語呢？若賴清德真的認為「台灣已是主權獨立國
家」，就不會說「我主張台灣獨立」，因為「已是」是「現
在完成式」，而「主張」是「現在進行式」或「未來式」，
既「已經獨立」又「主張獨立」是不合邏輯的。在正常心
理情況下，如果「主權已經獨立」，說的應該是「認為已
經獨立」而不是「主張獨立」；如果是「主張獨立」，就表
示「主權尚未獨立」，所以，「主張」和「已是」是相互衝
突的，一個心理狀況正常之人，是絕不會把「主張」和「已
是」放在一起的！

其實，這個問題不只發生在台灣政客身上，台灣聞達學
者也是如此，都是認盜作祖，偽裝成所謂的假漢人、假華人
自以為高級的結果。72年來，是有一些台灣假中國人大剌剌

地當蔣幫中國壓霸集團的走狗，乞求其殘羹而驕恣，台灣人看在眼裡，多數只覺羞恥和嘆息，對台灣的傷害是有形、有限的。宣稱有台灣意識、口中說要抗拒中國壓霸集團之肆虐的所謂台灣人士或士紳，有了既得利益後，也沾染上了「中國厚黑學」，貪婪權位、名利和虛榮，就緊抓著「假漢人、假華人」的虛妄思維不放，因為「風行草偃」，對台灣人心的影響是無形的、對台灣的傷害更是無限的。

　　Miss Chung 於2017年7月19日的發文就曾說：「台灣教授協會在中華民國跟巴拿馬斷交之後 1 個多月的今天發了一篇聲明稿，把台灣和中華民國流亡政府混為一談，把中華民國當成自己，明明是有比多數人還要多資源的教授們，為何總是這麼輕易地就把這個該死的中華民國流亡政府跟台灣畫上等號啊？」

　　這些聞達人士，口說有台灣意識，實則漢化過深，自以為偽裝成所謂的華人很高級，這是重症「斯德哥爾摩症候群」的精神疾病。只要稍有常識的人都知道，所謂的中華民國已於1949年實質被中國共產黨消滅，1950年蔣介石也在台北陽明山莊對中國國民黨官員們說：「我們的中華民國到去年年終就隨著大陸（中國）淪陷而已經滅亡了，我們今天都成了亡國之民。」所謂的中華民國流亡政府在1971年以前充其量只是「盜匪」偽裝成所謂「流亡政府」的僵屍而已。1971年第26屆聯合國大會決定承認中華人民共和國政府在其中國境內的合法主權時，所謂的「中華民國流亡政府」就已

從這個世界上消失。從此世界各國都是稱我們（Formosa；Paccan）為台灣，所謂的「中華民國流亡政府」這僵屍其實「骨肉無存」，只剩令人噁心作嘔之腐臭屍皮還留在台灣飄揚（潛伏台灣的中國匪徒張安樂，就於2017年10月1日對著眾媒體大言「所謂的中華民國流亡政府這招牌，是中華人民共和國和共產黨故意留給台灣聞達人士和政客的」），想不到如今這腐臭屍皮卻被台灣聞達人士和政客拿來披在身上，偽裝成假漢人、假華人自以為高級。台灣聞達人士和政客這種賣祖求榮心態，以及其假漢人、假華人的虛妄迷思，正是現在把台灣置於危險境況的罪魁禍首。在外國人看來，簡直就是我們台灣人自己要把國家送給所謂的中國。現在卻又聽賴清德公開宣稱「台灣的名字就叫做中華民國」，埔農口中突然爆出「渾蛋」二字。

　　2017年9月26日賴清德在立法院宣示台獨主張，說「自己是主張台灣獨立的政治工作者」、「台灣是主權獨立的國家」，不僅在台灣掀起熱議，也挑動台灣及中國的敏感神經。但在台灣與中國關係中扮演重要角色的美國政府，這次卻表現得異於尋常的淡定，波瀾不興，甚至可說是毫不在意，就只差沒拍手叫好。美國前副總統錢尼的安全顧問葉望輝就曾對《政經看民視》的前台大教授彭文正說過：「美國不會表示支持台灣獨立，是因為多數台灣人政客和聞達人士從來沒有真正表達過堅定的獨立或建國意願。在台灣人自己沒有表達多數的堅定意志前，若美國表示支持台灣建國，則

有干涉台灣內政之嫌疑。」

經世界日報記者詢問美國對於「台灣是主權獨立的國家」之看法時，美國國務院東亞局官員才宣稱：「美方信守基於美中三公報與台灣關係法的所謂『一個中國政策』，並鼓勵北京與台北當局進行建設性對話。」這是無關痛癢的回答，美國政府不僅未如過去重申「不支持台獨」，也未再說出「美國政府反對任何一方片面改變台海現狀」的常用說詞。後二者是美國政府，每次在台灣與中國關係有新狀況出現時，必定回應的慣用語，這次卻都沒有表現出來。美國國務院甚至趁此時機，將所謂「中華民國」這殭屍皮的「齒輪旗」從其網頁撤下。

這次美國國務院對賴清德的台獨說法，不願發表意見，且主動將美國國務院官方網頁之所謂「中華民國流亡政府」這殭屍皮的「齒輪旗」撤銷，即使被記者追問，也僅表示「一個中國政策」和「鼓勵建設性對話」。究其原因有二：

1. 「一個中國政策」是指中國只有一個合法政府，那就是「中華人民共和國」，只要不承認所謂的「中華民國流亡政府」、不提到「中華民國」這語詞，就符合「一個中國政策」。至於「鼓勵建設性對話」，那是場面話的外交詞令而已。

2. 台灣本來就不屬於所謂的中國，1971年以前偽裝成所謂「流亡政府」的「中華民國」這殭屍，對美國政府而言還有點利用價值，1971年以後就已變成是令美國

政府麻煩的燙手山芋。是台灣聞達人士為了個人的既得名位和虛榮，對「中華民國」這僵屍的屍皮欲拒還迎，甚至於拿來披掛在自己身上。「中華民國」這屍皮來自所謂的中國，眾所周知，才引來所謂中國的垂涎，也造成世界各國的困擾。若台灣真是主權獨立的國家，和所謂的中國不相干，美國以及其他主要民主國家再也不用覺得尷尬和為難，當然是好事一件。

所以，若台灣聞達人士真有心推動「台灣是主權獨立的國家」，就應該徹底切除和所謂中國的一切糾葛，一舉往「建國、復國」的目標邁進。怕只是台灣聞達人士仍沉迷於假漢人、假華人的假高級虛榮，「主張台灣獨立」以及「台灣是主權獨立的國家」僅止於是「誘拐選票」的利己「政治騙術」而已，即使世界各國都稱我們（Formosa；Paccan）為台灣，台灣聞達人士還是自稱「中華民國」，那美國政府和其他主要民主國家只好繼續重申「不支持台獨」和「反對任何一方片面改變台海現狀」了，不然又要如何保護台灣免於被送入所謂中國的虎口呢？

現在的民進黨執政大員卻高聲宣誓「台灣已是主權獨立國家，台灣的名字就叫做中華民國」，這些民進黨大員為了穩固既得的名位和利益，偽裝假漢人、假華人自以為高級之餘，已不惜拿台灣的命脈向所謂的中國朝貢。

2015年，蔡英文以民進黨總統候選人的身份出訪美國，

6月1日蔡英文到芝加哥大學與學者會談，專門拜訪了被稱為國際關係「現實主義大師」的著名學者米爾斯海默（John Mearsheimer）。蔡英文拜訪米爾斯海默，是因爲這位西方學術泰斗曾經在期刊撰文討論美國對台灣的政策問題，有「台灣完蛋了（Say goodbye to Taiwan）」這樣的表示。當時在台灣之中國人媒體和呆奴化之台灣假華人有很多的報導與討論，卻都把米爾斯海默（John Mearsheimer）當成是美國「棄台論」學者的代表人物。

　　不知蔡英文是以「遊說」的心情還是以「請教」的態度去訪問米爾斯海默（John Mearsheimer），但米爾斯海默現場對蔡英文的一番澄清，實在非常值得台灣人仔細深思。米爾斯海默說，他從來沒有主張拋棄台灣，所謂「棄台論」是媒體之扭曲標題給了人錯誤的印象。他的意思是說「美國現在要保護台灣越來越困難了，台灣人再不好自爲之，可能眞要完蛋了（Say goodbye to Taiwan）」。他是認爲美國應當保護台灣，也會盡量保護台灣，但美國的保護不是萬能，台灣不可以把美國的保護當作「高枕無憂」，台灣自己也必須好自爲之。否則，美國要保護台灣也不一定保得住。

　　爲甚麼美國現在要保護台灣越來越困難呢？米爾斯海默提出了一個非常值得重視的分析。他指出：台灣的商人在90年代大舉投資中國，幫中國把基礎經濟發展起來，引來各國工業廠商也貪圖中國的廉價勞工和市場，紛紛投資遷廠進入中國，結果創造出一個大怪物。而中國的國力持續壯大，使

得美國要保護台灣所須付出的代價越來越大；台灣政府又自稱是中華民國流亡政府，多數台灣人更自以爲是華人、甚至有人自稱是中國人，不少台灣人也自認是中華民國人，美國要保護台灣這才越來越困難，也越來越尷尬。換句話說，讓台灣如今面臨被中國吞併之危險的責任，有一大部分是台灣人自己造成的。

悲哀的是，米爾斯海默（John Mearsheimer）的苦口婆心，並沒有敲醒蔡英文和其民進黨團隊那呆奴化的腦袋。蔡英文當選總統至今，她和民進黨執政團隊，還是不知死活地披著所謂「中華民國流亡政府」那已骨肉無存的屍皮、高舉「齒輪旗」自以爲得意；也還是繼續僞裝假漢人、假華人「自以爲高級」，不惜把台灣往所謂中國的虎口送！

看來，只能期待台灣普羅大眾能早日明白台灣史實的眞相而清醒。只要多數台灣人醒覺「自己並非所謂漢人或華人的後裔，和所謂的中國人一點關係也沒有」，則這些已假漢人、假華人當上癮的台灣聞達人士，即使內心仍在掙扎，仍不得不面對台灣人心向背的事實，台灣的前途才會有希望。

埔農引述米爾斯海默（John Mearsheimer）對台灣的警語，是要讓大家知道，對台灣聞達人士的灰心，並不是只有埔農在感慨；對台灣前途的憂心，更不是只有埔農在擔驚，被稱爲「現實主義大師」的國際關係著名學者也是如此。台灣人若再不深思、再不清醒，那眞的是咎由自取了！

第四節　台灣學生就如牢裡出生的嬰兒，不得不吃牢飯

陳同學來函：「我現在是高三學生，昨天因為下雨而到書店躲雨，順便逛一下書店。我從書架上看到了您的書《台灣古今真相》。我還沒有看完，可是當我看到內容時，讓我非常震撼。因為我沒想到，在學校所學的歷史，有一部分是錯誤的甚至是謊言。我是一名非常喜歡歷史的人，我喜歡看看在現今人類社會繁榮的背後，究竟是怎麼建立起來的。

除了台灣歷史之外，我也去瞭解不同國家的歷史，雖然我瞭解的歷史只不過是冰山一角，但是每當我有新的發現或者有新的未知文明時，我都非常的興奮。可是，當我看到您的著作時，我才發現到，有某些的歷史是被修改乃至虛假的歷史。真的是讓我無所適從。

想到我至今所學所聞，都有可能是假的，不禁讓我很害怕，害怕自己是不是會成為幫凶，把錯誤的歷史傳下去。我不知道，是不是能像您一樣，努力追尋真相。我不知道，在這個充滿謊言的世界裡，我能夠撐多久。」

埔農回信：

陳同學妳好：

《台灣古今真相》內容的正確性埔農完全保證。埔農為

表示負責，曾多次在自由時報大版面懸賞1百萬元，請台灣
聞達人士（尤其文史學者）出來反駁埔農所指出的史實證
據，並沒有人敢吭一聲。《台灣古今真相》序中也言明「任
何讀者若能舉出實證，證明本書內容，有那一項埔農的說明
中，所舉出之證據是錯誤的，或書中有那一部分是偽造的，
敬請向前衛出版社提出，埔農保證奉上書款的百倍金額答
謝」。

　　事實上，蔣幫中國壓霸集團自己非常清楚，台灣人是和
他們完全不同的民族。前教育部高中課綱檢核小組謝大寧
（所謂的高級中國人）在面對高中歷史課綱爭議時，就於
2015年6月10日公開叫囂：「台灣歷史課綱有高度政治性，
不是要闡述（真實）歷史，而是要把不同來源的人凝聚為共
同的『國族（中國）』，建立『我群（中國）』意識。」
意思是「我們中國人就是利用偽造的教科書把你們台灣人呆
奴化，70年來如此，以後還是必須如此，你們台灣人叫嚷什
麼」。台灣聞達人士（尤其文史學者）聽了還是無可奈何，
甚至於也無動於衷，這是台灣人最大的悲哀。

　　陳同學知道要看《台灣古今真相》，讓埔農很欣慰，但
埔農擔心的是，陳同學是高三學生，現在讀《台灣古今真
相》等書恐怕會影響大學入學檢測的成績。台灣歷史科目的
升學篩選依據，完全是看死背奴化教科書的成績，若陳同學
現在讀《台灣古今真相》等書，內容雖然全是證據十足的事
實真相，但恐怕會和教科書相衝突而拖累檢測成績。今日台

灣人被奴化教育所迷惑是很無奈的現實，責任完全在不知清醒的台灣聞達人士。

　　所以，陳同學現在正面臨升學關卡，必須先忍耐，先順應入學檢測再說，這是一時無力改變的現實。在台灣，中、小學學生就如在監牢裡出生的嬰兒，牢飯不適合嬰兒，但監牢裡的嬰兒不吃牢飯無法長大。陳同學現在先認識中國壓霸集團是怎麼偽造台灣歷史，以後再對照台灣史實，更能瞭解中國壓霸集團是如何的壓霸和無恥。等監牢裡出生的嬰孩長大，就可以自由離開牢房了。所以埔農建議，陳同學現在暫時先把《台灣古今眞相》等書收好，等上了大學再利用暑假仔細研讀。因爲陳同學還年輕，在如今名位肆虐的時代，自己先要能在現實社會中站穩，將來才有所可爲。埔農關心陳同學的將來，請陳同學瞭解。

第四章
台灣人原有、現代人類應有的靈性智慧

第一節　台灣人（Paccanians）的精神智慧

在這世上生爲人，甚爲渺小，卻又是極爲得天獨厚的生物。

就宇宙而言，人生命短暫又力輕量微，實在微不足道。有人心想人定勝天，是非常無知所造成的狂妄。

就生命而言，人具靈性和智慧，受到大自然極度的厚愛和偏袒。有人利用天地賦予的智能壓霸鬥爭，是褻瀆恩賜的自作孽。

台灣人（Paccanians）是世上最早擁有靈性智慧的族群，從出生就在家庭教養、學校教育、社會陶冶中養成靈性智慧的心性。

台灣人認爲：人要的是全人的修爲，人的每一質素都同等重要，能力只是人之所以爲人的一部分而已，任何一種能力再好，也只是全人中的一小部分而已。只要是人就應受到同等敬重，不必因某人的某樣能力特別好就給予特別的恭維，沒有所謂高人一等這回事（《*The Formosan Encounter*》

Vol.I, p.123）。所以原台灣（Paccan）不會有造就所謂首領的機會，更不會有稱王、稱帝的狂妄事跡發生。需要仲裁事務，是由議會決斷。任一議員在議場發言時，其他議員必定安靜地恭敬聆聽。族群聚落的傳統和議會的決定，多數人均會遵行。雖然會有少數特立獨行之人不規矩、不合作，但仍擁有自行離去的自由，並不會受到歧視性攻擊。台灣人（Paccanians）高度民主修養的文明議會程序，直令荷蘭傳教士Georgius Candidius 深感佩服（《*The Formosan Encounter*》Vol.I, p.120、121）。議員由大眾推選或年長者推荐產生，一任兩年，可連任一次。會議由議員輪流主持。議員純粹只是義務和責任，沒有薪俸，議場外也不會因議員身份而受到特別敬重，所以少有競爭現象（《*The Formosan Encounter*》Vol.I, p.121）。（荷蘭人入侵後，為了擴張霸權，方便指揮，才在台灣族人的社區聚落中強置頭領，始破壞了台灣族人五千年以上之柔性團結的傳統。而由於荷蘭人早期在台灣都是靠唐山來的走狗領路，所選定的頭領，都是曾收留唐山人的台灣族人，或是率先屈服於武力脅迫者。除了予以利誘，為鞏固其權威，荷蘭人都給予武力為後盾。但遇有不完全順從的受命頭領，就以殺害懲戒，以儆效尤（《*The Formosan Encounter*》Vol.I, p.87、120、137；《*The Formosan Encounter*》Vol.II, p.15、124、163、368；《熱蘭遮城日誌I》，p.362；《熱蘭遮城日誌II》，p.34）。

　　台灣族人完全沒有身分高低之分，語言中也沒有所謂主

人、僕人的詞彙。每個人都互相非常謙虛、禮貌與敬重。不會因一個人缺乏學術、威望、地位或財富，就對他不夠尊重；也不會因一個人擁有較高學術、威望、地位或財富，就對他特別卑躬屈膝。台灣人只有對年長者會特別尊敬。見到年長者，年輕者會立即讓位、讓路。群體聚會，當有高齡長輩在場時，年輕晚輩不會隨便發言。聚餐宴飲時，食物和飲料總是首先奉獻給年長者，其他人則一視同仁（《*The Formosan Encounter*》Vol.I, p.123）。

　　台灣人的善良和忠誠，更令荷蘭傳教士Georgius Candidius敬仰。例如：台灣族人寧可自己受苦，甚至犧牲生命，也不願看到背叛者受到傷害（《*The Formosan Encounter*》Vol.I, p.114）。

　　台灣族人的生活是合作、分工、分享。每個人都會從事農、漁、畜、獵，也可自由選擇兼做學術、技藝、醫藥、禮儀或僅做農、漁、畜。極少專職者，都是兼任。工作、學習沒有壓力，專精者負擔精密部份和統籌工作；其他人從事一般事務。無貴賤之分，互通有無，不使用金錢、沒有商業行為。例如：我農田要播種或收成，親友全來幫忙；親友有事，我也必定前去相助（這項傳統直到1970年代，還留存在全台灣各鄉村）；再如：若需要一把新茱刀，則帶著對方可能會用到的禮物，去請託打鐵師傅，打鐵師傅就會幫忙製作。

　　台灣族人凡事謙虛自省。播種後，若已開墾的田園發現

有小塊地播種不全，必慎重備桌敬禮，自罪向天地告解，再趕緊補全。這是全然發自內心，對天地賜福的珍重。因爲田園取自大地，是大自然的一部份，必須懂得珍惜，才可取用。既然取用，卻疏忽而使地未盡其利，非請罪不可。這種傳統，是要時時提醒眾人及後代，隨時記得珍惜自然界的賜予。當時還被唐山人和荷蘭人嘲笑爲愚蠢。（《*The Formosan Encounter*》Vol.I, p.114）（這項傳統直到現在，在台灣鄉村還看得到）

　　台灣族人謙虛禮貌；仁慈和諧；戒愼爭鬥；不製造武器、刑具。從未聽說過偷竊行爲，見到不該有的東西或他人遺失物，必立即回復原位或歸還原主。萬一有人致贈貴重或罕見禮物，必以公開接受爲原則，私下餽贈必需拒絕。當台灣族人擁有一件多數人所沒有的東西，他並不覺得驕傲或可喜，反而覺得不好意思（《*The Formosan Encounter*》Vol.I, p.122）。族群內若有人背叛而導致傷害，只將犯行在議會公佈，犯者並無刑罰。台灣族人寧可自己受苦，也不願見到侵犯者悲傷（《*The Formosan Encounter*》Vol. I, p.114）。因自己的行爲而造成傷害時，行爲者自覺必須受到處罰才能夠安心繼續生活。但即使致人死亡，議會最重的判決也只是鞭刑。外族惡意侵犯時，無論造成多大傷害，捉到敵人，只割下其頭髮（《*The Formosan Encounter*》Vol.I, p.118）。意思是：「你無禮、不良，需如小孩般，回去讓你的族人重新調教（台灣族人未成年男性不留髮）。」割髮對台灣族人是最

重極刑，如同其他國家的死刑一樣，人人懼怕，大都不敢再犯。唐山人以及荷蘭人入侵，才帶來故意殺人的行為，也才見識到砍頭和絞吊的手段。

（是有唐山人因惡行重大，台灣人割其髮辮，唐山人覺醒羞辱就反咬，曾向荷蘭人污衊台灣人有砍人頭的行為。荷蘭人親眼觀察，卻發現大不同（《*The Formosan Encounter*》Vol.I, p.118）。荷蘭人剝削台灣，只要不過分殘暴，從未見台灣人以打、殺的方式對抗。是唐山人奸詐、暴虐成性，偷、拐、搶、騙、殺，無惡不作，台灣人才割其頭髮。圍剿唐山人，也只在唐山人郭懷一集結唐山人（4千）成寇時才發生過一次。鄭、清侵台，殘暴如豺狼，燒殺擄掠，台灣人忍無可忍只好反抗，你既然惡意污衊我獵人頭，我就真的砍你頭。再善良的人，其忍氣吞聲有時也是會有極限的。）

台灣人知道要追求真正永續幸福的人性生活，人必須和諧分享、維護生態平衡、重人倫、敬天地；更懂得摒棄非必要之物質和榮耀的欲望；更要保護自然環境，以自然環境的不被破壞、不被污染為優先。而科技的過度發展，會衍生永無休止的更多物資需求，對於真正人性生活的境界並無助益，只是製造更多精神壓力。所以台灣族人能滿足於既有的生活，只就現有的做改善，不求新進的開發。因為新的發明帶來相互比較，會引起虛榮和慾望，終至貪婪不止。

河、海、湖泊的撈捕水產；野外狩獵；伐木取用，都定時定量。只有在定期的漁撈、狩獵和伐木時節，才可獵捕與

砍伐。達到既定數量，立即休止，以讓生物能繁殖復育，才能生生不息。（這種「維護生態平衡、萬物都應生生不息」的「不貪取」理念，卻也讓唐山人和荷蘭人無法理解而視爲憨呆（《*The Formosan Encounter*》Vol.I, p.131）。台灣山野，在台灣族人保育精神對待下，一直是各種珍獸美禽充滿的樂園（《*The Formosan Encounter*》Vol.I, p.112）。但歷經荷、鄭、清無知的貪婪捕殺，竟於百餘年內大都滅絕。人世間的生態浩劫，沒有比這更慘重的了。最可惜的是Chuang（唐山人稱麒麟）之滅絕（《*The Formosan Encounter*》Vol. I, p.112）。

　　台灣人既知維護生態平衡是地球永續生存的必要條件，也瞭解人類會是生態平衡的最大爲害者。所以台灣人自遠古即懂得自我控制人口，以避免因人口膨脹對環境造成的相對壓力。由於文明開發得早，台灣人自遠古即學會使用避孕草藥（《台灣古今眞相》，p.110-121）。每一對夫妻均只生養2名子女（是有偶爾因意外而養育3名子女的情形發生）。少數未遵行者雖不會受到排斥，但其多出的子女會分配到較少的基礎資源。每一家庭只有一位已婚子女繼承既有家業，一個家庭內若有多出的子女結婚，則多出的已婚子女需搬出去重新建立自己的家園。

　　原台灣人的社會當然男女有別，但男女地位是眞正的平等。男女只言結婚，沒有所謂嫁娶的辭彙。每一家庭一般都只生育2名子女，男女結婚後多數是以長男或長女繼承

家庭，但非一定，是以每一家庭都有繼承和延續爲原則。台灣人的姓氏關念是代表家庭和家族的繼承（這點和中國以及所謂現代西方國家的大男人主義不同）。台灣人一生只結一次婚，男人一生只和一個女子結婚，婦女也是一生只和一個男子結婚。台灣人重視人倫，更瞭解遺傳生物學，絕不與近親結婚，即使血緣關係已遠離四個世代也不行（《*The Formosan Encounter*》Vol.I, p.127）。離婚極爲罕見，有的話都發生於社會邊緣人，原因不外嚴重違反善良風俗或發生婚外情。婚外情被視爲等同殺人的重罪，指控者必須有確鑿證據，否則會受鞭刑。不論是夫妻協議離婚或由單方提出，均要議會認可才成立。正式離婚時，被指責的一方必須離去，可以帶走其私人用品。所謂「被指責的一方必須離去」，絕不分親生與否。既已結婚，即是完全的家內成員，與親生子女無異。被指責的一方若是原家庭兒女，離婚後離開家庭的還是原家庭兒女，無責的一方，其在家庭的地位絕不受影響（這項理性傳統至日本據台時期還存在台灣鄉間）。男女有別，但眞正平等是台灣族人的信念，這是其他民族從未做到的，是何等人性的無私公理啊！（詳見《失落的智慧樂土》，p.64-85）

　　世間並無聖人。人壽命有限，智慧的增長當然都是有限。只有歷經眾人智慧的相互學習和切磋，再累積成的和諧智慧，才是眞實的靈性智慧。所謂的聖人，都是人們認同其

某部分一時、一地的獨到見解，繼而擴大欽敬所擁戴出來的。其實，所謂的聖人的言行大都無法經得起仔細檢驗。他是有一時或一面向的獨到見解，這一時或一面向的獨到見解，對當時、當地的部分社會情境也許看是合理；但若從另一個角度看，或放之不同時、地，則常見反而是邪惡。如果將之化為專注的信仰，就更失之偏執。當所謂聖人的信仰者過於死心塌地時，善、惡其實難料。宣揚者如果再存私心，藉玩弄所謂聖人的所謂真理以逐私欲，則邪惡大災難就會爆發。這在人類歷史上屢見不鮮。

所謂的偉人更是人類多數邪惡大災難的源頭。所謂的偉人都是成就所謂豐功偉業的所謂英雄，事實上，「一將功成萬骨枯」。所謂的偉人是獲利的追隨者為鞏固既得利益，以及權勢、名利的仰慕者將其視為偶像，才加以漂亮包裝成的。若從所謂偉人的發跡至功成名就之過程，一一檢視其心態和行為，就可發現，所謂的偉人都是自以為高人一等，為達目的而不擇手段。為了成就其宏圖、偉業與尊榮，吹噓理念，引誘或甚且強制他人跟隨並受其指揮，踐踏異議者，犧牲他人的福祉、生命和財產以及破壞萬物賴以生存的環境，都在所不惜。除了以「是不得已、是進取的必然代價」自我麻醉，並麻痺追隨者與臣服者。所謂的偉人絕不把他們所造的孽放在心上，都是圖謀私利、打擊異議、得意忘形而膽大妄為的狡猾偽善，更常是凶殘惡霸。這在人類歷史上也是屢見不鮮，近代中國的蔣介石和毛澤東就是最典型的例子！

（詳見《靈性》第三回、第四回）

　　現有的這個世界，是宇宙「從無到有，再從有到無」瞬間來回變換中的一小段「暫時的有」而已，這所謂宇宙僅是偶然存在而非必然（參見《靈性》第一回）。孕育人類的這太陽系在整個宇宙中微不足道，人類在這太陽系內又何其渺小，人何德何能得以受天地賦予這超乎萬物的智能？人被賦予的靈性智慧，本應是謙虛面對大自然，敬謝天地，保護自然環境，維護萬物應得的生存空間，並留給後代子孫應有的永續生活條件。人和人之間，則本應懂得互助、合作、分享，並謙和地相互敬重，在短暫的生命恩賜裡安享和諧、幸福的靈性智慧生活。

　　既是生物，即不可能有所謂的來生，人當然無法例外。

　　生物是由孕育而成，除了體質DNA，還有環境的影響以及自身取捨的轉變。人的生成更是複雜，古今並沒有相同的兩個人，所謂靈魂轉世都是穿鑿附會的迷信，經不起任何進一步的驗證。即使是同卵雙胞胎，相同的只是發育前的那一個原始細胞，當原始細胞開始分裂、分化、排列、組合，即各自受其在母體子宮位置的不同影響，分子和細胞也有存在不穩定或然率的變化。出生時單看外觀，同卵雙胞胎的指紋和眼睛虹膜就並不相同；各器官組織內細胞的排列和組合，也是完全不同。成長過程中，對周遭施為之取捨同樣是各自

不同。體質各自演變，甚至走路等體態也可看出差異，精神理念的層面更是各自發展。美國阿拉巴馬大學伯明罕分校的鄧曼斯基（Jan Dumanski）和布魯德爾（Carl Bruder）以及同事，想知道同卵雙胞胎是否有那些不同，於是研究了九對同卵雙胞胎，發現每一對都各別有體質上的差異，精神狀態和理念的不同更是明顯。同卵雙胞胎都是如此，何況是不同世代的兩個人！

　　當然，有人會以肉體和靈魂是不同層面來想像靈魂轉世的可能。是的，靈魂和肉體是不同層面，但只要仔細回想每個人的成長過程，就知道，靈魂也是隨成長過程而逐漸充實的。靈魂不外「精神和智慧」的自我表現，胎體在子宮內即有簡單的精神和智能表現，但一個人的整體「精神和智慧」，主要還是隨著出生後的成長過程繼續充實。這「繼續的充實」才是人體內靈魂主宰的組成，這「繼續充實」也是隨著對周遭施為（包括教育和刺激）產生反應而成長，不同環境自然會造就不一樣之精神和智慧的所謂靈魂。靈魂所有的智慧都是從小歷經一連串的見聞和認知再自我取捨而來。見聞是「知」，「知」不同於「識」，「知」只是知道有此一說或一事；「識（認知）」是經個別腦部的判斷才產生，不同的時空有不同的環境和不同的人、事、物，就會造就不同的知與識，必然形成不同的智慧。當然，所謂的靈魂主要還有「精神」這項重要成份，「精神」的雛型是可能與生俱來，「精神」也主宰「取捨」，但成熟的「精神」是由接續的知與識經取捨後所連續支撐起來

的，因而不同時空所造就的不同知與識，就會造就不同的成熟「靈魂」。也所以，不同時空絕不可能出現同一靈魂（精神和智慧）或產生完全相同的精神和智慧（合稱靈魂）。這是經過理性分析後可以確定的。

從另一個角度看，所謂靈魂的精神若能深入他者之人心，是可以影響他人甚至後代，則其精神之氣是可能散在並延續較久遠的時間，但所謂的靈魂本身（精神與智慧的綜合體）則是在人體死亡之時即刻解體，智慧立即消失。僅存且散在的精神之氣是不能稱為「靈魂」的。

當然，還是有人會想像或希望智慧和精神（合稱靈魂）在肉體死後能長存，但那是不可能的。因為知與識是儲存在大腦內，並在大腦內運作。大腦組織死亡後，知與識當然即同時消失，這在腦部組織受到傷害的人可以看得很清楚。當某一部位的腦部組織死亡時，即喪失該部位原有的知識和所主宰的行為。有人以「曾見過所謂植物人的甦醒」認為「知與識」或智慧可以重回腦組織運作，但「所謂植物人甦醒」是「因傷害而暫時停止功能之腦組織的修復」，暫時停止功能之腦細胞並未真的死亡，其知與識都還在，只是在腦細胞未修復前一時運作不起來而已。事實上，經挖除某一部位的腦部組織，則該部位原有的知與識即永久消失，絕無再恢復的可能。

是有人又提出電腦理論來想像，說：可以在電腦硬體毀壞之前，先把資料和運作程式另外儲存下來，再灌入新的電

腦硬體中，即可以如新操作。這種說法忘了人腦是生命體，如前所提，即使是同卵雙胞胎，相同的只是發育前的那一個原始細胞，出生前的發育過程，其細胞分裂、分化、排列、組合的機遇，從一開始就各有不同。電腦硬體有統一規格的硬體和格式化，所以新電腦可以接受前一電腦的所有資料。而胎體的腦部在子宮內發育的過程，即各自依其腦細胞不同的質地和變化，做不同的排列組合，也各自開始累積在腦組織初始狀態下所能承受的簡單精神與智能，而且發育階段的腦組織也僅能承受相等階段的智能。若在幼稚的腦組織強灌已成熟且定型的「知與識」，就如1.5伏特電壓規格的電池輸入110伏特電壓一樣，1.5伏特電壓規格的電池不是爆炸就是燒毀。若說是將成熟的腦組織消除已儲存的資料，再灌入新的全面性「知與識」，則因成熟的腦組織本身各自有完全不同的固定質地和不同的細胞組合方式，來自不同質地與組合之腦組織的「知與識」必無法被接受；即使真能勉強輸入，也不可能保持原樣。理論上，若是以片段方式將資料灌輸入人腦是可行的。但既是以片段方式輸入，仍是僅有「知」而已，就會遭遇腦組織不同程度的取捨和自主排列，被輸入的腦組織會有自己的取捨和排列，不同之腦組織就會有不同的「認知」（識）。因而，以片段方式將資料灌輸入不同的人腦，不可能有相同的智慧。這就如同卵雙胞胎在相同的人、事、物環境中長大，還是不可能培養出相同的智慧一樣。智慧是靈魂的重要成份，也所以，還是不可能有完全相同的靈

魂（精神與智慧的綜合體）。

　　是有一種精神科疾患稱「多重人格症（Multiple Personality Disorder）」，後來改名為「解離性身份認知疾患（Dissociative Identity Disorder）」，這症狀看起來好像在一個身體裡存在著兩個或甚至好幾個靈魂。但這種「多重人格症」或「解離性身份認知疾患」，是自己本身在精神上分裂成兩個或幾個不同狀態的精神和認知。這些「不同狀態的精神和認知」基本上仍擁有相同的「知」，所以絕不是外來的不同靈魂。偶而是會在這種精神疾患身上，見到穿鑿附會的所謂「靈魂附身」，但這種所謂的「靈魂附身」，其實是「解離性身份認知」發作時，由發作前獲得的一些意外知識，經「旁敲側擊」加「穿鑿附會」，再引入新解離出來的「身份」之中而已。因而，所謂新靈魂的新認知，都只是極小一部分吻合而已，並不是真的有新靈魂存在。

　　另有一種所謂的「靈魂轉世」則是「解離性身份認知疾患」的特例，它是被誘導出來的「解離性身份認知」。當某幼兒出現與前人有一點點巧合性認知時，由迷信的旁觀者以「穿鑿附會」加以擴大解釋，並特意地（有時會裝成是無意的姿態）提供更多資訊，誘導這幼兒朝向此新身份（所謂的舊靈魂）繼續學習，以後就越來越像了。其實，假如真有舊靈魂在這幼兒身上，則有兩個矛盾點：1.此舊靈魂（由精神、智慧組成）必定或必須有原來的知與識，是不必重新學習的。2.既是在不同時空重新學習，對不同的周遭施為（包

括教育和刺激）產生的知與識必然不同，不同的環境自然會
造就不一樣的精神和智慧（即所謂的靈魂）。這兩個矛盾點
推翻了所謂「靈魂轉世」的可能性。

　　所謂的「靈魂轉世」，以圖博（Tibet；所謂中國人所
稱的西藏）的轉世達賴最有名。所謂的「達賴轉世」，是在
當任達賴去世後，由他手下的僧官們開始尋覓資質聰慧的幼
童，通過一系列測試和所謂的認證，然後假稱轉世，迎入布
達拉宮，小達賴自幼接受嚴格的教誨，先天的資質加上後天
的教養，長大後兼具智慧與精通所謂前世佛理的機會自然比
他人高。事實上，所謂的「達賴或活佛轉世」就曾發生多次
所謂「轉世者」於成長過程中頑劣不受教，或發現資質不
足，再另覓繼承人的事。也有所謂「轉世者」在繼位掌權後
才出現荒淫怪誕之事，就只好忍受他到「死亡」為止；更有
僧官們爭權奪利而發生所謂「轉世者」鬧雙胞的情形。而這
也是所謂的第十四世達賴喇嘛堅決宣佈「不再有所謂『轉
世』這回事」的原因。所謂的第十四世達賴是一位博學又心
靈智慧非常清明的人士，他從自己的成長過程清楚瞭解「並
沒有靈魂轉世這回事」。所謂的第十四世達賴明白自己身負
民族復甦的重任，他不能逃避靈魂轉世的身份，但他至少可
以在有生之年，消除所謂「靈魂轉世」的愚昧和可能延伸的
人類災禍。

　　所以，綜觀以上事實，人只要是心靈清明，就應該不會

妄想所謂的「來生」、「來世」；會明白人生短暫，且不可能再來一次，是珍貴的福份；就應該會謙虛面對大自然，明白人與人之間要互助、合作、分享，也必須謙虛地相互敬重。因為，單一個人實在沒有什麼可以狂傲或自以為了不起的因素或資格。更因為唯有如此，人才能放心安享這短暫、珍貴、不可多得之生命恩賜裡靈性智慧的和諧生活，這才是真正的擁有幸福、享受幸福之人生價值。名利、權勢、地位以及科技的過度開發，只有帶來生活的窒礙和騷亂。既生為人，卻不知珍惜這短暫生命應有的和諧福份，而把不可多得的生命恩賜浪費在爭奪名、利、位、權、勢等虛榮，實在是暴殄天賜，更是自作孽！

　　人只要是心靈清明，也應該了解，和樂、自在才是真正有享受到這恩賜的生命。名、利、位、權、勢都需汲汲營營的爭取，甚至爭奪，是身心極大的負擔；其功能只是炫耀的虛榮，不論是引來羨慕或嫉妒，都是不得安寧！

　　有人出生富貴、有人出身貧困；有人生來健壯、有人先天體弱，是機緣性的自然法則，心靈健康才是自我選擇的成就。而自然法則沒有絕對性，所謂得利與否，是相對於心態和所處環境而言的，自然法則常是缺了一道門就多開了一扇窗。例如：

　　富貴是高孤和驕恣。所謂富貴之人，即使真能有清明的心靈智慧，精神能免於因驕奢以致腐敗或遭妒禍，也必因高孤而遠離和樂；平凡樸素之人卻可隨遇而安。

　　巨樹高聳，威風凜凜，遭遇強風不是折斷就是連根拔起；小草看似柔弱，在暴風中輕易仆倒，卻很快能重新挺立。

　　恐龍壯碩無敵，於2億3千萬年前開始稱霸地球，僅歷經1億6千萬年即遭淘汰。蟑螂比恐龍早7千萬年出現於地球，看似無足輕重的弱小，卻已存活超過3億年，至今活力不減。

　　視力缺失的人，聽覺常有特殊的天賦。

　　肥胖之人因脂肪層厚，不易散熱，高溫時非常難受，甚至容易中暑而喪命；寒冷時則適應愉快。瘦者因脂肪層薄，容易散熱，高溫時比較輕鬆；寒冷時卻容易失溫而凍死。

　　周邊血液循環較差或周邊血管對溫度比較敏感的人，易被凍傷所苦，卻較能免於內臟失溫而失去生命。

　　G6PD（酶）缺乏（俗稱蠶豆症，紅血球容易因化學刺激而破碎）、血紅素 β 2蛋白結構異常（俗稱鐮刀型紅血球，紅血球含氧量低又易碎裂或堵塞血管）、血紅素 α 或 β 蛋白製造不足（俗稱地中海型血，攜氧功能較差）都易有貧血症狀的困擾，但也都具有抗拒瘧疾原蟲感染的優勢體質。在瘧疾盛行的地區，有這3種所謂先天性遺傳疾病的人，因得以免除瘧疾原蟲的感染，很容易存活；所謂健康之人，卻反而因為容易感染瘧疾原蟲，以致死亡率極高！

　　白又嫩的皮膚似乎人人讚賞，但在自然界中卻會輕易刮傷或割傷；曝露於強烈陽光下也容易得皮膚癌。

　　現代資源豐富的社會裡，一些腸胃蠕動過快、吸收功能不佳的人，非常高興可任意享受飲食口慾，不必負擔體重過

度增加的問題，常自豪「天賦異稟」。但若在糧食供應不及的情況下，這些所謂有「天賦異稟」之人，卻因為需要較多食物才得以維持生命，必定很快首先餓死。

在一方面看似優勢的表現，會在另一方面成為缺陷，反之亦然。這情況隨處可見，就看個人是否有足夠的靈性智慧去認識。（詳見《靈性》第六回）

1萬多年以前，台灣人（Paccanians）是地球上唯一有這種靈性智慧的文明人類，也是本著這種靈性智慧，台灣人（Paccanians）於1萬多年前開始向外傳播靈性智慧和文明，並在世界各地留下混血子孫，這些混血子孫成為所謂南島族群以外的所有現代人（所謂南島族群則完全是台灣人後裔）。至大約7千年前，台灣人（Paccanians）驚覺混血之台灣子孫，霸權和貪婪的野心難除，知道「若放任這些混血子孫發展科技，可預見將來的悲慘世界」，遂捨棄所有數學和自然科學的基礎學理教育。當時世界各地分門別類的技術，因為缺乏學理的基礎串聯，更因征戰而相互摧毀，就隨時間的過去而消失。之後，大約2千年前，所謂的現代歐洲文明，才重新以另一種姿態，於地球上開始崛起。

事實上，於5,000年前至1,000年前，居住在台灣的台灣人（Paccanians），明白對混血子孫有再宣導靈性智慧之生活的責任，還在試圖向世界各地傳播「人必須敬謝天地，保護自然環境；留給後代子孫應有的永續生活條件；互助、合作、分享並相互敬重，才得以享受和諧的幸福生活」之靈性

智慧。只是，這些地方的台灣人（Paccanians）混血子孫，長期以來已有霸權肆虐，霸權散發身份、地位的慾望與較勁，貪婪的野心難以抑止，台灣人（Paccanians）的用心近乎徒勞無功。由於台灣平地空間狹小，部分台灣人轉往南半球的無人島移居，尋求新天地繼續安享靈性智慧的生活。

　　台灣於400年前開始遭受「迷失於霸權和貪婪的台灣人混血子孫」入侵後，原靈性的智慧文明在台灣被摧毀殆盡，就只剩所謂的南島族群有跡可尋了。令人扼腕的是，歷經近2百多年來所謂西方霸權的壓迫和摧殘，原台灣人的靈性智慧，於所謂的南島族群也已逐漸在消失之中。

　　想到台灣這土地、環境以及人的美好，台灣聞達人士卻因過度漢化以致精神扭曲而輕視自己這塊土地的人、事、物，埔農不由得想到白耳畫眉（白耳齊眉）這優美的臺灣特有種鳥類。臺灣特有種的美麗鳥類非常多，但以「白耳畫眉（白耳齊眉）」最能表現台灣人的溫和、優雅、善良、互助和不離不棄；群落間不拼鬥、不爭奪地盤的靈性。

　　白耳畫眉（白耳齊眉；White-eared Sibia；Taiwan Sibia，學名Heterophasia auricularis）是台灣常見的特有種鳥類，1864年由英國人博物學家史溫侯（Swinhoe）首次採集而對外發表。但由於台灣聞達人士漢化過深而沉迷於中國式虛妄的所謂高級，寧願選擇認盜作祖，鄙視自己的祖先、土地和事物，使得台灣低海拔常見的特有種白耳畫眉（白耳齊

眉）之生活習性和行為模式，遲至140年後才首度讓世人瞭解。是特種生物中心的保育研究員姚正先生，於2004年7月20日在南投縣仁愛鄉梅峰農場，意外發現一對白耳畫眉在築巢孵蛋，他以6百倍率鏡頭照相機以及數位錄影機進行拍攝，記錄整個過程。其實，仍有約四十種臺灣特有鳥類的生活及繁殖習性，至今無任何資料。

　　白耳畫眉（白耳齊眉）身長約24公分，雌雄鳥的羽色、形態都相同。嘴喙是黑褐色，頭上毛色藍黑而光亮，後頸至背、喉至上胸皆為灰黑色；下胸、下背、腹部至尾下呈明亮的鮮橙色。尾羽和兩翼覆背是深藍色而有光澤，白耳畫眉有一道白色的過眼帶，由於很長，經過兩耳，延伸到頭的後面再散成鬚狀，很是醒目又美麗，也是白耳齊眉或白耳畫眉之名的由來。

　　白耳畫眉（白耳齊眉）是雌雄親鳥輪流孵蛋，且交班非常準時，絕無空檔。孵化後，雛鳥的父母還是輪流餵食、輪流教育雛鳥。為讓已漸長大的幼鳥早早適應離巢生活，父母鳥還會故意讓牠們稍微餓肚子，並將毛毛蟲或螽斯等食物放置離巢有段距離處，誘使幼鳥在監護下爬出鳥巢。經歷約兩周餵食，幼鳥終於能平安地順利離巢。

　　白耳畫眉的翼羽甚為特殊，尾羽和兩翼覆背是有光澤的深藍色，而底部為白色，飛行時張開翼羽，很獨特又非常漂亮。

　　白耳畫眉（白耳齊眉）夏季常成小群棲身於二千五百公尺以下至一千公尺的中上層闊葉林，冬季則在較低海拔都常可看到。其口哨般的叫聲親切、柔和又優美且嘹亮，三、五成群時，鳴叫聲即可響徹周遭。

　　白耳畫眉（白耳齊眉）是台灣山林間常見的中型鳥，其習性、體態和行為（和平、優雅、善良、謙讓、互助和不離不棄）最能代表台灣和台灣人，理應早為全體台灣人和世界所熟知，卻由於台灣聞達人士漢化過深，羨慕中國式的壓霸和虛妄思維，眼裡只有浮華、豔麗和霸氣，以致至今連台灣自己都僅有少數人熟識！

第二節　現代悲慘世界

　　自從人類殘存「成者爲王」之獸性不受控制，繼而超越並壓制了人類原本依智慧增長所孕育出的靈性，開始有壓霸者自立爲王，建立霸權、統領族群、奴役弱小。霸權再掠奪資源，侵略所謂弱小族群的土地、人力和資源而壯大，貪婪不止。現代人類功利主義更盛、霸權爭鬥更慘、虛榮薰心更烈，科技無限制的開發，不惜毒害萬物（當然包括人類自己，尤其是人類自己）賴以爲生的地球環境。人人不顧一切的爭權奪利，要宣導靈性智慧之社會生活，也就更難了！

　　所謂的現代文明社會，是人類殘存「成者爲王」之獸性的復活與失控，以權勢、財富、名位把人分等級。聞達者爲了追求虛榮的權勢、財富、名位，不惜踩著他人往上爬，妒恨交戰，由生至死不得安寧。由於貪婪不止，強者爲了便宜行事，無限制的開發專屬利益的科技；爲了增強爭鬥力量，發展大規模毀滅性武器，都不惜無節制地掠奪自然資源，持續破壞人類藉以生活的大地、毒化人類賴以生存的環境。另一方面，追求便利和享受，誘人不知珍惜既有資材，加速浪費，並無限制的累積垃圾和毒害。

　　現在多數人警覺到的所謂可能之全面性地球災難，不外乎大規模的火山爆發、巨大隕石或彗星撞擊地球，甚至是受到宇宙星系異象波及。其實以上災變的可能性，在可預見的

將來，都微乎其微。反而人類科技開發的競爭，卻已將人類置於前所未有的險境。如果有人相信「以上災變的可能性，遠超過〔核子武器和設施的可能災難、恐怖份子失去理智大量散佈劇毒或傳染病、人類的莽動使原已受制伏的致命病菌、病毒復活、從外太空帶回的可能災難、基因改造意外製造出人類無法控制的生物、人工智慧的失控〕等總合的危險性」，那眞是搗著眼睛說瞎話！就算人爲的突發大災難永遠不會發生，由於貪圖科技開發的近利，地球資源無節制的朝向用罄；所謂現代文明的運作，對地球撒下的污染和毒害，不是早已在毀壞人類賴以生存的環境、侵蝕人類的健康嗎？這些污染和毒害，不但天天持續在增加，還不斷加入新的劇毒，人類的終將自取毀滅，也是指日可數。

更因爲霸權當道，再散發貪婪，誘使人和人比較高下。別人有的我也要有，更想要搶先得到別人所沒有的，以滿足虛榮。於是，社會結構和運作形態逐漸改變，原本的奢侈品成了必須品。更以所謂「進步」爲名，開發更多的生活用品，再驅使你爲添購這些「必須品」而更加努力工作。這是永無休止的惡性循環，人爲了這些永無止境的所謂現代生活用品忙碌，多數人已無暇照顧原本的靈性智慧，人類原本的靈性智慧也就隨之一點一滴地流失了。而人類卻因使用這些所謂現代化生活用品而改變生活型態，於是完全依賴這些所謂現代化的科技用品生活，這些科技用品就變成現代人類生活的不可或缺。只要這個生產和運輸上的任一環節，因天

災、地變或人禍而出現缺陷或供應不及時，人類的生活立即
會陷入難以想像的苦難。仔細回想一下，今日科技的開發與
建設，眞是人類享受和樂生活之所需嗎？（詳見《靈性》第
五回）

　　埔農有幸生長於保有較多原台灣（Paccan）樂土智慧的
鄉村，幼年得以享有「尊敬每一個人的整體人性價值，不以
任何單一成就而格外恭維某人，沒有人自以爲或被認爲是高
人一等」的靈性社會生活。成長時，埔農眼見家鄉於所謂現
代化過程，逐漸步入財富和名位的比較與競爭中，也出現貧
富、貴賤的差別認定，靈性智慧遂也就漸漸走向崩解。成
年後因職業歷練進入都市社會，更領略了權貴橫行、肆虐的
「悲慘世界」。再讀了法國作家雨果的小說《悲慘世界》，
埔農心有戚戚。雖然原Paccan智慧樂土國度的靈性社會，
400年來已近乎被摧毀殆盡，人類潛存的靈性智慧，還是偶
爾可見到在黑暗世界裡發出微弱的亮光。雨果的心靈智慧代
表這黑暗世界裡的微弱亮光，並期待引發共鳴以產生放大照
明的效果。只是，150年來這微弱的亮光還是少見炙熱和共
鳴，甚且似乎逐漸暗淡，實在令人不得不感到嘆息。

　　《悲慘世界》是法國作家雨果（Victor-Marie Hugo）費
時14年才寫成的警世小說，在1861年完成，於1862年發表。
多數人在讀了《悲慘世界》這本書後，心得都只是在故事的

情節徘徊，以爲雨果只是在述說善與惡、愛與恨，完全沒有領略到雨果苦心的眞正用意。其實，雨果的用心，是在提醒世人，所謂現代文明的功利主義瀰漫，世上權勢、名利當道，不論是王公貴族的奴隸式統治，或是表面上所謂民主的共和制度，法律、規矩和習俗都是由既得利益的權貴、巨賈和顯達所制定並掌控。名位與利益令人腐化，權貴、巨賈、顯達的自私和貪婪，利用自訂的法律、規矩和習俗壓迫底層百姓。若放任這情形繼續下去，則這世界將持續深陷悲慘的景況，最終所謂的權貴、巨賈和顯達也都將無可倖免。

事實上，雨果在自序裡就寫到：「只要還存在有因法律和習俗造成社會壓迫的一天，即是『號稱文明的社會令人類與生俱來應有的幸福生活遭受不可避免的災禍，使人間變成煉獄』；只要本世紀的三個問題『貧窮使男子潦倒；飢餓使婦女墮落；邪惡使兒童受虐』還得不到解決；只要在某些地區還可能發生社會的毒害，換句話說，也是從更廣義來說，只要這世界上還有愚昧、霸權和困苦存在，那麼，本書或同一性質的作品都值得仔細認識。」

雨果於受訪時再強調：「我不知道是不是所有人都能讀到《悲慘世界；Les Misérables》這本書，但是，我這本書實際上是寫給每一個人看的。這本書既是爲英國寫的，也是爲西班牙寫的，也是寫給義大利，寫給法國、德國和愛爾蘭；這本書點明的是『奴使制共和國的爲害並不比農奴制貴族國家小』。社會問題沒有國界，人類社會的深度腐敗遍佈

全球，對此，地圖上國與國間的邊線並不是界限。凡是有男人因愚昧無知而令人絕望，凡是有女人為了一塊麵包而受凌辱或賣身，以及有兒童因為沒有學習的書籍和取暖的火爐而痛苦的地方，我的《悲慘世界》就是要來敲門，說道：『開門，我找你們來了！』」

雨果在《悲慘世界》書中特意創造了有超能力加上超運氣的主角尚萬強（Jean Valjean）。尚萬強出於不忍讓姪子繼續挨餓的同情心，不得已偷了一條麵包，結果是在監獄中做了19年的非人苦役。一個具靈性智慧，卻受同儕鄙視的樸實主教（Bishop Myriel），用仁慈與寬容的智慧感動尚萬強，讓尚萬強頓悟人性深層的真理，並身體力行。雨果為了突顯靈性智慧社會應有的公道，特意賦予尚萬強無比強健的身心和近乎難以置信的機運，藉以表明「人類的希望還是存在的，或至少是應該存在的」。

書中的芳婷（Fantine）和女兒柯賽特（Cosette），代表在權貴、巨賈和顯達佔優勢的壓霸社會中，底層民眾不可能受到公平對待之慘況。賈維（Javert）與其父親，是代表在權貴、巨賈與顯達所制定並掌控的法律和規矩中，中規中矩地替霸權服務之權貴鷹犬，更是汲汲營營爭取霸權的認同以求騰達之所謂士紳（這完全是所謂台灣士紳的模樣），最終陷入迷茫而難以自拔，以致無法自救。泰納迪埃（Thénardier）一家人代表在權勢與虛榮肆虐的社會中，貪婪而不顧正義和廉恥，於夾縫中貪圖眼前私利，而人性醜陋

面展露無遺的悲哀人。其實，在賈維和泰納迪埃等人身上，都可看到所謂台灣士紳的身影。

學生馬里於斯（Marius）則是代表單純的熱血青年，因目睹階級壓迫的種種不堪，率而參與揭竿起義，並期待基層階級的大眾能夠本著同理心而一呼百應，可讓革命順利地水到渠成。然而，一般民眾卻只顧著自己的安危，不願意冒險犯難，讓革命終究功敗垂成。

雨果在書中特意加入「單純的熱血青年革命失敗」這一段，意在指出，基層百姓已習慣生活於階級社會中，為求溫飽而自顧不暇，並無大志，「對階級社會的壓迫無能為力」是他們根深柢固的認知，心裡想的只是要「求生存」、要「保安全」。若缺乏具靈性智慧者的澈底再教育，基層民眾只會繼續過著其永無止盡的循環命運，這是何其悲慘的現實。如果多數人的靈性智慧無法覺醒，這也將是永遠無法改變的人類命定。

以上這種權貴、顯達、巨賈和政要的相互勾結、互相抬舉，製造並操縱「階級壓迫」的霸權社會，今日舉世皆然。但是在台灣，卻因加入「斯德哥爾摩症候群」的精神扭曲，不少台灣聞達人士身陷所謂漢人、華人的虛妄思維而更為惡化，正將台灣加速推向毀滅的境地。只有當這個人類社會不再凸顯名、利、位、權、勢等虛榮，人類才得以真正的享有和平與無礙的幸福生活；地球也才得以永續繁榮。

看過雨果《悲慘世界》警世作品的人，是有不少人能體會雨果的用心並深受感動。但真能體會雨果之用心並受感動的人，都是本來就具有一定程度靈性智慧和修養的人，他們散佈在中間社會，在現實的「階級壓迫社會」裡僅能勉強適應以求生存，其個人在現實社會中不具實質影響力。真正這「階級壓迫社會」之操縱者以及「悲慘世界」之製造者的所謂聞達人士，都是無動於衷，甚或不屑一顧！看來，這「階級壓迫社會」的悲慘世界，恐怕終將只能止於人類的自我毀滅，這是人類自作孽的悲哀。

　　林先生問：「先生您好，看了雨果的《悲慘世界》和您的論述，再讀了《台灣人被洗腦後的迷惑與解惑》之後，有個問題想請問您，在這本書中您提到831軍中樂園這個東西，但是卻有人把831廢除後金門增加的性犯罪歸咎於廢除831，請問這究竟有沒有關聯性？還有，您對於前總統陳水扁在擔任台北市長時廢公娼這件事有什麼看法？」

　　埔農回答：
　　根據世界上的廣泛調查與統計，允許娼寮的公然存在，並沒有降低性犯罪的發生率。性犯罪的發生在於「不尊重別人（尤其是對女性）」的霸凌性格，是社會教育和個人靈性出了問題。雄性動物的性衝動是自然現象，動物生命才得以

延續，人亦不例外。但人類是靈性智慧的生命，數萬年前即發展出社會形態，社會的組成是生活共同體，分工合作、互相尊重是社會存在的基礎，也是人類嚮往和諧、安定之幸福生活所必要。所以，既生爲社會中人，人人的心性都必須有一定程度的自我修養和規範，這是人和畜生的差別。事實上，即使如青年男子的精氣旺盛，精滿會自然夢遺，只要心平氣和，也沒有強行尋找發洩之需要。

實情是，越是混亂、壓霸的社會，性犯罪發生率越高，和是否允許娼寮的存在無關。娼寮的公然存在，表現在視覺和聽覺上，反而是增加誘發不合理性衝動的機會，性犯罪的發生其實是有增無減。

在舊霸權社會，賣身者多數是不公平的壓霸社會逼出來的。聞達人士和貴族藉名位和權勢壓榨基層民眾，弱勢難以生存。如果弱勢者自制力不夠，或貪婪者放縱自己，就會走上偷、盜、拐、騙；弱勢婦女不走上偷、盜、拐、騙，就有可能會出賣肉體，這就是法國作家雨果在《悲慘世界》小說裡所描述的惡質社會。現代民主社會從事性交易的女性，大多是受不了虛榮社會的金錢誘惑才淪落，雖已少有實在是生活所逼的例子，但追根究底，其實仍是惡質社會所形成，只是加入了虛榮和浮誇的因素而已。在王公貴族的霸權社會，賣身者多是屈服於生活的脅迫；在現代民主社會，賣身者多是屈服於虛榮的利誘，但都是不公平階級社會所衍生的悲劇。嫖妓是「有錢可以爲所欲爲」的現象之一，更激化了惡

質社會的貪婪和掠奪。

　　只要社會存在霸權人士藉名位和權勢壓榨基層民眾，使得弱勢難以公平生存，任何時代都可能有賣身者藏在黑暗的角落。唯有真正的平等社會，人人互相尊重，互助、分享、合作，社會平和，才完全不會有賣身者的存在。若不是實在活不下去，或少數人身陷墮落式虛榮，有誰願意糟蹋自己的身體去迎合別人呢？但公娼不同，公娼代表這個社會認同階級壓榨的存在，公然放任受害者自生自滅。

　　暫時不評論陳水扁個人，至於他在擔任台北市長時廢公娼這件事，是沒什麼錯。而831軍中樂園這個東西是台灣人的恥辱和悲哀，台灣聞達人士、政治人物、婦女人權團體，高聲為二次世界大戰期間被日本強徵的悲慘慰安婦叫屈，對二次世界大戰時期日本軍隊的惡行義憤填膺，卻從未見過這些見義勇為的高尚人士出來為那些被蔣幫中國壓霸集團誘拐、逼迫，被送進所謂軍中樂園之所謂女侍應生的台灣人軍妓抱不平。現在台灣的中國人和假中國人，竟然有臉抗議「二次大戰時期日本的慰安婦惡行」，這是人類奸狡惡性的極致。而台灣聞達人士現在能對才30年前的蔣幫中國壓霸集團之軍中惡行默不作聲，除了重症的「斯德哥爾摩症候群」（台灣受虐症狀群），要如何解釋這種心理的扭曲和病態？

　　林先生說：「謝謝先生的指正，雖然您對陳水扁廢公娼一事似乎表示肯定，為何陳水扁又會背負廢公娼兇

手的罵名？另外還有位鍾小姐在網路上發一篇文章，指
控廢公娼是殺人政策，您對這些事有什麼看法？」

埔農回答：

在現在的台灣社會，每一個人都可以表達自己的看法。
鍾小姐指「廢公娼是殺人政策」，是以自身立場發言，認為
其權益受損所作的指控。我們旁觀者看事件，除了須替公平
和社會正義著想，也要觀察發言者的心態，看發言者的訴求
心態是否正確，是否這社會真的傷害了她的尊嚴，或真的阻
礙了她的其他求生路途。當然，狂妄之人常會編織「我是為
你好」的藉口來束縛他人之自由意志，但就公娼而言，這是
另一種情況。賣身者本是不公平惡質社會中遭剝削的受害
者，應該得到同情和幫助，此次廢公娼是有替她們做另謀出
路的安排。她們之中有些人或許已是習慣成自然，不願再從
事其他工作，政府也有低收入戶補助。這補助或許不如她們
之意；也或許她們認為「提供自己的肉體讓他人恣意侵犯以
換取報酬」有「自食其力」的尊嚴。若是這兩種情況，就陷
入兩難了，埔農不敢妄加評斷。但要說「廢公娼是殺人政
策」，那也是完全以自己為中心的太偏激想法。

日日春組織的表現是以自身所認為的權益為出發點，埔
農不會說她們「太過份」。因為，依法論法，過去政府讓她
們登記營業，就如其他行號一樣，是合法就應受保障。既沒
違法，就不應該說撤銷就撤銷。新政府必須賠償因舊法（即

使是惡法）存在所造成的損失。如前所言，賣身是不公平惡質社會中的不義，公娼本不應存在，廢公娼並非惡行。問題出在事先沒有完善溝通，補償辦法也沒談攏。所以，埔農不會支持日日春組織的公然叫嚷，但也絕不會批評她們。這是前壓霸政權種下的惡果，繼承者又沒妥善收拾，都是聞達人士「高高在上，望高不看低，又自以為是」所製造的遺憾。

　　林先生又說：「說到雨果就讓我想到其母國法國，據我所知，法國在2016年4月初通過罰嫖不罰娼（即俗稱北歐模式）的性交易管理政策，對此我想請問，先生對於罰嫖不罰娼有什麼意見與看法？還有，台灣的環境真的適合這個管理模式嗎？」

　　埔農回答：
　　「罰嫖不罰娼」是對的，也符合正義，因為賣身者是不公平惡質社會中被壓迫的弱勢。雖說是合意的交易，但所處地位不對等（一個是以支配者的姿態手持現鈔揮舞，另一個是需錢孔急），嫖者有乘人之危的意圖。在不公平惡質社會未改善之前，「罰嫖不罰娼」應該適用於任何國家和社會，當然包括台灣。但賣身者還是可能抗議，抗議「罰嫖不罰娼」讓嫖者畏罪而不前，等於打擊她們的生計。這問題，只有待所有「階級壓迫」都從社會上消失，才有可能得到真正的解決。

　　事實上，《悲慘世界》一書中表達的所有問題，在現代社會中依然存在。這些問題，在我們今日的台灣也是到處可見，甚至不遑多讓。我們要如何去面對這些問題加以導正，而不是選擇搗著眼睛裝作沒看見呢？

　　尤有甚者，在雨果之後，自從人類進入20世紀，功利至上主義的貪婪和權勢鬥爭繼續惡化。權貴、巨賈和顯達貪圖科技開發的近利，美其名為「進步、讓人方便」，不惜對地球和人類撒下污染與毒害。權貴、巨賈、顯達再相互勾結，設計出似是而非的所謂「安全標準值」欺騙大眾，讓民眾慢性自殺。所謂「安全標準值」的意思是「短期內不會令人因中毒而死亡」。為了自私暴利的貪婪，權貴、巨賈和顯達根本不在乎百姓幾年或幾十年後會毒發身亡！很明顯的例子是，在1970年代以前，乳癌與大腸癌都是發生在55歲以上的人，時至今日，30歲至55歲的患者已多的是；1980年代，98%肺癌是發生在吸煙者和曝露在吸煙環境中的人，現在吸煙人口已大量減少，肺癌罹患率卻不減反增，而且絕大多數是沒接觸香煙者；埔農年輕的時候，聽到有人患不孕症是很稀罕的事，現在卻每天耳聞。

　　雖然現代醫學也隨著科技的開發而迅速發展，人類的平均壽命是有重新再延長了，但科技開發所造成的污染和毒害，帶來更多各種前所未有的疾病和傷痛，也使得現代人類必須更加依賴眾多新發展的侵入性醫療科技才得以過活。人人活得不健康、活得不舒服、活得很麻煩。尤其甚者，新興

醫療科技高貴，又都是所謂權貴、巨賈和顯達的專利，絕非人類之福！真實之靈性智慧，科技知識應該是謹慎進步，以避免傷害為首要原則，並以全體人類的福祉為目標，注重的是以健全之衛生習慣和生活來維持健康的身體，醫療是用來輔助健康之不足或醫治意外的傷害。現代人類的發展，卻是先肆意毒害自己和生活環境，製造傷害與危機，再勉強研發新的醫療技能來救治，這根本是本末倒置。

埔農和幾位朋友討論所謂現代文明對人類的利弊和得失時，大家竟然找不到一件不散發毒物、不造成人類和地球傷害的所謂現代文明產品，這何嘗不是現代「悲慘世界」因權貴、顯達之橫行更惡化後，再延生出的另一個全面性人為禍害！

雨果述說的19世紀《悲慘世界》，今天似乎已逐漸惡化成「帶領人類走向滅亡、將這世界導向毀滅」之「更悲慘的世界」。

有朋友說：「那不如歸去山林避俗！」

埔農說：

是的，埔農原早已歸避田園，圖求靜度餘生。今勉力再進入現實，只是為了盡一個身為台灣人應有的責任。待責任過後，或不得不承認已「無能為力」時，埔農就會再回歸避靜，靜待大自然回收這殘破軀體去了。

第三節　現代人的迷思，以太陽能光電板發電和電動汽車為例

在這「階級壓迫的社會」，權貴、顯達、政要、富商是悲慘世界的製造者，更是既得利益的頂層操縱者，以炫耀利得、名位和權勢的光彩誘人，引來不少人羨慕和推崇。他們的主張和論述，經由他們以及仰慕者所掌握的學校教育和社會教化，常會受到多數人的盲目信仰，於是在這世上形成許多似是而非的怪現象。精神層面在《靈性》一書已有說明，物質生活的層面更是不勝枚舉，現在就以目前最夯的光電板太陽能發電和電動汽車爲例。

由於人們意識到空氣污染和炭溫室效應的危害迫在眉睫，於是權貴、顯達、政要和富商就普遍推廣容易設置的太陽能光電板發電和電動汽車，說是乾淨、無污染，得以拯救地球。事實上，就長遠而言，太陽能光電板對地球的毒害更爲劇烈；電動汽車也完全沒有環保價值。

現時薄膜太陽能光電板的製造以非晶矽（a-Si）太陽能光電板爲最大宗，而碲化鎘（CdTe）太陽能光電板的產量成長最快，銅銦鎵硒（CIGS）太陽能光電板則最具成長潛力。碲化鎘太陽能光電板由5層結構組成，其中一層爲硫化鎘（CdS），另一層爲碲化鎘（CdTe）。銅銦鎵硒（CIGS）太陽能光電板主要材料爲銅銦鎵硒，伴隨產生的劇毒四氯化

矽（silicon tetrachloride），估計每生產一噸的多晶矽，會有3至4噸的四氯化矽，也有硫化鎘。這兩種太陽能光電板都使用重金屬鎘的化合物，鎘有劇毒，長期暴露會傷害腎臟和肺臟，也會造成骨質疏鬆，更是惡名昭彰的致癌物質。

太陽能光電板製造過程需要用氫氟酸（hydrofluoric acid）來清洗晶圓、磨平晶圓表面，以增加聚集光能的力道。而氫氟酸是一種具有強烈腐蝕性的物質。在製造過程中也產生大量污泥和其他有毒污水。

一塊太陽能光電板的使用壽命為10至20年，回收困難。即使能完全回收，太陽能光電板廢棄物的處理造成更劇烈的污染與能源消耗。由於玻璃和光電薄膜被EVA牢牢黏住，分離有其困難度。必須將廢太陽能光電板完全磨碎至小於50mesh（＜0.297mm），再用硫酸、硝酸浸漬溶蝕，過程散發有毒物質，也殘留有毒物質。太陽能光電板，事實上是包裹著糖衣的毒藥。

「電動汽車零污染」這個印象主要來自於媒體和聞達人士的催眠，無意間這個印象就被植入到人們的腦中。這是個只說了一半事實的誤導。

電動汽車使用電力驅動，只不過是將廢氣排放轉移到發電廠而已，到底電動車是否真的比一般燃油汽車環保呢？

首先，這依供電來源（發電廠）的發電方式而異。一輛基於燃燒煤炭發電為動力來源的電動汽車，其對環境的污染和傷害甚且超過一輛合乎現代環保規範的汽油車。以中國

為例，燃燒煤碳的火力發電佔了其全國發電量近80%，也就是說，在中國行駛之80%電動汽車的真實身分，其實是燃煤車。若與燃燒石化燃料的火力發電廠相比，燃燒石化燃料的火力發電廠效率較高，是有比汽油引擎排放較少的污染物質，則電動汽車看似有比較節能與環保一點。但若扣除電纜送電和充電的損耗，電動汽車其實只是把空氣污染轉送到發電廠附近而已，減少的是對城市居民之空氣污染，是以鄰為壑。如果電動汽車的動力來源是靠核能發電，核能電廠對人類和環境的遠近危害已眾所周知，此時不必再談。

　　另一方面，電動汽車使用電池蓄電。雖說電動汽車使用的是鋰電池，沒有傳統電池中所含有鋅、錳、鎳、汞、鎘和鉛等重金屬的汙染，但鋰離子電池中含有的六氟磷酸鋰、磷酸鐵鋰、聚丙二乙烯（醇）等化學物質仍會對環境造成有機污染，其含有的鈷等重金屬元素也會對環境造成危害。盡管鋰電池本身的污染比傳統電池輕，但鋰金屬在提取的冶煉過程中，對環境的污染不亞於燃燒汽油產生的污染。而且，廢舊鋰離子電池中的物質進入環境後還是可造成重金屬鎳、鈷污染，以及砷污染、氟污染、有機物污染和酸鹼污染。廢舊鋰離子電池的電解質及其轉化產物，如LiPF6、LiAsF6、LiCF3S03、HF、P201等，以及其溶劑分解與水解後的產物，如DME，甲醇、甲酸等，都是有害的劇毒。電池所含重金屬都具有生物累積作用，將會持續殘留到下一代。所以，電動汽車並不如聞達人士所形容的那麼節能與環保，要靠太

陽能光電板發電和電動汽車來拯救地球的說法，根本是無稽之談，並且是江湖術士的詐騙手法。

　　真正對環境低污染、對地球少傷害的太陽能發電，是集熱式的汽渦輪發電。不過，太陽能集熱式的汽渦輪發電設備龐大，投資回報慢，相互勾結的巨賈和政要沆瀣一氣，沒有意願發展或投產。其他的環保發電是利用水力、風力、溫差、地熱、洋流和海浪。水力發電配合水庫運作，算是傳統發電方式，但需有適當地點，也有生態與地質的危機；風力、溫差、地熱、洋流和海浪發電，則也是設備龐大，投資回收慢，營運獲利的效益又比太陽能光電板發電和火力發電差，短視近利的財團和政客自然比較缺乏意願。

　　心裡充斥虛妄又壓霸的世界聞達人士，更揚言在2030或2050年之前要禁止汽、柴油車行駛市區，也就是全面由電動車或氫燃料取代，這是「以鄰為壑」的心態（聞達人士都是以市區為生活圈）。氫燃料的生產也是靠電力，這和蓄電池電動車一樣，必須設立更多發電廠，只是把空氣污染和對環境的直接為害轉移到鄉間。

　　真正對環境低污染、對地球少傷害的運輸，是電纜式電動大眾運輸。但是，於「階級壓迫」社會，上階層人士自以為高人一等，喜好個人地位象徵的活動方式，獨行交通工具倍受青睞，引領中產階層跟進，成了生活必須品。相關產業的商人又有利可圖，高污染、重毒害的個人交通工具與日俱

增，還日新月異。這在所謂現代文明社會，是難以回頭的惡質行徑。

第四節　期待Paccanian靈性智慧的復甦

　　在顯達霸權肆虐的現代功利主義社會中，比較和競爭已成常態。於是，崇拜和妒意隨時侵襲人心，人類應有、原有的靈性智慧修養就常被這兩種負面情緒所遮蔽。例如：人有時受到不公平的對待，本應會更瞭解公平、正義的重要性而善以待人，所謂的現代人卻傾向反擊或爭霸；見有背叛情事時，本應會更明白忠誠的可貴而堅守誠信，所謂的現代人卻傾向互不信任；有時候感到寂寞，本應更知道親情和友情的不可忽視而促進關懷，所謂的現代人卻傾向尋找興奮和刺激；運氣不好時，本應懂得未雨綢繆和更富同情心，所謂的現代人卻傾向怨天尤人；嘗到成功，本應謙恭感謝，所謂的現代人卻傾向傲氣滿懷；遇到挫折，本應意識到所謂的成功自然是少數而養成平淡精神，所謂的現代人卻傾向怨恨而更具侵略性；見有威權、顯達盛氣凌人，本應戒慎虛榮而扶弱拒強，所謂的現代人卻傾向羨慕和推崇；看到低落者本應扶持，所謂的現代人卻傾向奴使或遠避。這些現代人在功利主義社會中養成的負面情緒，更惡化現代社會中的功利主義，形成惡性循環而令人類原有的靈性智慧日益消失，確是人類

心智頹敗難以挽回的最大隱憂。

　　台灣（Paccan）本是世上充滿靈性智慧的樂土，自從四百多年前Paccan人善心收留闖過所謂的「黑水溝」僥倖存活而誤入Paccan的惡質唐山人逃犯後，歷經荷蘭人異質氣和鄭成功集團邪氣的入侵，再被漢人滿官的強迫漢化，過程中所有Paccan文明被摧毀，文化又幾乎被消滅殆盡。當時是有少數台灣（Paccan）人受漢化影響，沾染其惡習，甚至學著為求聞達而認盜作祖，偽裝假漢人，以致Paccan的靈性智慧飄蕩，但仍散佈在鄉野。真正悲慘的是，70年來，台灣（Paccan）人又再被蔣幫中國壓霸集團二次奴化洗腦，眾多台灣聞達人士因被洗腦教化迷惑，陷入「斯德哥爾摩症候群」的心理扭曲，並養成「功利為先，尊嚴放一邊」的惡習，紛紛認盜作祖自以為高級。所謂風行草偃，誤導了多數台灣（Paccan）人，使得一般台灣民眾也受到深化迷惑，拖累了多數台灣（Paccan）人隨之沉淪。多數台灣（Paccan）人已遺忘台灣（Paccan）歷史、文化和靈性智慧的真相，不少台灣（Paccan）人甚至也跟著台灣聞達人士誤以為自己是漢人移民後裔、誤以為自己是華人，多數Paccan的靈性智慧才因而飄渺。

　　台灣曾享有Paccan數千年以上的智慧樂土之靈性福份，既已流失，「靈性智慧」可能不再是台灣（Paccan）的因緣福份。要想失而復得，台灣人（Paccanians）必須重新努力

以赴了；「成就帶動全體人類及早醒悟的希望和能量」更可能已是現今台灣人（Paccanians）的責任。

　　如果在台灣（Paccan）史實真相的證據已一一被攤開的今天，台灣人還永不知覺醒，繼續走著奴化的路途，那表示，在大自然機緣與因緣的運作下，台灣人所承受的福份就只得以累進至此。甚或，若人類的反省能力實在不足，讓權勢當道、貪婪不止的現代功利主義繼續惡化，最終導致地球的毀壞和人類的滅絕。則人類的因自作孽而從宇宙中消失，就整體宇宙而言，是好事還是壞事，又有誰能明白？有誰能肯定？宇宙浩瀚，機緣不定，事物無常，好壞難解。大自然的運行，自有其作為，非渺小的人類所能輕易想像。講人定勝天，不是狂妄，就是無知。

　　「功利至上」主義的所謂現代文明製造「階級壓迫」的社會，醞釀權貴、巨賈、顯達的產生和肆虐。由於權勢和名利盛行，許多人誤以為最常見狂妄又不知感恩的權貴、巨賈、顯達等是重要人物。其實，這些權貴、巨賈、顯達的貪婪成就，正是現代人類不理性消耗不可再生資源、破壞自然和毒害環境的肇始者，這些人也是占消耗、破壞和毒害人類生活條件的大宗。另一方面，若世上沒有謙虛、樸實、看似平凡的農民，饑荒浩劫立現；缺了務實的工人，立即斷絕生活用品的供應。不依賴農民和工人，狂妄又不知感恩的權貴、巨賈、顯達根本無法存活。相對之下，如果這些權

貴、巨賈、顯達從這世上消失，人類並無可損失，所謂平凡
之農民和工人，生活上並不會有任何改變。而且，人類少了
權貴、巨賈、顯達的狂妄、權謀和爭鬥，那世人才真可得安
樂。到底那類型人才是真實的重要人物？實在值得深思。

　　現代所謂文明人類，若能放棄權勢競爭的功利至上主
義，避免繼續破壞及毒害萬物賴以生存、人類賴以生活的資
源和環境，則人類還可能有幾億年、甚至還可能有數十億年
以上的天賜福祉可享。而且，如果現代人類真能及早覺悟，
知福、惜福，懂得與自然環境和諧生活；懂得戒除貪婪和權
勢競爭；保護地球免於毀壞，人類還能免於身心健康的頹敗
和危害。

　　貪圖科技開發的近利，地球資源無節制的朝向用罄。同
時，所謂現代文明的運作，對地球撒下的污染和毒害，不是
早已在毀壞人類賴以生存的環境並侵蝕人類的健康嗎？這些
污染和毒害，不但天天持續在增加，還不斷加入新的劇毒，
人類的終將自取毀滅已指日可待。今日科技的開發與建設，
真是人類和樂生活之所需嗎？」

　　例如：現代建築佔據綠地又吸熱，室外溫度上升，室內
溫度又居高不下，只好發明冷氣。有了冷氣，更大肆構築違
反氣溫自然調解的建設，人類生活就離不開冷氣了。為了行
動方便，發明火車、機車、汽車、飛機，不使用這些交通
工具你就趕不上別人。通訊手機的發明，美其名為「讓人享

受、使人生活更方便」，其實通訊手機的擁有，使人更忙碌、更緊張，也使人與人之間的競爭因提高效率而更加劇烈，於是，原本的奢侈品就變成了生活必須品。也因為通訊方便，減少了人和人相處產生的親睦情感，製造疏離。塑膠用品的製造也是美其名為「使人生活更方便」，於是，塑膠用品也變成了生活必須品。

　　方便和享受誘人不知珍惜，加速浪費，無限制的累積垃圾和毒害。而這些現代的化學和工業產品，不論生產或是使用的過程，都正在毒害地球。

　　霸權當道，再散發貪婪，誘使人和人比高下。別人有的我也要有，更想要搶先得到別人所沒有的，以滿足虛榮。因而原本的奢侈品成了必須品。家庭和個人的現代化用品，不斷推陳出新，引誘你去擁有。現代人每天汲汲營營，不就是為了這些人類原本不需要的所謂現代化生活用品而努力！人為了這些所謂的現代生活用品忙碌，多數人已無暇照顧原本的靈性智慧。於是，無節制的現代科技，在貪婪與競爭的推波助瀾下，就以「讓人享受、使人生活更方便」為名，開發更多的生活用品，再驅使你為添購那些「必須品」而更加努力工作。這是永無休止的惡性循環，人類原本的靈性智慧也就隨之一點一滴地流失了。

　　而人類卻因使用這些所謂現代化生活用品而改變生活型態，於是完全依賴這些所謂現代化的科技用品生活，這些科

技用品就變成現代人類生活的不可或缺，沒有這些所謂現代
化的科技用品，所謂的現代人類根本已無法生活。漸漸地，
人類在自然界中生活的智能退化，不再能與大自然和平相
處，自然界被現代人類破壞殆盡，當有一天人類不得不回頭
時，將發現一切都已來不及了。

　　尤有甚者，在人類生活全球化的今天，霸權者在經濟、
科技和軍事武器方面爭先恐後，傾國家之力競賽，完全不顧
環境的毒害與人類的危機。在名利和權勢薰心的現代社會
中，人們多數只知讚嘆彼等的顯赫成就，無視於其狂妄無情
的不公、不仁、不義以及對地球和人類的禍害，甚至正在將
禍害向宇宙星球延伸；少數心靈清明之人，對此等霸權者的
瘋狂妄爲，則似乎完全無可奈何，確實也眞是無能爲力！

　　近年來所謂機器人（Robot）和人工智慧（Artificial
Intelligence）的發展，更滿足了權貴的野心；也將使得霸權
者掌控更廣泛的資源，人性則更加走入物化。機器人和人工
智慧普遍之後，霸權者如虎添翼，將成爲近乎無所不能的超
人，必定更是狂妄無止，普羅大眾會更任由權貴和霸權者宰
割了。另一方面，霸權者之間的鬥爭，也會因更便利而趨向
更劇烈、更慘絕人寰。人類若持續不知反省與節制，則人類
的滅亡以及地球的毀滅，將是指日可數！

台灣古今眞相

⋯⋯NC107／埔農著／平裝／400元

二十世紀下半葉起，台灣再度引起西方學界的高度興趣，陸續有不下二十位以上的國際知名學者，分別從考古學、人類學、文化發展學、語言學研究，及體質血緣遺傳基因的檢測分析上，發表重要研究成果，證實原台灣已有數千年以上的古文明，台灣也是現今南島語族的原始發源地，並喻這是台灣獻給世界的最珍貴禮物。

靈性

⋯⋯NC101／埔農著／平裝／300元

恭喜你有機會讀到本書，或多或少，必有所獲。本書也顛覆諸多眾人習以爲常的單面向假象，諸如所謂大師顯達之爲害、爲惡；佛霸、教霸之矯情、僞善；清高聖人、英雄偉人之虛妄、造孽，甚至新科技文明之開發肆虐，將導致災禍不絕，地球毀滅⋯⋯所舉例甚多，請讀者自己仔細思考求証。

台灣人被洗腦後的迷惑與解惑

⋯⋯NC100／埔農著／平裝／250元

台灣人依舊在，只是忘了我是誰。台灣人本來就是「台灣人」，卻被洗腦灌輸成爲漢人、唐山人、中國人、華人⋯⋯；台灣人的祖先本來就是「漢化番」，卻被移花接木說是「唐山來台祖」；平地台灣人本來明明就是「台灣平地原住民後裔」，卻被強勢教化成所謂炎黃子孫、漢人後代；可悲台灣人，不明就裡，半路認老爸，認賊做父！

原台灣人身份認知辨悟：與台灣聞達人士問答錄

⋯⋯NC96／埔農著／平裝／200元

本書的核心，集中在台灣聞達人士與埔農之間的問答。關於台灣古文明的種種，台灣聞達人士提出一個比一個尖銳的質問，埔農則逐一接招，進行更詳細的講解與舉證。雙方旁徵博引，針鋒相對，不斷逼近台灣史實的根柢。讀者在吸收新知之餘，也能澄清心中的疑惑。

失落的智慧樂土：台灣古文明思想起

⋯⋯NC84／埔農著／平裝／200元

透過本書，讀者將能瞭解五千年前台灣原古文明的實際運作狀態、對外和平傳播的過程，以及外來政權如何殘酷地將台灣住民洗腦、改造，並摧毀這一智慧樂土的慘況。書中詳載了台灣原本文明在食衣住行育樂等面向的生活智慧。例如：令唐山人忌妒的製鹽技巧、令荷蘭司令官讚嘆的建築技術，以及超先進的鑿井工法、電土燈、造船術、計時器、天文歷法、文字、算盤等。

台灣
經典寶庫
Classic Taiwan

英譯 —— 甘為霖牧師　漢譯 —— 李雄揮
　　　　　　　　　校訂 —— 翁佳音

【修訂新版】

荷蘭時代的
福爾摩沙

FORMOSA UNDER THE DUTCH 1903

名家證言 ———————————— 翁佳音

若精讀，且妥當理解本書，那麼各位讀者對荷蘭時代的認識，級數與我同等。

本書由台灣宣教先驅甘為霖牧師（Rev.
William Campbell）選取最重要的荷蘭文
原檔直接英譯，自1903年出版以來，即廣受
各界重視，至今依然是研究荷治時代台灣史
的必讀經典。

修訂新版的漢譯本，由精通古荷蘭文獻的中
研院台史所翁佳音教授校訂，修正少數甘為
霖牧師誤譯段落，並盡可能考據出原書所載
地名拼音的實際名稱，讓本書更貼近當前台
灣現實。

定　　價

650 元

前衛出版
AVANGUARD

連瑪玉
Marjorie Landsborough

蘭醫生媽的 老台灣故事

鄭慧姃──漢譯
阮宗興──校註

台灣
經典寶庫
Classic Taiwan

定價 **400**元

近百年前，英國青少年的台灣讀本
女性宣教師在台灣各地親身見證的庶民生命史

宣教師連瑪玉（「彰化基督教醫院」創辦人蘭大衛之妻），為了讓英國青少年瞭解台灣宣教的實際工作，鼓舞年輕人投身宣教的行列，曾陸續出版三本台灣故事集，生動有趣地介紹台灣的風土民情、習俗文化、常民生活，以及初代信徒改信基督教的心路歷程。本書即為三書的合譯本，活潑、具體、生活化地刻劃了日治中期（1910-30年代）台灣人和台灣社會的樣貌，公認是揉合史料價值與閱讀趣味的經典讀物。

前衛出版
AVANGUARD

植民地の旅

殖民地
之旅

佐藤春夫 —— 著

邱 若 山 —— 譯

Sato Haruo

日治台灣文學經典，佐藤春夫的
殖民地療癒之旅，再次啟程！

1920年，日本名作家佐藤春夫帶著鬱結的旅心來到台灣，
他以文學之筆，為旅途的風景與民情，留下樸實而動人的珍貴紀錄。
他的腳步，也走出一幅殖民地的歷史圖像，透析台灣的種種問題，
作為日治時代殖民地文學代表作，如今仍令讀者讚嘆不已。

前衛出版
AVANGUARD

台灣
經典寶庫
Classic Taiwan

2016.11 前衛出版 定價480元

台灣原住民醫療與宣教之父——
井上伊之助的台灣山地探查紀行

日治時期台灣原住民之歷史、文化、生活實況珍貴一手紀錄
「愛你的仇敵！」用愛報父仇的敦厚人格者與台灣山林之愛

トミーヌン・ウットフ

台湾山地伝道記

上帝在編織

井上伊之助 著

石井玲子 譯

鄭仰恩、盧啟明 校註

一台湾総督府一

台灣總督府

黃昭堂 著

黃英哲 譯

日本帝國在台殖民統治的
最高權力中心與行政支配機關。

本書是台灣總督府的編年史記，黃昭堂教授從日本近代史出發，敘述日本統治台灣的51年間，它是如何運作「台灣總督府」這部機器以施展其對日台差別待遇的統治伎倆。以歷任台灣總督及其統治架構為中心，從正反二面全面檢討日本統治台灣的是非功過，以及在不同階段台灣人的應對之道。

前衛出版
AVANGUARD

台灣
經典寶庫
Classic Taiwan

2013.08 前衛出版 定價350元

台灣
經典寶庫
Classic Taiwan
7

南台灣踏查手記

原著｜Charles W. LeGendre（李仙得）
英編｜Robert Eskildsen 教授
漢譯｜黃怡
校註｜陳秋坤教授

2012.11 前衛出版 272頁 定價300元

從未有人像李仙得那樣，如此深刻直接地介入1860、70年代南台灣
原住民、閩客移民、清朝官方與外國勢力間的互動過程。

透過這本精彩的踏查手記，您將了解李氏為何被評價為「西方涉台
事務史上，最多采多姿、最具爭議性的人物」！

節譯自 *Foreign Adventurers and the Aborigines of Southern Taiwan, 1867-1874*
Edited and with an introduction by Robert Eskildsen

台灣經典寶庫 6

C. E. S. 荷文原著
甘為霖牧師 英譯
林野文 漢譯
許雪姬教授 導讀

2011.12 前衛出版 272頁 定價300元

被遺誤的
台灣 *Neglected Formosa*

荷鄭台江決戰始末記

1661-62年，
揆一率領1千餘名荷蘭守軍，
苦守熱蘭遮城9個月，
頑抗2萬5千名國姓爺襲台大軍的激戰實況

荷文原著 C. E. S. 《't Verwaerloosde Formosa》(Amsterdam, 1675)
英譯 William Campbell "Chinese Conquest of Formosa" in 《Formosa Under the Dutch》(London, 1903)

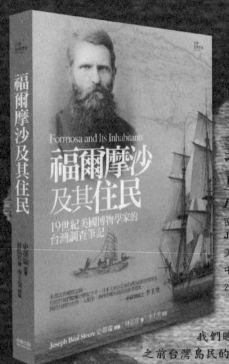

甘為霖牧師 原著

素描
福爾摩沙

Eslite
Recommends
誠品 選 書
2009.OCT
二〇〇九‧十月

Wm Campbell

一位與馬偕齊名的宣教英雄，
一個卸下尊貴蘇格蘭人和「白領教士」身分的「紅毛番」
一本近身接觸的台灣漢人社會和內山原民地界的真實紀事……

摘自《*Sketches From Formosa*》(1915)

原來古早台灣是這款形！
百餘幀台灣老照片
帶你貼近歷史、回味歷史、感覺歷史……

前衛出版
AVANGUARD

誠品書店

福爾摩沙
紀事
From Far Formosa
馬偕台灣回憶錄

19世紀台灣的
風土人情重現
百年前傳奇宣教英雄眼中的台灣

前衛出版
AVANGUARD

台灣經典寶庫
譯自1895年馬偕 著 《From Far Formosa》

國家圖書館出版品預行編目資料

解碼福爾摩沙古文明：續認台灣古今真相 / 埔農
著. -- 初版. -- 臺北市：前衛, 2018.06
　　面；15×21公分（新國民文庫；111）

　　ISBN 978-957-801-844-0（平裝）

　　1. 臺灣史　2.臺灣政治

733.23　　　　　　　　　　　　　　　107006319

解碼福爾摩沙古文明：續認台灣古今真相

作　　者　埔農
責任編輯　張笠
美術編輯　宸遠彩藝
封面設計　Lucas

出 版 者　前衛出版社
　　　　　10468 台北市中山區農安街153號4樓之3
　　　　　電話：02-25865708｜傳真：02-25863758
　　　　　郵撥帳號：05625551
　　　　　購書・業務信箱：a4791@ms15.hinet.net
　　　　　投稿・代理信箱：avanguardbook@gmail.com
出版總監　林文欽
法律顧問　南國春秋法律事務所
總 經 銷　紅螞蟻圖書有限公司
　　　　　11494 台北市內湖區舊宗路二段121巷19號
　　　　　電話：02-27953656｜傳真：02-27954100
出版日期　2018年6月初版一刷

定　　價　新台幣450元
©Avanguard Publishing House 2018
Printed in Taiwan　ISBN 978-957-801-844-0

*前請上『前衛出版社』臉書專頁按讚，獲得更多書籍、活動資訊
　https://www.facebook.com/AVANGUARDTaiwan

181075.